FRANK WILTING

Gestuftes atomrechtliches Genehmigungsverfahren und Bürgerbeteiligung

MÜNSTERISCHE BEITRÄGE ZUR RECHTSWISSENSCHAFT

Herausgegeben im Auftrag des Fachbereichs Rechtswissenschaft
der Westfälischen Wilhelms-Universität in Münster durch die Professoren
Dr. Hans-Uwe Erichsen Dr. Helmut Kollhosser Dr. Jürgen Welp

Band 6

Gestuftes atomrechtliches Genehmigungsverfahren und Bürgerbeteiligung

Von

Dr. Frank Wilting

DUNCKER & HUMBLOT / BERLIN

CIP-Kurztitelaufnahme der Deutschen Bibliothek

Wilting, Frank:
Gestuftes atomrechtliches Genehmigungsverfahren
und Bürgerbeteiligung / von Frank Wilting. —
Berlin: Duncker und Humblot, 1985.
(Münsterische Beiträge zur Rechtswissenschaft;
Bd. 6)
ISBN 3-428-05736-8

NE: GT

D 6

Gedruckt 1985 bei Buchdruckerei Bruno Luck, Berlin 65
Printed in Germany
ISBN 3-428-05736-8

Inhaltsverzeichnis

Erstes Kapitel

Das Problem der Verfahrensstufung

Zweites Kapitel

Bürgerbeteiligung im atomrechtlichen Genehmigungsverfahren

Drittes Kapitel

Alternative Verfahrens- und Beteiligungsmöglichkeiten

Abkürzungsverzeichnis

a. A.	anderer Ansicht
AbfG	Gesetz über die Beseitigung von Abfällen (Abfallbeseitigungsgesetz)
AtAnlV	Verordnung über das Verfahren bei der Genehmigung von Anlagen nach § 7 Atomgesetz (Atomanlagen-Verordnung)
AtG	Gesetz über die friedliche Verwendung der Kernenergie und den Schutz gegen ihre Gefahren (Atomgesetz)
AtVfV	Verordnung über das Verfahren bei der Genehmigung von Anlagen nach § 7 des Atomgesetzes (Atomrechtliche Verfahrensverordnung)
ATW	Atomwirtschaft — Atomtechnik
BayVBl.	Bayerische Verwaltungsblätter
Bay VGH	Bayerischer Verwaltungsgerichtshof
BB	Der Betriebsberater
BBauG	Bundesbaugesetz
BGBl.	Bundesgesetzblatt
BImSchG	Gesetz zum Schutz vor schädlichen Umwelteinwirkungen durch Luftverunreinigungen, Geräusche, Erschütterungen und ähnliche Vorgänge (Bundes-Immissionsschutzgesetz)
BT-Drucks.	Bundestagsdrucksache
BVerfG	Bundesverfassungsgericht
BVerwG	Bundesverwaltungsgericht
DÖV	Die Öffentliche Verwaltung
DVBl.	Deutsches Verwaltungsblatt
ET	Energiewirtschaftliche Tagesfragen
FStrG	Bundesfernstraßengesetz
GG	Grundgesetz für die Bundesrepublik Deutschland
GV. NW	Gesetzes- und Verordnungsblatt für das Land Nordrhein-Westfalen
JA	Juristische Arbeitsblätter
JuS	Juristische Schulung
JZ	Juristenzeitung
LBG	Gesetz über die Landbeschaffung für Aufgaben der Verteidigung (Landbeschaffungsgesetz)
LEPRO	Gesetz zur Landesentwicklung (Landesentwicklungsprogramm)
LPlG	Landesplanungsgesetz
LuftVG	Luftverkehrsgesetz
LVerf	Landesverfassung
LWahlG	Landeswahlgesetz
m. w. N.	mit weiteren Nachweisen

NJW	Neue Juristische Wochenschrift
NW	Nordrhein-Westfalen
PBefG	Personenbeförderungsgesetz
Rdnr.	Randnummer
Rdnrn.	Randnummern
TG	Teilgenehmigung
VA	Verwaltungsakt
VerwArch	Verwaltungsarchiv
VVDStRL	Veröffentlichungen der Vereinigung Deutscher Staatsrechtslehrer
VwGO	Verwaltungsgerichtsordnung
VwVfG	Verwaltungsverfahrensgesetz
WaStrG	Wasserstraßengesetz
ZRP	Zeitschrift für Rechtspolitik

Erstes Kapitel

Das Problem der Verfahrensstufung

§ 1 Begriffliche Erläuterung und Abgrenzung

1. Mehrstufigkeit und Stufung

Der Begriff des *„gestuften Verwaltungsverfahrens"*[1] wird ausdrücklich in keiner gesetzlichen Vorschrift genannt und bedarf daher einer sorgfältigen Bestimmung und Abgrenzung.

Von ihrem Wortlaut kann eine Stufung eine Abschichtung, schrittweise Annäherung und eine Aufteilung bedeuten. Eine Aufteilung wiederum kann sich einerseits auf der behördlichen Ebene vollziehen, etwa in der Weise, daß eine Entscheidungskompetenz auf mehrere Behörden verteilt wird, die ihrerseits im Genehmigungsverfahren zusammenwirken müssen. Die Stufung würde dann das Verhältnis der Behörden zueinander im Sinne von über- und untergeordneter Behörde beschreiben. Andererseits ist eine Aufteilung auch auf der Ebene der Entscheidungsmaterie denkbar, was eine stufenweise Abarbeitung eines Gesamtproblems[2] bedeuten würde.

Was die Stufung auf der Behördenseite betrifft, so hat sich hier allgemein der Begriff der „Mehrstufigkeit" durchgesetzt, so insbesondere in Verbindung mit dem Erlaß eines Verwaltungsakts[3]. Die Mehrstufigkeit kennzeichnet das Zusammenwirken mehrerer Behörden beim Erlaß eines Verwaltungsakts; grundsätzlich handelt es sich dabei um die Genehmigungsbehörde und die höhere Verwaltungsbehörde oder Aufsichtsbehörde. Beispielsweise ist die Erteilung einer Baugenehmigung für ein nicht privilegiertes Vorhaben im Außenbereich nach §§ 36 Abs. 1 S. 3, 35 Abs. 2 BBauG ein solcher mehrstufiger Verwaltungsakt. Der

---

[1] Der Begriff wird insbesondere verwandt von Schmidt-Assmann in: Festgabe BVerwG, 1978, S. 569 ff.; vgl. ebenso VG Koblenz, NJW 1980, 1410 (1412); Büdenbender / Mutschler, Rdnr. 52; Rengeling, DVBl. 1981, 323 (325); Weber, DÖV 1980, 397; Ipsen, DVBl. 1980, 146 (148); Ossenbühl, NJW 1980, 1353.

[2] Vgl. Wahl, DÖV 1975, 373 (375).

[3] Zum „mehrstufigen Verwaltungsakt" vgl. anstelle vieler Kopp, VwVfG, § 9 Rdnr. 18, § 35 Rdnr. 42.

Mitwirkungsakt der höheren Behörde hat aus Gründen des erleichterten Rechtsschutzes gegenüber dem Bürger in der Regel nicht den Charakter einer selbständig angreifbaren Regelung mit Außenwirkung, sondern bedeutet lediglich ein Verwaltungsinternum[4].

Da die Mehrstufigkeit mit dem genannten Inhalt bereits zu einem feststehenden Begriff des Allgemeinen Verwaltungsrechts geworden ist, kann durch das Beiwort „gestuft" im Zusammenhang mit einem Verwaltungsverfahren nur eine Aufspaltung der zu entscheidenden Materie gemeint sein. Im Gegensatz zum mehrstufigen Verfahren, bei dem eine Aufteilung oder Stufung auf der Behördenseite erfolgt, findet im gestuften Verfahren also eine Aufspaltung des Entscheidungskomplexes statt[5].

2. Stufung und Planfeststellung

Folglich bleibt zu klären, in welcher Weise das atomrechtliche Genehmigungsverfahren inhaltlich aufgegliedert wird. Dem Bau eines Atomkraftwerks geht zunächst ein Planungsprozeß voraus; diesem schließt sich das eigentliche Genehmigungsverfahren an, welches durch einen Antrag des Kraftwerkbetreibers gemäß §§ 2, 3 AtVfV eingeleitet wird.

Auch reine Planungsverfahren werden als gestufte Verwaltungsverfahren bezeichnet[6], so etwa die Planungen nach den §§ 16, 17 ff. FStrG, §§ 13, 14 ff. WaStrG, §§ 23 ff. PBefG, §§ 6, 7 ff. AbfG oder §§ 6, 8 ff. LuftVG. Diese Fachplanungen zergliedern sich in einzelne Planungsstufen, auf die letztlich ein Planfeststellungsbeschluß folgt, der den Planungsvorgang abschließt. Die einzelnen Planungsstufen sind dabei verwaltungsinterne Vorgänge, während der Planfeststellungsbeschluß eine umfassende Gesamtentscheidung fällt und als Einzelfallregelung mit Außenwirkung ein Verwaltungsakt ist. Eine Besonderheit des Planfeststellungsverfahrens besteht darin, daß von Planungsstufe zu Planungsstufe eine schrittweise inhaltliche Zuspitzung auf einen Planfeststellungsbeschluß nach schrittweiser Eliminierung von Alternativen stattfindet[7].

Der Bau eines Atomkraftwerks wird jedoch nicht von einem Planfeststellungsverfahren begleitet. Zwar findet auch hier ein Planungsvorgang statt; dieser mündet aber nicht in einen Planfeststellungsbe-

[4] Vgl. Kopp, VwVfG, § 35 Rdnr. 42.

[5] Die Verwendung des Begriffs „mehrstufiges Verfahren" bei Wahl, DÖV 1975, 373 (375) führt daher zu einer terminologischen Verwirrung.

[6] Vgl. Schmidt-Assmann in: Festgabe BVerwG, 1978, S. 569 (571); Wahl, DÖV 1975, 373 (Fn. 1) und 376.

[7] Vgl. Wahl, DÖV 1975, 373 (375, 376).

schluß. Die inhaltliche Stufung des atomrechtlichen Verfahrens bezieht sich ausschließlich auf das eigentliche Genehmigungsverfahren.

Im Gegensatz zum Planfeststellungsverfahren, bei dem eine einheitliche Gesamtentscheidung durch den Planfeststellungsbeschluß getroffen wird und eine Stufung zwischen der internen Planungsentscheidung und der Planfeststellung stattfindet, wird im gestuften atomrechtlichen Genehmigungsverfahren ein Entscheidungskomplex — der Genehmigungsvorgang — in mehrere selbständige Teilakte aufgespalten, die ihrerseits allesamt Verwaltungsakte[8] sind. Die gesamte Entscheidungsmaterie wird schrittweise oder stufenweise abgearbeitet oder abgeschichtet[9] und damit abschnittsweise bewältigt[10].

3. Vorbescheid und Teilgenehmigung

a) Die Elemente des gestuften atomrechtlichen Genehmigungsverfahrens sind der Vorbescheid nach §§ 7 a AtG, 19 AtVfV und die Teilgenehmigung nach §§ 7 Abs. 4 S. 3 AtG i. V. m. 18 AtVfV. Vorbescheid und Teilgenehmigung sind die Mittel, um einen behördlichen Entscheidungsvorgang in zeitlicher und inhaltlicher Hinsicht zu stufen[11].

Unter einer *Teilgenehmigung* versteht man jede Genehmigung, die inhaltlich hinter einer Voll- oder Gesamtgenehmigung zurückbleibt[12], also nur einen Ausschnitt aus dem zu genehmigenden Komplex regelt.

Diese Art der Verfahrensstufung findet ihren Ursprung in der Rechtsprechung des Preußischen Oberverwaltungsgerichts zum Baurecht[13] und wurde zunächst durch Einführung der Rechtsfigur der Bebauungsgenehmigung[14] in den Landesbauordnungen kodifiziert. Die Möglichkeit der Verfahrensstufung wurde dann durch das BVerwG auch für den Bereich des Gewerberechts als zulässig erachtet[15]; eine Kodifizierung erfolgte schließlich für das immissionsschutz- und atomrechtliche Genehmigungsverfahren.

---

[8] OVG Münster, DVBl. 1978, 853 (855); Weber, DÖV 1980, 397 (399). Schmidt-Assmann in: Festgabe BVerwG, 1978, S. 569 (571) bezeichnet die Stufung in mehrere Verwaltungsakte als „qualifizierte Art" der abschnittsweisen Entscheidung.

[9] Vgl. Rengeling, DVBl. 1981, 323 (326); Ossenbühl, NJW 1980, 1353 (1355); Breuer in: Lukes VI, S. 245.

[10] Vgl. BVerwG, DVBl. 1981, 405 (408) = DÖV 1981, 294 ff. = NJW 1981, 1393 ff.; OVG Koblenz, NJW 1982, 197 (199); Schwarze, DÖV 1973, 700 (703).

[11] Vgl. Selmer / Schulze-Osterloh, JuS 1981, 393; Breuer in: Lukes VI, S. 245.

[12] Vgl. Büdenbender / Mutschler, Rdnr. 13; Sellner, Immissionsschutzrecht und Industrieanlagen, Rdnr. 246 und NJW 1975, 801 (802).

[13] Vgl. Selmer / Schulze-Osterloh, JuS 1981, 393; Büdenbender / Mutschler, Rdnr. 9; Schmidt-Assmann in: Festgabe BVerwG, 1978, S. 569 (574).

[14] Vgl. Selmer / Schulze-Osterloh, JuS 1981, 393 (394); Büdenbender / Mutschler, Rdnrn. 15, 32.

[15] Nachweise bei Selmer / Schulze-Osterloh, JuS 1981, 393; Büdenbender / Mutschler, Rdnr. 14.

Allgemein läßt sich sagen, daß eine Verfahrensstufung in mehrere Teilverwaltungsakte in solchen Bereichen stattfindet, in denen eine umfangreiche und komplizierte Entscheidungsmaterie bewältigt werden soll. Die Möglichkeit, eine derartige Aufspaltung vorzunehmen, ist daher auch nicht in den Verwaltungsverfahrensgesetzen geregelt, sondern speziellen Gesetzen vorbehalten.

Als Beispiele sind neben dem atomrechtlichen Verfahren vor allem zu nennen:

— Vorbescheid und Teilgenehmigung bei der Errichtung emittierender Anlagen, §§ 8, 9 BImSchG;

— Bebauungsgenehmigung und Teilbaugenehmigung in den Bauordnungen der Länder, vgl. §§ 91, 97 Bad.-Württ.; Art. 92, 93 Bay.; §§ 85, 90 Berl.; §§ 92, 98 Hess.; §§ 74, 76 Nds.; §§ 84, 90 NW; §§ 102, 103 Rhl.-Pf.; §§ 92, 98 Saarl.; §§ 88, 94 Schl.-H.

b) Die Praxis des atomrechtlichen Genehmigungsverfahrens ist dadurch gekennzeichnet, daß von der Möglichkeit eines Vorbescheids selten Gebrauch gemacht wird, jedoch von der erstmaligen Antragstellung bis zur Inbetriebnahme des Atomkraftwerks eine große Anzahl von Teilgenehmigungen ergeht.

Eine Aufspaltung in mindestens zwei Teilgenehmigungen ist bereits durch § 7 Abs. 1 AtG vorprogrammiert; danach bedürfen sowohl die Errichtung als auch der Betrieb eines Atomkraftwerks einer Genehmigung. Sowohl die Errichtungs- als auch die Betriebsgenehmigung werden in der Praxis i. d. R. nochmals in mehrere Genehmigungsabschnitte aufgeteilt[16].

Die Anzahl der Teilgenehmigungen bei der Errichtung einzelner Atomkraftwerke ist recht unterschiedlich. Beispielsweise bedurfte es bis zur Inbetriebnahme des Atomkraftwerks Isar — Nachträge und Änderungsgenehmigungen ausgeklammert — vier Teilgenehmigungen, für das Atomkraftwerk Biblis B sechs, die Atomkraftwerke Biblis A und Würgassen je acht, die Atomkraftwerke Philippsburg I und Unterweser je neun, das Atomkraftwerk Brunsbüttel zehn und für das Atomkraftwerk Stade sogar elf Teilgenehmigungen[17].

c) Auf die möglichen Inhalte von Vorbescheiden und Teilgenehmigungen soll an dieser Stelle noch nicht eingegangen werden; dies wird im Rahmen der Bindungswirkung unter § 3 zu erörtern sein. Allgemein läßt sich aber bereits feststellen, daß Vorbescheide und Teilgenehmigungen jeweils selbständige Verwaltungsakte mit jeweils eigenen Regelungsgehalten darstellen. Angenommen, ein Kraftwerksbetreiber beantragt und erhält einen Vorbe-

---

[16] Vgl. Breuer in: Lukes VI, S. 245; Winters, Atom- und Strahlenschutzrecht, S. 19; Degenhart, Kernenergierecht, S. 62.

[17] Vgl. die Aufstellungen bei Ipsen, DVBl. 1980, 146 (148, Fn. 24) und Bender, DVBl. 1980, 430.

scheid mit dem Inhalt, daß in Anbetracht der eingereichten Unterlagen (vgl. § 3 AtVfV) die für die geplante Anlage erforderliche Schadensvorsorge getroffen ist (vgl. §§ 7 a, 7 Abs. 2 Nr. 3 AtG) und auch sonstige Bedenken nach § 7 Abs. 2 AtG nicht bestehen. — Soweit nunmehr die Bauphase im folgenden durch Teilgenehmigungen schrittweise genehmigt wird, bedeuten die Teilgenehmigungen nicht etwa eine Vollziehung des Vorbescheids[18]. Diese enthalten vielmehr eigenständige Aussagen bezüglich des konkreten Anlagenteils (z. B. Ausschachten der Baugrube, Errichtung der Fundamente, Bau des Kühlturms, Einlagerung der Brennelemente etc.).

Eine Vollziehungswirkung ist selbst dann abzulehnen, wenn in einem Vorbescheid die Unbedenklichkeit eines konkreten Anlagenteils bescheinigt und dieser Bauabschnitt mit einer späteren Teilgenehmigung gestattet wird. Die Teilgenehmigung enthält insofern eine selbständige Regelung, als sie die im Vorbescheid getroffenen Feststellungen hinsichtlich der Genehmigungsfähigkeit des Bauabschnitts umwandelt in eine konkrete Gestattung[19]. Ansonsten geht die Teilgenehmigung in den Regelungen des zuvor erteilten Vorbescheids auf[20], trifft also nur wiederholende Aussagen. Es ist daher generell möglich, daß eine Teilgenehmigung neben selbständigen Elementen auch ergänzende und wiederholende Aussagen beinhaltet[21]. Soweit eine Teilgenehmigung keine neuen oder von einer vorangegangenen Teilgenehmigung abweichenden Bestimmungen enthält, trifft sie keine Regelung und ist als bloße Wiederholung kein Verwaltungsakt. Dies widerspräche auch den durch die Verfahrensstufung beabsichtigten Wirkungen der Verfahrenskonzentration und -ökonomie[22]. Soweit der Regelungsgehalt einer Teilgenehmigung reicht, wird eine abschnittsweise verbindliche Entscheidung getroffen. In eine folgende Teilgenehmigung darf somit nicht hineininterpretiert werden, diese wolle neben einem neuen Gehalt auch Vorangegangenes nochmals verbindlich regeln. Im übrigen würde durch ein solches Regelungsverständnis die dem gestuften Verfahren eigentümliche Präklusionswirkung, auf die noch näher einzugehen sein wird, auf einfache Weise umgangen werden können. Wenn also beispielsweise in einem Vorbescheid die Standortwahl des Kraftwerksbetreibers abgesegnet wird, so können nachfolgende Teilgenehmigungen nicht insoweit angefochten werden, als diese auf die Standortwahl Bezug nehmen; diese Bezugnahme hat lediglich wiederholenden, nicht aber regelnden Charakter[23].

d) Zwischen Vorbescheid und Teilgenehmigung bestehen einige Gemeinsamkeiten, aber auch einige wesentliche Unterschiede[24], die zum Teil bereits angeklungen sind.

---

[18] Vgl. OVG Münster, DVBl. 1978, 853 (855); zustimmend Büdenbender, ET 1978, 429 (430).

[19] Vgl. Büdenbender / Mutschler, Rdnr. 18.

[20] Vgl. auch BVerwG, DÖV 1982, 820 (821); umgekehrt und daher abzulehnen Schmieder in: Lukes V, S. 177, 178.

[21] Vgl. dazu Selmer / Schulze-Osterloh, JuS 1981, 393 (400) Büdenbender / Mutschler, Rdnr. 314; Schmidt-Assmann in: Festgabe BVerwG, 1978, S. 569 (579, 580).

[22] Vgl. Rengeling, DVBl. 1981, 323 (325, 326); Büdenbender / Mutschler, Rdnr. 164.

[23] Vgl. Selmer / Schulze-Osterloh, JuS 1981, 393 (400).

[24] Vgl. hierzu Büdenbender / Mutschler, Rdnrn. 16 - 18.

Beiden gemeinsam ist ihre Eigenschaft als Elemente gestufter Verwaltungsverfahren. Ferner sind sowohl vor Erteilung einer Teilgenehmigung als auch eines Vorbescheids die gleichen — in den §§ 18 Abs. 1 und 19 Abs. 5 AtVfV bestimmten — Vorprüfungen durch die Genehmigungsbehörde anzustellen.

Die *Hauptunterschiede* beider Institute schließlich sind in ihren Aussagegehalten zu suchen. Während der Vorbescheid über das Vorliegen der Genehmigungsvoraussetzungen eine Auskunft erteilt, also insoweit nur feststellender Natur ist, wirkt eine Teilgenehmigung bezüglich eines konkreten Bauabschnitts gestattend und spricht die Freigabe zum Baubeginn aus[25]. Der Vorbescheid hingegen gestattet keine Tätigkeit[26], sondern trifft verbindliche Feststellungen über wesentliche vorgreifliche Einzelfragen des Genehmigungsverfahrens[27]. Auch in der Tatsache, daß sich ein Vorbescheid auf die Feststellung einzelner Genehmigungsvoraussetzungen beschränken darf, ist ein Unterschied zur Teilgenehmigung festzustellen[28]; diese nämlich erfordert zwingend das Vorliegen aller Genehmigungsvoraussetzungen. Vom Gesetzgeber vorgesehen ist insbesondere der sogenannte „Standortvorbescheid“ (vgl. § 7 a AtG), mit dem die Behörde die Unbedenklichkeit des gewählten Standorts bescheinigt. Der Vorbescheid berechtigt aber noch nicht zum Baubeginn; diese Freigabe für die jeweiligen Bauabschnitte erfolgt vielmehr durch die jeweiligen Teilgenehmigungen.

Soweit in einem Vorbescheid über konkrete Einzelfragen befunden wird (z. B. Standortvorbescheid), enthält der Vorbescheid eine definitive und verbindliche Feststellung. Denkbar ist auch die Möglichkeit des Antragstellers, durch Vorbescheid über die grundsätzliche Genehmigungsfähigkeit der Gesamtanlage befinden zu lassen. Ein Vorbescheid kann also sowohl eine konkrete Feststellung hinsichtlich einer Einzelfrage als auch eine generelle Feststellung hinsichtlich des sich aus den bisherigen Unterlagen ergebenden Gesamtkonzeptes enthalten[29].

e) Die folgende graphische Übersicht[30] gibt einen zusammenfassenden Überblick über den Inhalt des gestuften Verwaltungsverfahrens

---

[25] Vgl. Selmer / Schulze-Osterloh, JuS 1981, 393 (394); Schmidt-Assmann in: Festgabe BVerwG, 1978, S. 569 (575, 580).

[26] VGH Mannheim, NJW 1979, 2528 (2530) = DÖV 1979, 521 ff.; OVG Lüneburg, ET 1979, 284; Schmieder in: Lukes V, S. 171; Breuer in: Lukes VI, S. 244, 252; de Witt in: Lukes VI, S. 297; Feldhaus, § 9 BImSchG, S. 4; Sellner, Immissionsschutzrecht und Industrieanlagen, Rdnr. 262 und NJW 1975, 801 (804); Brocke, Rechtsfragen der landesplanerischen Standortvorsorge für umweltbelastende Großvorhaben, S. 27.

[27] Weber, DÖV 1980, 397 (398); Büdenbender / Mutschler, Rdnr. 18; Breuer in: Lukes VI, S. 252; Mutschler in: Lukes VI, S. 282; Schwarze, DÖV 1973, 700 (704).

[28] Vgl. Büdenbender / Mutschler, Rdnr. 30.

[29] Vgl. Selmer / Schulze-Osterloh, JuS 1981, 393 (394, 395).

[30] Entnommen aus: Wilting, JA-Übungsblätter 1981, 113 (114).

und die wichtigsten Abgrenzungen zum mehrstufigen Verwaltungsakt und zum Planfeststellungsverfahren:

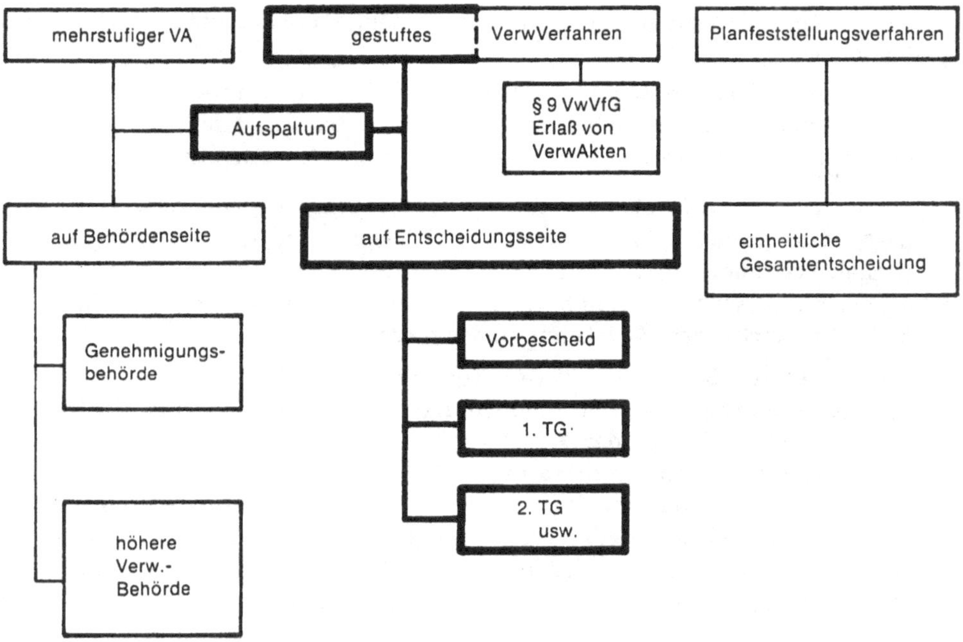

§ 2 Gesetzgeberischer Zweck der Verfahrensstufung

Im Anschluß an die vorangegangene Darstellung stellt sich nunmehr die Frage nach Sinn und Zweck der Verfahrensstufung:

Der Gesetzgeber hat das gestufte Verwaltungsverfahren dort gewählt, wo es gilt, komplexe und unübersichtliche Entscheidungsmaterien zu bewältigen. Neben dem atomrechtlichen Genehmigungsverfahren wurden die Baugenehmigungsverfahren nach den Landesbauordnungen und das Genehmigungsverfahren nach dem BImSchG genannt. Allen Verfahren ist gemeinsam, daß jeweils eine Vielzahl von Detailfragen zu klären sind, bevor ein abschließendes Urteil über die Genehmigungsfähigkeit des Gesamtprojekts abgegeben werden kann. Dies trifft insbesondere auf das atomrechtliche Genehmigungsverfahren zu. Bereits der Katalog des § 7 Abs. 2 AtG enthält eine Reihe sicherheitsrelevanter Anforderungen, die allesamt erfüllt sein müssen; hinzu kommt eine schier unüberschaubare Unzahl von technischen Einzelprüfungen bezüglich sämtlicher Reaktorteile.

Eine Unterteilung des atomrechtlichen Genehmigungsverfahrens in Vorbescheid und mehrere Teilgenehmigungen macht den Entscheidungskomplex daher transparenter[1]. Diese Tatsache soll nach der gesetzgeberischen Intention allen Beteiligten am Genehmigungsverfahren zugute kommen.

Der Begriff der *„Beteiligten"* ist untechnisch — nicht etwa eng i. S. d. § 63 VwGO — zu verstehen. Zu den Beteiligten am atomrechtlichen Genehmigungsverfahren zählen drei Personen oder Personengruppen:

Zum einen ist die atomrechtliche Genehmigungsbehörde zu nennen. Diese wird gemäß § 24 Abs. 2 S. 1 AtG jeweils von den Landesregierungen bestimmt; in Nordrhein-Westfalen beispielsweise sind dies der Minister für Arbeit, Gesundheit und Soziales gemeinsam mit dem Minister für Wirtschaft, Mittelstand und Verkehr[2].

Ein weiterer Beteiligter ist der Kraftwerksbetreiber, der seine Genehmigungsanträge bei der Genehmigungsbehörde einreicht. Kraftwerksbetreiber sind in der Regel große Energieversorgungsunternehmen[3], die zwar ihrerseits privatrechtlich organisiert sind, an denen jedoch häufig der Staat beteiligt ist[4]. Bereits an dieser Stelle sei darauf hingewiesen, daß aus dieser Verflechtung ein enges Zusammenwirken der genannten Beteiligten resultiert, was sich negativ auf die Rechtswahrnehmung der dritten Beteiligten auswirken könnte.

Bei diesen handelt es sich um die Masse der Nachbarn des Kernkraftgeländes, die möglichen Drittbetroffenen und allgemein: die Einwender.

Der gesetzgeberische Zweck der Verfahrensstufung läßt sich am deutlichsten herausarbeiten, wenn man sich jeweils in die Lage der einzelnen Beteiligten versetzt. Das gestufte atomrechtliche Genehmigungsverfahren und sein gesetzgeberischer Zweck sind daher aus der Sicht der Genehmigungsbehörde, des Antragstellers und der Drittbeteiligten differenziert darzustellen.

---

[1] Weber, DÖV 1980, 397; Schmidt-Assmann in: Festgabe BVerwG, 1978, S. 569 (569 - 571, 574); Büdenbender /Mutschler, Rdnr. 1; Breuer in: Lukes VI, S. 245; so für das Genehmigungsverfahren allgemein VG Koblenz, DVBl. 1977, 360 (362).

[2] Vgl. Verordnung zur Regelung von Zuständigkeiten auf dem Gebiet des Arbeits-, Immissions- und technischen Gefahrenschutzes (ZustVO-AItG) vom 6. Februar 1973 (GV. NW S. 66), zuletzt geändert durch Verordnung vom 7. März 1978 (GV. NW S. 89/SGV. NW 28); die Verordnungen der übrigen Bundesländer finden sich in einer Zusammenstellung bei Fischerhof, AtG, § 24 Rdnr. 3.

[3] Vgl. Winters, DÖV 1978, 265 (270).

[4] Vgl. de Witt, DVBl. 1980, 1006 (1008); Knüppel, DÖV 1981, 19 (20).

1. Sicht der Genehmigungsbehörde

Die durch die Stufung des Verfahrens erreichte und bereits erwähnte *Transparenz* des Entscheidungskomplexes erleichtert der Genehmigungsbehörde naturgemäß die Überprüfung und Beurteilung des Bauvorhabens[5]. Eine größere Überschaubarkeit des Gesamtverfahrens und Durchschaubarkeit der Einzelabschnitte sind zwar keine Garanten für eine richtige Behördenentscheidung, jedoch eine große Entscheidungshilfe.

Die Genehmigungsbehörde ist dafür verantwortlich, daß beim Bau von Atomkraftwerken der in § 1 AtG niedergelegte *Gesetzeszweck des AtG* beachtet und realisiert wird. Wenn auch erst in § 1 AtG unter Nr. 2 genannt, so wird doch allgemein der Schutz von Leben und Gesundheit vor den Gefahren der Kernenergie als oberstes Gebot und Ziel des AtG verstanden[6]. Die fortschreitende Entwicklung auf dem Gebiet der Kernenergie bringt es mit sich, daß auch die sicherheitstechnischen Erkenntnisse einem stetigen Wandel unterworfen sind. Da sich der Bau eines Atomkraftwerks über viele Jahre hinzieht, ist es nicht ungewöhnlich, daß sich der wissenschaftlich-technische Erkenntnisstand während der Bauphase ändert[7].

Zur Verwirklichung des Schutzzwecks aus § 1 Nr. 2 AtG und somit zur Erreichung eines effektiven Grundrechtsschutzes aus Art. 2 Abs. 2 S. 1 GG bestimmt § 7 Abs. 2 Nr. 3 AtG, daß „die nach dem Stand von Wissenschaft und Technik erforderliche Vorsorge gegen Schäden durch die Errichtung und den Betrieb der Anlage getroffen" wird. Hierdurch wird die Genehmigungsbehörde gezwungen, der Dynamik der wissenschaftlich-technischen Entwicklung Rechnung zu tragen und gleichzeitig den sich stetig vollziehenden Fortschritt in das Genehmigungsverfahren einzuarbeiten[8]. Eine bestmögliche Gefahrenabwehr und Risikovorsorge[9] im Sinne des jeweils neuesten Erkenntnisstandes aber ist nur durch eine Verfahrensstufung möglich. Um ständig den neuesten technischen und wissenschaftlichen Erkenntnissen Rechnung tragen zu können, hat die Genehmigungsbehörde vor Erteilung einer jeden Teilgenehmigung

---

[5] Vgl. auch Büdenbender, ET 1978, 429 (430).

[6] BVerfG, DVBl. 1980, 356 (358) = DÖV 1980, 299 ff. = NJW 1980, 759 ff.; BVerwG, DVBl. 1972, 678 (680) = DÖV 1972, 757 ff.; OVG Koblenz, NJW 1982, 197 (199); Knüppel, DÖV 1981, 98; Ossenbühl, DVBl. 1980, 803 (805); Bender, DÖV 1980, 633 (635); dazu aber noch näher unter § 7.

[7] Vgl. Ossenbühl, DVBl. 1980, 803 (807); Büdenbender / Mutschler, Rdnr. 49.

[8] Vgl. Breuer, DVBl. 1981, 300 (307) und DVBl. 1978, 829 (837); Büdenbender / Mutschler, Rdnr. 1; Büdenbender, ET 1978, 429 (430); Schmieder in: Lukes V, S. 177.

[9] Vgl. BVerfG, DVBl. 1980, 356 (358); BVerfG, DVBl. 1979, 45 (50); Hansmann, DVBl. 1981, 898 (902).

gemäß § 18 Abs. 1 AtVfV eine vorläufige Gesamtprognose hinsichtlich Errichtung und Betrieb des Atomkraftwerks anzustellen[10]. Gemäß § 18 Abs. 2 S. 2 AtVfV hat der Antragsteller die Genehmigungsbehörde bei Beantragung einer Teilgenehmigung mit ausreichenden Unterlagen zu versorgen, um die Behörde in die Lage zu versetzen, in jedem Genehmigungsabschnitt zu prüfen, ob Errichtung und Betrieb der Anlage genehmigungsfähig i. S. d. § 7 AtG sind. Die Aufspaltung des Verfahrens in mehrere Teilgenehmigungen ermöglicht es der Behörde, jederzeit das Gesamtprojekt nach dem neuesten Stand von Wissenschaft und Technik zu beurteilen[11].

Die atomrechtliche Genehmigung nach § 7 Abs. 1 und 2 AtG ist nach herrschender Meinung[12] als präventives Verbot mit Erlaubnisvorbehalt ausgestaltet und nicht etwa als gebundene Entscheidung. Hieraus und aus der grundsätzlichen Entscheidung des Gesetzgebers für die friedliche Nutzung der Kernenergie[13] (vgl. § 1 Nr. 1 AtG und Art. 74 Nr. 11 a GG) ergibt sich, daß der Bau eines Atomkraftwerks grundsätzlich genehmigungsfähig ist. Daraus folgt aber noch nicht, daß der Kraftwerksbetreiber bzw. Antragsteller beim Vorliegen der Genehmigungsvoraussetzungen des § 7 AtG einen Anspruch auf Genehmigungserteilung hätte, wie dies etwa im Bereich des Baurechts der Fall oder selbst im Bereich des BImSchG[14] anzunehmen ist. Vielmehr muß die Behörde vor Erteilung einer Teilgenehmigung prüfen, ob die Schutzzwecke aus § 1 AtG verwirklicht werden[15]; daraus folgt lediglich ein Anspruch des Antragstellers auf fehlerfreie Ermessensausübung[16]. Die Ermessensgrenzen

---

[10] Dies gilt gemäß § 19 Abs. 5 AtVfV auch für den Vorbescheid.

[11] Vgl. Ossenbühl, DÖV 1981, 1 (8).

[12] BVerfG, DVBl. 1979, 45 (51); Ossenbühl, NJW 1981, 375 (376, 377); Wagner / Nobbe, NJW 1978, 1028 (1031); Lecheler, ZRP 1977, 241 (244).

[13] Dazu grundlegend BVerfG, DVBl. 1979, 45 (46, 47).

[14] Vgl. Hansmann, DVBl. 1981, 898 (902); Papier, NJW 1980, 313 (316); Lecheler, ZRP 1977, 241 (244); Feldhaus, § 10 BImSchG, S. 38; a. A. Sellner, Immissionsschutzrecht und Industrieanlagen, Rdnr. 256 und NJW 1975, 801 (803), der eine Ermessensentscheidung vertritt, was aber abzulehnen ist, da es im § 6 BImSchG heißt: „... ist zu erteilen, wenn ..."; zu diesem Formulierungsunterschied vgl. Winters, Atom- und Strahlenschutzrecht, S. 19. Hingegen handelt es sich bei der Entscheidung über den Erlaß einer Teilgenehmigung gemäß § 8 BImSchG um eine Ermessensentscheidung; vgl. Feldhaus, § 8 BImSchG, S. 9.

[15] Wagner / Nobbe, NJW 1978, 1028 (1031); Schmieder in: Lukes V, S. 176; möglicherweise ist dies der Grund dafür, warum de Witt, DVBl. 1981, 649 (650) offenläßt, ob es sich bei dem Verbot aus § 7 AtG um ein präventives oder repressives handelt.

[16] BVerfG, DVBl. 1979, 45 (51); vgl. auch OVG Lüneburg, DVBl. 1978, 67 (69); Hansmann, DVBl. 1981, 898 (903); Papier, NJW 1980, 313 (316); Breuer, DVBl. 1978, 829 (832, 833); Fischerhof, AtG, § 7 a, Rdnr. 1; Winters, Atom- und Strahlenschutzrecht, S. 19; Büdenbender / Mutschler, Rdnr. 217; a. A. Lecheler, ZRP 1977, 241 (244), der seine Ansicht fälschlicherweise als herrschend bezeichnet. Das behördliche Ermessen verdichtet sich jedoch mit fortschreitender Bindungswirkung, wie noch aufzuzeigen sein wird.

werden dabei wegen der potentiellen Gefahren der Kernenergie insbesondere durch § 1 AtG festgelegt[17]. Die Genehmigungsbehörde hat somit ständig über die Einhaltung der Genehmigungsvoraussetzungen und die Verwirklichung der Schutzzwecke des AtG zu wachen und ihr Versagungsermessen zu betätigen. Dies wird ihr durch die Verfahrensstufung erleichtert. Sie kann einereseits die Vereinbarkeit des konkreten Genehmigungsabschnitts mit dem Erkenntnisstand von Wissenschaft und Technik überprüfen; das gestufte Verfahren gibt ihr auch eine Flexibilität[18], um das bisherige Genehmigungsverfahren neuesten technologischen oder wissenschaftlichen Erkenntnissen anzupassen. Sie kann beispielsweise die beantragte Teilgenehmigung versagen oder sie gemäß § 17 Abs. 1 S. 2 AtG inhaltlich beschränken oder mit Auflagen versehen. Durch diese Einflußmöglichkeiten bleibt das Verfahren für die Genehmigungsbehörde übersichtlicher und steuerbar[19].

Die Verfahrensstufung erfüllt auch rechtsstaatliche Aufgaben; insbesondere kommt hier das *Rechtsstaatsprinzip* mit seinen Ausformungen der Rechtssicherheit, Rechtsklarheit und Überschaubarkeit zum tragen. Durch eine klare Strukturierung des Entscheidungskomplexes wird das Verfahren insgesamt für die Behörde selbst überschaubarer. Hierdurch kann sie den rechtsstaatlichen Anforderungen, die an ein Verwaltungsverfahren zu stellen sind, entsprechen. Das Verfahren wird für die Behörde übersichtlicher und steuerbarer, die Entscheidungslinie klarer und berechenbarer.

Eine Verwaltung muß auch für Dritte überschaubar sein, um vom Bürger akzeptiert zu werden[20]. Die Verfahrensstufung mit der Intention einer größeren Überschaubarkeit und Rechtsklarheit gibt der Verwaltung nicht nur die Möglichkeit rechtsstaatlichen Handelns, verhilft ihr also nicht nur zu einer rechtsstaatlichen Existenz, sondern auch zur notwendigen rechtsstaatlichen Gebundenheit[21]; denn durch eine größere Überschaubarkeit hoheitlichen Handelns wird auch eine größere Kontrollmöglichkeit durch Dritte eröffnet und damit eine Selbstbindung der Verwaltung kontrollierbar gemacht und gefördert.

---

[17] BVerfG, DVBl. 1979, 45 (52); Hansmann, DVBl. 1981, 898 (903); zum Ermessensspielraum bei der Erteilung eines Vorbescheids vgl. auch Schmieder in: Lukes V, S. 177.

[18] Vgl. Weber, DÖV 1980, 397 (400, 403); Schmidt-Assmann in: Festgabe BVerwG, 1978, S. 569 (574).

[19] Schmidt-Assmann in: Festgabe BVerwG, 1978, S. 569 (570).

[20] Vgl. Schmidt-Assmann in: Festgabe BVerwG, 1978, S. 569; Akzeptanz durch Beteiligungsrechte wird auch betont von Simon / Heußner, DVBl. 1980, 361 (364) und Feldhaus, § 10 BImSchG, S. 8.

[21] Vgl. Schmidt-Assmann in: Festgabe BVerwG, 1978, S. 569, 570.

In der Möglichkeit, Teilfragen durch Vorbescheid mit feststellender Wirkung vorab zu entscheiden, wird auch zu Gunsten der Behörde die Herbeiführung einer *Verfahrensökonomie* erblickt[22]; dadurch werde gleichzeitig dem öffentlichen Interesse an einer rationellen Verfahrensgestaltung genüge getan[23]. Angesichts der Gründe, die zu einer minderen Bedeutung des Vorbescheids in der Praxis geführt haben[24], kann dieser Ansicht nicht bedenkenlos gefolgt werden.

2. Sicht des Antragstellers

Der Bau eines Atomkraftwerks bedeutet für den Kraftwerksbetreiber eine Investition in Milliardenhöhe[25]. Aus seiner Sicht muß die Frage der Genehmigungsfähigkeit des Atomkraftwerks möglichst schnell geklärt sein und im Falle ihres Bejahens möglichst unumstößlich und unangreifbar sein. Für den Antragsteller wäre es finanziell schlicht untragbar, wenn die Genehmigungsbehörde die letzte Teilgenehmigung (Betriebsgenehmigung) mit Bedenken gegen den gewählten Standort ablehnen könnte.

Durch eine Standortgenehmigung oder den vom Atomgesetz hierfür vorgesehenen Standortvorbescheid — also durch eine frühe Teilentscheidung hinsichtlich des Standorts — kann dem Antragsteller bereits ein Teil seines *Investitionsrisikos* genommen werden[26]. Eine frühe verbindliche Entscheidung über die Unbedenklichkeit des Standorts gibt dem Antragsteller die Rechtssicherheit, die er benötigt, um den weiteren Bau des Atomkraftwerks mit kalkulierbarem finanziellen Risiko ins Werk zu setzen. Auch wird damit ein zeitlicher und gleichzeitig finanzieller Verlust aufgefangen, der bei Betreiben eines Verfahrens zum Erlaß einer Vollgenehmigung notwendigerweise eintreten würde[27].

Die Situation des Antragstellers ist dadurch gekennzeichnet, daß sein Bauvorhaben von zwei Seiten verzögert oder verhindert werden kann, während er selbst ein erhebliches finanzielles Risiko trägt. Auf der einen Seite ist die Realisierung des Vorhabens davon abhängig, wie die

---

[22] Selmer / Schulze-Osterloh, JuS 1981, 393.

[23] Selmer / Schulze-Osterloh, JuS 1981, 393 (395); Breuer in: Lukes VI, S. 245.

[24] Vgl. oben § 3, 1. Abschnitt, 1 a).

[25] Vgl. für das Jahr 1973 schon Lukes, NJW 1973, 1209 und für das Jahr 1975 VGH Mannheim, DÖV 1975, 744 (748); ferner Mutschler, ET 1978, 165 (172); Lukes, NJW 1978, 241 (245); Blümel, DVBl. 1977, 301 (306); Butze in: Lukes III, S. 54.

[26] Vgl. OVG Lüneburg, DVBl. 1980, 1012 (1013); VGH Mannheim, DÖV 1975, 744 (748); zum investitionsschützenden Charakter des Vorbescheids vgl. Selmer / Schulze-Osterloh, JuS 1981, 393 (395, 400); Schwarze, DÖV 1973, 700 (704); Feldhaus, § 9 BImSchG, S. 3; Schmieder in: Lukes V, S. 170.

[27] Vgl. Sellner, NJW 1975, 801 (807).

Genehmigungsbehörde die Konzeption des Atomkraftwerks und die sicherheitstechnischen Risiken beurteilt; andererseits besteht für den Antragsteller die Gefahr, daß Dritte erfolgreich eine Teilgenehmigung und damit den Weiterbau des Atomkraftwerks auf dem Einwendungs- und Klageweg bekämpfen.

Da die Tätigkeit des Kraftwerksbetreibers grundsätzlich durch Art. 12 Abs. 1, 14 Abs. 1 GG grundrechtlich geschützt ist, muß das Genehmigungsverfahren so ausgestaltet sein, daß die Investitionen kalkulierbar werden[28].

Die Stufung des Genehmigungsverfahrens bringt dem Antragsteller die aus seiner Sicht erforderliche rechtliche und finanzielle Sicherheit. Gegenüber der Behörde wird dies durch das Rechtsinstitut der Bindungswirkung erreicht. Hierbei handelt es sich um keine typisch atomrechtliche Erscheinung; vielmehr geht allgemein die Bindungswirkung mit dem Erlaß eines begünstigenden Verwaltungsakts einher. Mit Wirksamwerden der Teilgenehmigung, also mit deren Bekanntgabe gemäß § 43 Abs. 1 VwVfG, bindet sich die Genehmigungsbehörde gegenüber dem Antragsteller[29]. Dieser kann bei gleichbleibender Sach- und Rechtslage auf den Fortbestand der erteilten Genehmigungen vertrauen[30]. Bei gleichbleibender Sach- und Rechtslage wird das behördliche Versagungsermessen mit Erteilung jeder weiteren Teilgenehmigung mehr und mehr eingeengt, bis sich schließlich ein Anspruch des Antragstellers auf Erteilung der letzten Teilgenehmigung, der Betriebsgenehmigung, herausbildet[31]. Gerade diese schrittweise Verfestigung des Gesamtprojekts durch schrittweise Bindung der Genehmigungsbehörde wird durch die Verfahrensstufung bezweckt[32] mit dem Ziel, dem Antragsteller wertlose Investitionen zu ersparen[33]. Insoweit kommt der Verfahrensstufung eine Schutzfunktion[34] zu. Mit welchem Inhalt die einzelnen Teilgenehmigungen Bindungswirkung entfalten — diese Frage soll in § 3, 1. Abschnitt näher erörtert werden.

Eine Sicherung des Antragstellers vor Einwendungen und Anfechtungen Dritter wird durch eine schrittweise Teilunanfechtbarkeit und damit *schrittweise Bestandskraft* der Teilgenehmigungen erreicht[35]. Die

---

[28] Vgl. Breuer, DVBl. 1981, 300 (306).

[29] Vgl. Ossenbühl, NJW 1980, 1353; Büdenbender / Mutschler, Rdnrn. 54, 55, 74, 116; Mutschler in: Lukes VI, S. 280.

[30] Vgl. BVerwG, DVBl. 1972, 678 (679); vgl. auch BVerwG, DVBl. 1981, 405 (408).

[31] Vgl. Ossenbühl, NJW 1981, 375 (376) und im folgenden § 3, 1. Abschnitt.

[32] Vgl. Ossenbühl, DÖV 1980, 313 (314) und NJW 1980, 1353 (1355).

[33] OVG Koblenz, NJW 1982, 197 (199); VGH Mannheim, DÖV 1975, 744 (748); Ossenbühl, NJW 1980, 1353 (1354); Büdenbender / Mutschler, Rdnrn. 185, 186; Degenhart, Kernenergierecht, S. 67.

[34] VG Koblenz, NJW 1980, 1410 (1412).

[35] Vgl. Weber, DÖV 1980, 397; vgl. auch Degenhart, Kernenergierecht, S. 72.

atomrechtliche Teilgenehmigung ist — ebenso wie die Baugenehmigung — ein typischer Verwaltungsakt mit Drittwirkung oder drittbelastender Verwaltungsakt oder Verwaltungsakt mit drittbelastender Doppelwirkung[36]. Die Unzahl von Einwendungen und Klagen, die gegen die atomrechtlichen Teilgenehmigungen vorgebracht werden — nahezu jede Teilentscheidung wird in der Praxis von Drittbetroffenen angefochten[37] —, verdeutlichen, mit welchem Widerstand der Kraftwerksbetreiber zu rechnen hat. Mit fortschreitender Unanfechtbarkeit der Teilgenehmigungen sinkt für den Antragsteller die Gefahr, daß sein Vorhaben durch Drittanfechtungsklagen vereitelt wird.

3. Sicht der Drittbeteiligten

Soweit es sich bei den Drittbeteiligten nicht gerade um Umweltschutzverbände oder sonstige gut organisierte Interessengruppen handelt, sind die durch das Atomkraftwerk möglicherweise betroffenen Bürger auf rechtlichem und reaktortechnischem Gebiet unkundig. Diesem Umstand soll die Stufung des Genehmigungsverfahrens entgegenwirken.

Indem das Gesamtverfahren durch seine stufenweise Aufarbeitung und Aufbereitung transparenter gemacht wird, soll auch eine Informationsverarbeitung durch den Drittbetroffenen und damit auch seine *Beteiligungsmöglichkeit* am Verfahren verbessert werden[38]. Eine Bürgerbeteiligung in Form eines Einwendungsrechts ist bereits im Vorfeld der Genehmigungserteilung vorgesehen (vgl. §§ 4 ff. AtVfV). Diese Rechte sind nur wirksam ausschöpfbar, wenn die Drittbetroffenen dem Genehmigungsverfahren inhaltlich folgen können, und der Umfang der behördlichen Genehmigung verständlich wird.

§ 3 Auswirkungen einer Teilentscheidung im gestuften atomrechtlichen Genehmigungsverfahren

Die volle Tragweite der Verfahrensstufung mit allen ihren Vorzügen und Nachteilen wird am besten deutlich, wenn man sich die Auswir-

[36] BVerfG, DVBl. 1980, 356 (359); Bay VGH, ET 1979, 583 (593); VGH Mannheim, DVBl. 1976, 538 (539); OVG Lüneburg, DVBl. 1975, 190 (192); Selmer / Schulze-Osterloh, JuS 1981, 393 (400); Breuer, DVBl. 1981, 300 (302); Simon / Heußner, DVBl. 1981, 361 (362); Rengeling, JZ 1977, 542 (545); Büdenbender / Mutschler, Rdnrn. 44, 60; Sellner, Immissionsschutzrecht und Industrieanlagen, Rdnr. 410; Feldhaus, § 8 BImSchG, S. 8; Schmieder in: Lukes V, S. 175.

[37] Büdenbender / Mutschler, Rdnrn. 62, 160; vgl. auch Lauer in: Lukes V, S. 175.

[38] Vgl. Weber, DÖV 1980, 397; Schmidt-Assmann in: Festgabe BVerwG, 1978, S. 569, 570.

kungen vor Augen führt, die eine atomrechtliche Teilentscheidung gegenüber der Genehmigungsbehörde, dem Antragsteller und Drittbeteiligten entfaltet. Es wird aufzuzeigen sein, mit welchem *Regelungsgehalt* eine Teilentscheidung ausgestattet ist. Die Reichweite des Regelungsgehalts nimmt einen unmittelbaren Einfluß auf das Verhältnis der Verfahrensbeteiligten zueinander[1]. Dieses Verhältnis ist geprägt von einem Begriffspaar, welches in Rechtsprechung und Literatur mit unterschiedlichen Inhalten gefüllt wird und als noch nicht abschließend geklärt anzusehen ist[2]: Bindungswirkung und Präklusionswirkung.

Beide Wirkungsweisen hängen unmittelbar mit der Frage nach dem Regelungsgehalt einer Teilentscheidung zusammen; denn nur soweit der Regelungsgehalt reicht, kann einerseits die Genehmigungsbehörde an ihre Entscheidung gebunden sein. Andererseits kann sich ein Einwendungsausschluß für Drittbeteiligte nur auf den konkreten Regelungsumfang der Teilentscheidung erstrecken[3].

Die Institute der *Bindungs- und Präklusionswirkung*, die als die herausragenden (Folge-)Wirkungen eines gestuften Entscheidungsvorgangs bezeichnet werden können[4], verdienen eine eingehende Betrachtung. Hierbei soll die Linie der herrschenden Rechtsprechung und Literatur herausgearbeitet werden. Diese wird — insbesondere was ihr Präklusionsverständnis betrifft — im 2. Kapitel kritisch gemessen werden, wobei vor allem staats- und verfassungsrechtliche Aspekte hervorzuheben sind. Dies aber macht es zunächst erforderlich, die Auswirkungen einer Teilentscheidung im atomrechtlichen Genehmigungsverfahren aus der Sicht der herrschenden Meinung darzustellen.

1. Abschnitt

BINDUNGSWIRKUNG

1. Umfang der Bindungswirkung

Grundsätzlich bindet sich eine Behörde mit Erlaß eines begünstigenden Verwaltungsakts gegenüber dem Adressaten. Diese Bindungswir-

---

[1] So wohl auch Selmer / Schulze-Osterloh, JuS 1981, 393 (400) und im Ergebnis VG Koblenz, NJW 1980, 1410 (1411).

[2] Vgl. Selmer / Schulze-Osterloh, JuS 1981, 393.

[3] A. A. Rengeling, DVBl. 1981, 323 (327), der es für möglich hält, daß der Umfang der Präklusion weiter reicht als der der Bindungswirkung; dazu jedoch später noch ausführlicher.

[4] So Schmidt-Assmann in: Festgabe BVerwG, 1978, S. 569 (580).

kung ist ein Ausfluß des Rechtsstaatsprinzips des Art. 20 Abs. 3 GG und des daraus entspringenden Grundsatzes des Vertrauensschutzes. Der Adressat genießt ein schutzwürdiges Vertrauen in den Bestand der ihn begünstigenden Regelung. Bindung und Vertrauen orientieren sich in ihrem Umfang an dem Regelungsgehalt des Verwaltungsakts. Zwischen dem Regelungsgehalt und der Bindungswirkung einer atomrechtlichen Teilgenehmigung besteht eine Kongruenz[5]. Die Bindungswirkung einer Teilentscheidung steht in ihrer Qualität der Bindungswirkung einer Vollgenehmigung in nichts nach; ein Unterschied besteht aber im Umfang der Bindungswirkung[6], der sich entscheidend nach dem jeweiligen Regelungsgehalt richtet. Der *Umfang des Regelungsgehalts* ist aber gerade für die atomrechtliche Teilentscheidung umstritten.

Keine Schwierigkeit bereitet die Bestimmung des Regelungsgehalts, soweit auf den Tenor der Entscheidung abgestellt wird. Wenn etwa ein Vorbescheid die Unbedenklichkeit des Standorts bescheinigt oder eine Teilgenehmigung die Errichtung der Fundamente oder den Bau des Reaktorgebäudes gestattet, so bestehen keine Zweifel daran, daß diese Aussagen — soweit sie in dem Bescheid erstmalig enthalten sind — regelnden Charakter haben[7]. Umstritten ist, ob einer Teilentscheidung über die ausdrückliche Freigabe eines Errichtungsabschnitts hinaus eine weitere Regelungswirkung zukommt. Der Streit entzündet sich an der Standortfrage und dem Begriff des „vorläufigen positiven Gesamturteils". Eine klärende positivrechtliche Regelung über den Umfang der Regelungswirkung und damit auch über den Umfang des Regelungsgehalts einer atomrechtlichen Teilentscheidung ist im Atomrecht nicht vorhanden.

a) Regelungsgehalt der ersten Teilgenehmigung

Die Genehmigungspraxis macht von der Möglichkeit des § 7 a AtG, einen Standortvorbescheid zu beantragen und zu erteilen, wenig Gebrauch[8]. Die Erklärung ist wohl darin zu suchen, daß die Standortfrage bereits im Planungsstadium intern zwischen der Genehmigungsbehörde und dem Antragsteller abgesprochen wird; dieser wird keine atomrechtliche Genehmigung beantragen, ohne sich zuvor Gewißheit über

---

[5] Ossenbühl, NJW 1980, 1353; Breuer in: Lukes VI, S. 246; vgl. auch OVG Lüneburg, ET 1979, 284 (285); Hansmann in: Lukes VI, S. 269; Mutschler in: Lukes VI, S. 286.

[6] Vgl. Winters, DÖV 1978, 265 (269); Feldhaus, § 8 BImSchG, S. 3.

[7] Schmidt-Assmann in: Festgabe BVerwG, 1978, S. 569 (578) nennt die konkreten Genehmigungsausschnitte „primäre Aussagen".

[8] Vgl. Wagner / Nobbe, ET 1978, 694; Fischerhof, AtG, § 7 a, Rdnrn. 3, 8; Degenhart, Kernenergierecht, S. 63; von Keiser in: Lukes V, S. 208; Breuer in: Lukes VI, S. 250.

die Unbedenklichkeit des Standorts aus der Sicht der Genehmigungsbehörde verschafft zu haben.

Ein Vorbescheid bietet gegenüber einer Teilgenehmigung auch keine wesentlichen Vorteile[9]. Zum einen muß die Genehmigungsbehörde vor Erlaß eines Vorbescheids ebenso umfangreiche Prüfungen hinsichtlich der Genehmigungsfähigkeit des Baus und Betriebs der Anlage anstellen wie vor Erlaß einer Teilgenehmigung[10]. Gesichtspunkte der Verfahrensökonomie sprechen daher eher gegen einen gesonderten Standortvorbescheid. Im übrigen ist gemäß § 7 a Abs. 1 AtG ein Vorbescheid zeitlich befristet und kann daher für den Antragsteller wegen des drohenden Zeitablaufs zu einem vergeblichen Unterfangen werden.

Das Genehmigungsverfahren beginnt daher in der Regel sofort mit der Beantragung einer ersten Teilgenehmigung, beispielsweise mit dem Antrag, die Ausschachtung der Baugrube zu gestatten. Wird diesem Antrag durch Erteilung einer entsprechenden Genehmigung stattgegeben, so fragt sich, wann verbindlich über die Unbedenklichkeit des gewählten Standorts befunden wird, oder ob dies bereits mit der ersten Teilgenehmigung geschehen ist.

aa) Standortentscheidung

Die herrschende Meinung[11] sieht in der ersten Teilgenehmigung, deren Tenor etwa auf Ausschachtung der Baugrube, Errichtung der Fundamente oder Errichtung des Reaktorgebäudes lauten kann, zugleich auch eine bindende Standortentscheidung. Dies gilt natürlich nur unter dem Vorbehalt, daß kein Standortvorbescheid nach § 7 a AtG ergangen ist; dann kann eine weitere Aussage über die Unbedenklichkeit des Standorts nur wiederholenden und keinen regelnden Charakter haben[12].

Als Begründung für die herrschende Meinung läßt sich anführen, daß es mit Sinn und Zweck des gestuften atomrechtlichen Genehmigungsverfahrens, wie sie oben dargestellt wurden, nicht vereinbar wäre,

---

[9] Vgl. Winters, DÖV 1978, 265 (275); Lecheler, ZRP 1977, 241 (244); Brocke, Rechtsfragen der landesplanerischen Standortvorsorge für umweltbelastende Großanlagen, S. 27, 28; Butze in: Lukes III, S. 54.

[10] Vgl. § 19 Abs. 5 i. V. m. § 18 Abs. 2 AtVfV. Auf letzteren wird noch näher einzugehen sein. Vgl. dazu auch Lecheler, ZRP 1977, 241 (244); Feldhaus, § 9 BImSchG, S. 3; Blickle in: Lukes V, S. 192; von Keiser in: Lukes V, S. 208; de Witt in: Lukes VI, S. 299, 300.

[11] OVG Koblenz, NJW 1982, 197 (198); OVG Lüneburg, DVBl. 1978, 67 (68); VG Hannover, DVBl. 1978, 74 (75); Weber, DÖV 1980, 397 (398); Ossenbühl, DÖV 1980, 313 (314) und NJW 1980, 1353 (1354); Wagner / Nobbe, ET 1978, 694; Winters, DÖV 1978, 265 (269); Büdenbender / Mutschler, Rdnr. 198; Degenhart, Kernenergierecht, S. 65; Fischerhof, AtG, § 7 a, Rdnr. 4; Mutschler in: Lukes VI, S. 285.

[12] Vgl. Selmer / Schulze-Osterloh, JuS 1981, 393 (400); Büdenbender / Mutschler, Rdnr. 314.

wenn die Betriebsgenehmigung noch mit Bedenken gegen den Standort seitens der Behörde abgelehnt oder von dritter Seite angefochten werden könnte. Dies liefe dem Zweck, den Antragsteller vor nutzlosen Milliardeninvestitionen zu schützen, gerade zuwider[13]. Dieser müßte ins Ungewisse hinein investieren und würde Gefahr laufen, daß das Projekt in der letzten Phase aufgrund von Standortbedenken scheitert.

Für die Annahme einer bindenden Standortentscheidung soll es unerheblich sein, ob diese ausdrücklich mit in den Tenor oder in die Begründung der Teilgenehmigung aufgenommen wird[14]. Die erste Teilgenehmigung, die unter anderem die Ausschachtung der Baugrube gestattet, kann sich nach herrschender Meinung zwingend nur auf einen im Bescheid bestimmten Teil der Erdoberfläche beziehen[15], so daß sich die Standortgenehmigung konkludent dem Gesamtzusammenhang der ersten Teilgenehmigung entnehmen läßt. Da die Standortentscheidung aus den genannten Investitionsschutzzwecken endgültig, abschließend und bindend mit der ersten Teilgenehmigung ergehen muß, hat der Antragsteller bereits bei Beantragung der ersten Teilgenehmigung gemäß § 18 Abs. 2 AtVfV sämtliche Angaben zum Standort vollständig zu erbringen[16], um der Genehmigungsbehörde eine abschließende Prüfung zu ermöglichen.

bb) Das positive Gesamturteil

Die herrschende Meinung geht sogar noch weiter und zählt zum Regelungsgehalt einer Teilgenehmigung auch das sogenannte „vorläufige positive Gesamturteil“ i. S. d. § 18 Abs. 1 AtVfV[17]; diese Feststellung soll nicht nur auf die erste, sondern auf alle weiteren Teilgenehmigungen zutreffen[18]. § 18 Abs. 1 AtVfV verpflichtet die Genehmigungs-

---

[13] Vgl. dazu OVG Koblenz, NJW 1982, 197 (198); OVG Lüneburg, DVBl. 1980, 1012 (1013); Ossenbühl, NJW 1980, 1353 (1355).

[14] Vgl. Büdenbender / Mutschler, Rdnr. 210; Degenhart, Kernenergierecht, S. 75; eine ausdrückliche Standortaussage erfolgte aber beispielsweise im „Fall Kalkar“, vgl. Rengeling, DÖV 1978, 277.

[15] Vgl. OVG Lüneburg, DVBl. 1978, 67 (68); Ossenbühl, NJW 1980, 1353 (1354); Büdenbender / Mutschler, Rdnr. 198.

[16] Vgl. Ossenbühl, NJW 1980, 1353 (1358); Büdenbender / Mutschler, Rdnr. 198; Degenhart, Kernenergierecht, S. 68; Feldhaus, § 9 BImSchG, S. 6; Mutschler in: Lukes VI, S. 285.

[17] Vgl. OVG Münster, DVBl. 1978, 853 (854); VG Koblenz, NJW 1980, 1410; VG Hannover, DVBl. 1978, 74 (75); Ossenbühl, NJW 1980, 1353 (1357, 1358); Weber, DÖV 1980, 397 (399); Büdenbender / Mutschler, Rdnr. 202; Degenhart, Kernenergierecht, S. 65; Breuer in: Lukes VI, S. 248, 249; Mutschler in: Lukes VI, S. 284, 285; de Witt in: Lukes VI, S. 306 ff.; im Ergebnis auch OVG Lüneburg, DVBl. 1982, 32 (34).

[18] Das VG Koblenz, NJW 1980, 1410 relativiert seine Aussage und meint, „jedenfalls“ das vorläufige positive Gesamturteil der ersten Teilgenehmigung sei mit Außen-Bindungswirkung ausgestattet.

behörde, vor Erlaß einer Teilgenehmigung eine vorläufige Prüfung darüber anzustellen, ob die Genehmigungsvoraussetzungen im Hinblick auf die Errichtung und den Betrieb der gesamten Anlage vorliegen werden. Um der Genehmigungsbehörde diese Prüfung zu ermöglichen, gibt § 18 Abs. 2 S. 2 AtVfV dem Antragsteller auf, seinen Antragsunterlagen entsprechende Angaben über das Gesamtkonzept hinzuzufügen.

Das Gesamturteil, das für den Fall der Erteilung der beantragten Genehmigung „positiv" ausfallen muß, ist gekennzeichnet durch seinen nur vorläufigen Charakter. Im Vergleich zu einer möglichen Konzeptgenehmigung[19], mit der endgültig und verbindlich das Gesamtkonzept der Anlage genehmigt und festgelegt wird, beinhaltet das vorläufige positive Gesamturteil ein Weniger[20].Es befindet nicht abschließend über die Genehmigungsfähigkeit des Gesamtprojekts, sondern ist von einer gewissen Vorläufigkeit und Relativität.

„Vorläufigkeit" könnte auf den ersten Blick bedeuten, daß die Genehmigungsbehörde die eingereichten Unterlagen nur einer groben, überschlägigen Prüfung zu unterziehen hat mit der Folge, daß bei einer späteren, anläßlich der Erteilung einer weiteren Teilgenehmigung stattfindenden Detailprüfung dieselben Unterlagen ein anderes Prüfungsergebnis hervorbrächten. Diese Auslegung des Begriffs der Vorläufigkeit aber widerspricht dem Sinn und Zweck des § 18 AtVfV und dem mit der Stufung verfolgten Verfahrenszweck einer schrittweisen Verfestigung des Gesamtprojekts unter Minimierung des Investitionsrisikos des Betreibers.

Die *Vorläufigkeit der Gesamtprognose* resultiert daher richtigerweise aus der Unvollständigkeit der eingereichten Unterlagen[21]. Der Antragsteller ist nicht verpflichtet, gleich zu Beginn des Genehmigungsverfahrens wie bei einem Antrag auf Vollgenehmigung Detailangaben hinsichtlich Errichtung und Betrieb des Atomkraftwerks zu machen; dies würde dem Zweck einer Verfahrensbeschleunigung gerade entgegenstehen[22]. Um eine hinreichende Prüfung der Gesamtanlage zu ermöglichen, müssen die vorläufigen Angaben jedoch unter anderem eine Beschreibung des Kraftwerktyps, seiner Leistung, emissionsmindernden Einrichtungen, des Kühlverfahrens und einer Störfallanalyse enthalten[23]. Sind die Unterlagen ansonsten unvollständig, ist der Genehmi-

[19] Dazu noch unter § 9.

[20] Vgl. OVG Lüneburg, DVBl. 1982, 32; Büdenbender / Mutschler, Rdnr. 211.

[21] Vgl. Büdenbender / Mutschler, Rdnrn. 181, 182; Sellner, Immissionsschutzrecht und Industrieanlagen, Rdnr. 254; Mutschler in: Lukes VI, S. 284 spricht von Vorläufigkeit der Tatsachenbasis.

[22] Sellner, NJW 1975, 801 (803); Feldhaus, § 8 BImSchG, S. 7.

[23] Büdenbender / Mutschler, Rdnr. 189.

gungsbehörde nur eine vorläufige Prüfung hinsichtlich der Genehmigungsfähigkeit des Gesamtprojekts möglich. Das vorläufige positive Gesamturteil ist daher mit der Einreichung neuer Unterlagen und dem Fortschreiten des Genehmigungsverfahrens wandelbar, ausfüllungsbedürftig und stets neuen Erkenntnissen anzupassen[24]. Das positive Gesamturteil kann jeweils nur die eingereichten Unterlagen verarbeiten und sich auf sie stützen. Der Umfang des Genehmigungsantrags in Verbindung mit den eingereichten Unterlagen bestimmt daher auch den Umfang des positiven Gesamturteils[25]. Dieses ähnelt einer Grundsatz- oder Rahmengenehmigung[26], der für das weitere Verfahren eine feststellende und klammernde oder rahmenmäßige Wirkung zukommt[27]. Die klammernde Wirkung des vorläufigen positiven Gesamturteils ist nach der herrschenden Meinung für das gestufte Verwaltungsverfahren kennzeichnend[28]. Diese Wirkung wird erreicht durch die Einbeziehung des Gesamturteils in den Regelungsgehalt der jeweiligen Teilgenehmigung und damit auch durch seine Teilhabe an der Bindungswirkung.

Die Teilhabe des Gesamturteils an der Bindungswirkung der Teilgenehmigung läßt sich unter anderem aus einem Umkehrschluß[29] herleiten. Gemäß § 18 AtVfV darf eine Teilgenehmigung nicht ergehen, wenn das Gesamturteil nicht positiv ausfällt. Im Falle einer Versagung der Teilgenehmigung hat das negative Urteil daher eine den Antragsteller unmittelbar betreffende Außenwirkung. Das gleiche muß daher im Falle der Erteilung der Teilgenehmigung für das positive Urteil gelten. Dieses haftet unmittelbar der Teilentscheidung an und ist ein notwendiges Element von ihr.

Ferner wird argumentiert, die Teilnahme des vorläufigen positiven Gesamturteils an Regelungsgehalt und Bindungswirkung der Teilgenehmigung folge schon aus dem Umfang der der Genehmigungsbehörde

[24] Vgl. OVG Münster, DVBl. 1978, 853 (854); Ossenbühl, NJW 1980, 1353 (1357) spricht von einem relativierten Geltungsvorbehalt.

[25] Vgl. Weber, DÖV 1980, 397 (399); Ossenbühl, NJW 1980, 1353 (1358); Schmidt-Assmann in: Festgabe BVerwG, 1978, S. 569 (577).

[26] Vgl. OVG Münster, DVBl. 1978, 853 (854); VG Hannover, DVBl. 1978, 74 (75); Weber, DÖV 1980, 397 (399); Ossenbühl, NJW 1980, 1353 (1358).

[27] Vgl. Weber, DÖV, 1980, 397 (400); Schmidt-Assmann in: Festgabe BVerwG, 1978, S. 569 (578); Vorbescheid und vorläufiges positives Gesamturteil erfüllen eine Zusicherungsfunktion, vgl. Ossenbühl, DVBl. 1980, 803 (809); Büdenbender / Mutschler, Rdnrn. 28, 201.

[28] Vgl. OVG Koblenz, NJW 1982, 197 (198, 199); VG Koblenz, NJW 1980, 1410 (1412); Ossenbühl, NJW 1980, 1353 (1357); insbesondere Schmidt-Assmann in: Festgabe BVerwG, 1978, S. 569 (578); dieser bezeichnet das vorläufige Urteil als „sekundäre Aussage" des Genehmigungsbescheids; Ossenbühl, NJW 1980, 1353 (1354) hält die Unterteilung in Primär- und Sekundärwirkungen für verwirrend.

[29] Vgl. VG Koblenz, NJW 1980, 1410 (1411).

durch § 18 Abs. 1 AtVfV vorgeschriebenen Prüfung[30]; was die Behörde vor Erteilung der Teilgenehmigung zu prüfen habe, müsse notwendigerweise auch in den Gehalt der Entscheidung mit einfließen. Dem ist insoweit zuzustimmen, als das Gesamturteil nicht zu einem — mit der Genehmigung des jeweiligen Bauabschnitts vergleichbaren — ausdrücklichen Gestattungs- oder Freigabeelement der Teilgenehmigung wird, sondern vielmehr eine Regelungswirkung nur in Form einer — wenn auch zum Teil nur konkludenten — Feststellung trifft. Das vorläufige positive Gesamturteil entfaltet als Teil eines Verwaltungsakts Regelungswirkungen in Form von Feststellungen[31].

Da grundsätzlich mit jeder Teilgenehmigung ein vorläufiges positives Gesamturteil einherzugehen hat, ist auch hinsichtlich des Regelungsgehalts des Gesamturteils widerum zu unterscheiden zwischen erstmaliger positiver Feststellung der Genehmigungsfähigkeit des Gesamtkonzepts und nachfolgender bloß wiederholender Feststellung. Nur soweit erstmalig entschieden wird, hat die Feststellung des Gesamturteils regelnden Charakter.

Die Genehmigungsbehörde ist — von den noch zu erörternden Ausnahmen abgesehen — auch an die vorläufige Prognose gebunden. Das hat zur Folge, daß der Antragsteller bei Beibehaltung seines Konzepts mit der Erteilung der weiteren Genehmigungen rechnen kann. Dieses Vertrauen besteht um so mehr, je umfangreichere und konkretere Angaben die eingereichten Unterlagen über das Gesamtkonzept enthalten[32]. In Verbindung mit der *Bindungswirkung* gegenüber der Genehmigungsbehörde kommt dem vorläufigen positiven Gesamturteil eine gewisse Zusicherungsfunktion[33] zu. Die Genehmigungsbehörde, grundsätzlich an ihr Urteil gebunden, sichert dem Antragsteller quasi die Erteilung der noch fehlenden Teilgenehmigungen zu. Das bedeutet jedoch nicht, daß der Antragsteller nach Erlaß der ersten Teilgenehmigung einen Rechtsanspruch auf Erteilung der Folgegenehmigungen erwirbt[34]. Wie bereits dargestellt, handelt es sich bei der Genehmigung nach § 7 AtG um ein präventives Verbot mit Erlaubnisvorbehalt[35]; hier-

---

[30] Vgl. OVG Koblenz, NJW 1982, 197 (198); VG Koblenz, NJW 1980, 1410 (1411); Ossenbühl, NJW 1980, 1353 (1354, 1357); Degenhart, Kernenergierecht, S. 75; Breuer in: Lukes VI, S. 256.

[31] Vgl. Büdenbender / Mutschler, Rdnr. 192.

[32] Vgl. Weber, DÖV 1980, 397 (399); Ossenbühl, NJW 1980, 1353 (1358); nach Büdenbender / Mutschler, Rdnr. 190 ist dies in der Praxis der Regelfall.

[33] Ossenbühl, DVBl. 1980, 803 (809); Büdenbender / Mutschler, Rdnr. 167 nennen die Bindungswirkung im Hinblick auf den Erlaß von Folgegenehmigungen „Sekundärbindung".

[34] Offengelassen von VG Arnsberg, DVBl. 1981, 648 (649).

[35] Siehe § 2 Ziff. 1.

aus folgt aber nur ein Anspruch des Antragstellers auf fehlerfreie Ermessensausübung wegen des besonderen Schutzzwecks des AtG. Das Versagungsermessen der Genehmigungsbehörde ist jedoch mit Erlaß der ersten Teilgenehmigung durch die im positiven Gesamturteil enthaltene Grundsatzentscheidung gebunden[36]. Diese Ermessensbindung verdichtet sich bei Beibehaltung des Konzepts mit fortschreitender Anzahl der Teilgenehmigungen. Konsequenterweise muß das für die letzte Genehmigung — die Betriebsgenehmigung — bedeuten, daß sich bis hierher das Versagungsermessen der Behörde auf Null reduziert hat, und somit schließlich — vorbehaltlich der noch zu erörternden Ausnahmen — ein Anspruch auf Erteilung der Betriebsgenehmigung entsteht.

Dies gilt vor allem mit Rücksicht auf den von der herrschenden Meinung betonten Investitionsschutz des Antragstellers, dessen Betätigung grundsätzlich nach Art. 12 Abs. 1, 14 Abs. 1 GG schützenswert ist. Das vorläufige positive Gesamturteil bewirkt somit einen schrittweise sich verfestigenden Vertrauensschutz.

Der Vertrauensschutz des Antragstellers wird gerade im Hinblick auf sein hohes Investitionsrisiko hervorgehoben und daher die Teilhabe des vorläufigen positiven Gesamturteils am Regelungsgehalt der Teilgenehmigung für finanziell gerechtfertigt[37] erachtet. Das BVerwG[38] meint dazu lapidar, die Kraftwerksanlage werde selbstverständlich nur errichtet, um betrieben zu werden und will damit ausdrücken, daß das vorläufige Gesamturteil über den späteren Betrieb daher mit zum Regelungsgehalt einer Teilgenehmigung gehöre und von der Bindungswirkung erfaßt werde.

Zur Begründung der Teilnahme des Gesamturteils an der Bindungswirkung wird auch vorgebracht, dies diene einem effektiven Rechtsschutz der Drittbeteiligten[39]. Diese könnten bereits gegen die Erteilung der ersten Teilgenehmigung mit Bedenken gegen das Gesamtkonzept und den späteren Betrieb des Atomkraftwerks Klage erheben. Vordergründig mag die aufgestellte These zutreffen; doch wird ihre Haltbarkeit im Zusammenhang mit der bisher noch nicht ins Spiel gebrachten Präklusionswirkung und unter den Gesichtspunkten der Rechtssicherheit und der Rechtsweggarantie noch zu prüfen sein.

Die bisher zum vorläufigen positiven Gesamturteil gefundenen Grundsätze lassen sich nicht auf die erste Teilgenehmigung beschränken, sondern gelten

[36] Vgl. OVG Lüneburg, DVBl. 1981, 644 (647); VG Arnsberg, DVBl. 1981, 648 (649); de Witt, DVBl. 1981, 649 (651) und in: Lukes VI, S. 307; Büdenbender / Mutschler, Rdnrn. 28, 220.

[37] Rengeling, JZ 1977, 542 (545).

[38] DVBl. 1972, 678 (679).

[39] So OVG Koblenz, NJW 1982, 197 (198); Ossenbühl, NJW 1980, 1353 (1357).

auch für alle weiteren Teilgenehmigungen. Das folgt zum einen daraus, daß weder das AtG noch die AtVfV einen inhaltlichen oder qualitativen Unterschied zwischen den einzelnen Teilgenehmigungen aufstellen, ist aber auch in der Verfahrensstufung und der Vorläufigkeit des ersten positiven Gesamturteils begründet[40]. Dieses bedarf im Verlauf des Verfahrens einer ständigen Konkretisierung, um von einer bloßen Vorläufigkeit mit der letzten Teilgenehmigung zur Endgültigkeit heranzureifen.

Etwas anderes aber gilt für die Vorprüfungen der Genehmigungsbehörde gemäß §§ 19 Abs. 5, 18 Abs. 2 AtVfV, also für die Prognose bei Erlaß eines Vorbescheids. Dem *Vorbescheid* ist — anders als bei der Teilgenehmigung — kein vorläufiges positives Gesamturteil als Regelungselement immanent. Zwar ist die Behörde vor Erlaß eines Vorbescheids verpflichtet, die Genehmigungsfähigkeit der Anlage nach den genannten Vorschriften zu prüfen und vorab zu bejahen; doch nimmt die vorläufige Prognose nicht am Regelungsgehalt des Vorbescheids teil[41]. Das ergibt sich schon aus dem Gesetzeswortlaut des § 7 a AtG, nach welchem durch Vorbescheid nur über „einzelne Fragen" vorab entschieden werden kann. Wenn das Gesamturteil am Regelungsgehalt teilnähme, so wäre jeder Vorbescheid zugleich automatisch eine Grundsatzgenehmigung und die Behörde nicht nur hinsichtlich der einzelnen, laut Antrag des Betreibers durch Vorbescheid zu klärenden Frage, sondern hinsichtlich des Gesamtkonzepts für das weitere Verfahren gebunden. Wer daher eine Bindung der Behörde an ihre im Verfahren zur Erteilung eines Vorbescheids erlassenen positiven Prognose im Hinblick auf die Erteilung weiterer Genehmigungen annimmt, ohne die Auswirkungen dieser Annahme auf den Regelungsgehalt des Vorbescheids zu beachten[42], verkennt die Kongruenz von Bindungswirkung und Regelungsgehalt.

§ 18 Abs. 1 AtVfV sieht zwar vor, daß vor jeder Teilgenehmigung ein vorläufiges Gesamturteil zu fällen ist. Das kann aber nicht heißen, daß die Genehmigungsbehörde bei unveränderten Unterlagen und unverändertem Erkenntnisstand ihre Überprüfung jeweils erneut und in vollem Umfang vorzunehmen hätte[43]. Schon aus verfahrensökonomischen Gründen wird sich eine erneute Prüfung des Gesamtkonzepts nur anbieten, wenn neue ergänzende oder abändernde Unterlagen eingereicht werden, oder sich bei gleichbleibenden Unterlagen der technisch-wissenschaftliche Erkenntnisstand geändert hat und daher eine neue Über-

---

[40] Vgl. OVG Münster, DVBl. 1978, 853 (854).

[41] Vgl. Hansmann in: Lukes VI, S. 264, 265; de Witt in: Lukes VI, S. 297; a. A. für das BImSchG wohl Sellner, Immissionsschutzrecht und Industrieanlagen, Rdnr. 285.

[42] So etwa Sellner, NJW 1975, 801 (805).

[43] So aber wohl Weber, DÖV 1980, 397 (398) und Breuer in: Lukes VI, S. 249.

prüfung aus Sicherheitsgründen erfordert[44]. Durch diese Verfahrensweise ist eine Sicherheitsbeeinträchtigung der betroffenen Bürger nicht zu besorgen. Aus sicherheitstechnischen oder grundrechtlichen Erwägungen kann daher gegen ein solches Verfahren nichts eingewendet werden.

Als Zwischenergebnis läßt sich festhalten, daß die erste Teilgenehmigung drei Entscheidungselemente enthält: die Genehmigung des konkreten Bauabschnitts, die Standortentscheidung und das vorläufige positive Gesamturteil.

b) *Kritik an der herrschenden Meinung*

aa) Kritik an dem Umfang, den die herrschende Meinung der Bindungswirkung zuspricht, erfolgt insbesondere von seiten des *VGH Mannheim*[45]. In seinem Beschluß vom 8. 10. 1975 äußert er sich zu diesem Punkt noch zurückhaltend. Er betont vor allem die Bedeutung des Vorbescheids[46] in Bezug auf eine verbindliche Standortregelung; die Möglichkeit, daß auch die erste Teilgenehmigung die Standortfrage entscheiden könnte, wird — wohl bewußt — ausgeklammert.

Ein deutliches Wort spricht der VGH in seinem Beschluß vom 26. 2. 1979[47].

Dort sagt er ausdrücklich, daß der Regelungsgehalt einer schlichten Teilgenehmigung nach §§ 7 b AtG, 18 AtVfV zulässigerweise nicht weiter reiche, als daß bestimmte Maßnahmen gestattet werden[48]. Der VGH beschränkt den Regelungsgehalt der Teilgenehmigung — und damit auch die Bindungswirkung — auf den Tenor des Bescheids, also die Gestattung des konkreten Teilbauabschnitts.

Tatsächlich gibt weder das AtG noch die AtVfV einen Hinweis darauf, welcher Regelungsgehalt einer Teilgenehmigung zulässigerweise beigemessen werden kann. Dies nimmt der VGH Mannheim zum Anlaß, sich auf die Bedeutung des Vorbescheids zu besinnen[49]; die Teilgenehmigung sei klar vom Vorbescheid abzugrenzen: Während erstere eine konkrete Tätigkeit gestatte und eine echte Genehmigung darstelle, sei

---

[44] Vgl. OVG Lüneburg, DVBl. 1980, 1010 (1012); in diesem Sinne auch Büdenbender / Mutschler, Rdnr. 246.

[45] DÖV 1975, 744 ff., bestätigt durch DÖV 1982, 863 (864), Leitsatz Nr. 5; aber auch Hansmann in: Lukes VI, S. 269, 270 und Feldhaus, § 8 BImSchG, S. 8.

[46] DÖV 1975, 744 (748).

[47] NJW 1979, 2528 ff. = DÖV 1979, 521 ff.

[48] NJW 1979, 2528 (2529).

[49] Im folgenden: NJW 1979, 2528 (2530); ebenso Feldhaus, § 8 BImSchG, S. 8.

das Institut des Vorbescheids dazu geschaffen, über einzelne vorgreifliche Fragen zu entscheiden, von denen die Erteilung der Genehmigung abhänge. Der VGH hebt die Bedeutung des Standortvorbescheids hervor. Allein durch ihn werde vermieden, daß spätere Teilgenehmigungen mit Standortbedenken verworfen werden können. Dies gelte auch für das vorläufige positive Gesamturteil nach § 18 Abs. 1 AtVfV. Als Vorfrage einer Teilgenehmigung könne dies nur mit Außenwirkung versehen werden, wenn es zum Gegenstand eines Vorbescheids gemacht werde. Der VGH sieht die Gefahr, daß ansonsten jede Teilgenehmigung — soweit sie ein vorläufiges positives Gesamturteil enthält — zugleich inhaltlich auch ein Vorbescheid sei, wobei die Formvorschrift des § 19 Abs. 3 AtVfV umgangen werde. Gerade diese Formvorschrift gebiete es, Vorfragen einer Teilgenehmigung in die Form des Vorbescheids zu kleiden. Solange dies nicht geschehe, sei die vorläufige Prüfung aus § 18 Abs. 1 AtVfV eine bloße Amtspflicht der Genehmigungsbehörde, die keinen der Beteiligten binde, weil sie nicht zum Regelungsgehalt einer Teilentscheidung geworden sei.

Dem schließt sich im Ergebnis das OVG Lüneburg[50] an mit der Begründung, die vorläufige Prüfung nach § 18 Abs. 1 AtVfV sei lediglich ein Begründungselement der Teilgenehmigung. Weder Wortlaut noch Zweck der Vorschrift ließen einen anderen Schluß zu.

bb) Soweit der VGH Mannheim zur Begründung anführt, das Gefüge mehrstufiger Planungsverfahren verlöre seinen Sinn, wenn das vorläufige positive Gesamturteil jeweils zum Regelungsgehalt jeder Stufe würde, kann er nicht überzeugen. Er übersieht, daß die Genehmigungen der einzelnen Bauabschnitte nicht isoliert nebeneinander stehen können. Eine Verfahrensstufung darf gerade wegen des jeweils engen Bezugs zum Gesamtkonzept nicht dazu führen, daß die einzelnen Teilgenehmigungen beziehungslos für sich betrachtet werden[51].

Indem der Gesetzgeber von einer ursprünglich ausschließlich vorgesehenen Gesamtgenehmigung zu einer Verfahrensstufung übergegangen ist[52], wird deutlich, daß bei Erteilung jeder Teilgenehmigung das Gesamtkonzept als verbindendes Element mit einzubeziehen ist. Das vorläufige positive Gesamturteil bildet gerade die notwendige Verbindung zwischen den einzelnen Genehmigungsstufungen[53]. Der gesetzgeberisch bezweckte Investitionsschutz des Antragstellers wird gerade durch eine

---

[50] Beschl. v. 18. 6. 1980, DVBl. 1980, 1010 (1011).

[51] Nach Ossenbühl, NJW 1980, 1353 sind die Teilentscheidungen „einander zugeordnet".

[52] Vgl. Ossenbühl, DÖV 1981, 1 (8).

[53] Vgl. Weber, DÖV 1980, 397 (399).

Einbeziehung des vorläufigen positiven Gesamturteils in den Regelungsgehalt der Teilgenehmigung gefördert. Hierdurch verliert das mehrstufige Verfahren nicht seinen Sinn, sondern wird im Gegenteil dem Sinn und Zweck des gestuften atomrechtlichen Genehmigungsverfahrens entsprochen[54], zumindest soweit man den Investitionsschutz des Antragstellers betont.

Die damit erzielte und insoweit notwendige Bindungswirkung kann auch nicht auf andere Weise hergeleitet werden. Allgemeine Gesichtspunkte des Vertrauensschutzes und des Vertrauens in die Kontinuität behördlicher Entscheidungen vermögen die Position des Antragstellers nicht mit investitionsschützender Wirkung zu festigen[55]. Diese Grundsätze sind zu unbestimmt und ausfüllungsbedürftig und erzeugen damit beim Antragsteller allenfalls eine Rechtsunsicherheit. Eine Verfestigung seiner Position kann daher nur durch Einbeziehung des Gesamturteils in den Regelungsgehalt der Teilgenehmigung erreicht werden.

Die gesetzlich vorgesehene Verfahrensstufung wird dadurch auch nicht verwischt; die Einbeziehung des vorläufigen positiven Gesamturteils in den Regelungsgehalt macht das mehrstufige Verfahren nicht etwa zu einem einstufigen Verfahren. Denn einerseits bleibt es bei der schrittweisen Genehmigung der einzelnen Bauphasen, und zum anderen hat das Gesamturteil lediglich eine feststellende Rahmenfunktion und keinen freigebenden Charakter hinsichtlich des Gesamtprojekts[56].

cc) Das OVG Lüneburg erkennt in seiner genannten Entscheidung das Bedürfnis des Kraftwerksbetreibers, durch eine größtmögliche Bindung der Genehmigungsbehörde seine eigenen Interessen gesichert zu wissen. Es wertet das Interesse der Nachbarn und der Allgemeinheit an einer fehlenden Bindungswirkung durch das vorläufige positive Gesamturteil aber zumindest gleich hoch. Das Gericht hält es für nicht gerechtfertigt, daß zugunsten des Betreibers auf Grund einer nur vorläufigen Prüfung der Genehmigungsvoraussetzungen eine abschließende Entscheidung über die Genehmigung getroffen werde[57].

Falls das Gericht mit „Genehmigung" die Gestattung des Bauabschnitts meint, so ist dem entgegenzuhalten, daß § 18 AtVfV diesbezüglich eine nur vorläufige Prüfung der übrigen Genehmigungsvoraussetzungen gerade an-

[54] Vgl. Ossenbühl, NJW 1980, 1353 (1355); dieser hält es für grotesk, wenn das bloße Etikett des Verwaltungsakts — Vorbescheid oder Teilgenehmigung — über die Rechtmäßigkeit oder Rechtswidrigkeit der Regelung entscheiden soll.

[55] So aber Hansmann in: Lukes VI, S. 270, 271; mit dieser Ansicht steht er offenbar allein.

[56] Zur Kritik am VGH Mannheim vgl. auch Breuer in: Lukes VI, S. 256.

[57] Ebenso Feldhaus, § 8 BImSchG, S. 8.

ordnet. Offenbar glaubt das OVG Lüneburg aber, daß die vorläufige Prüfung bei ihrer Einbeziehung in den Regelungsgehalt der Teilgenehmigung bereits zu einer abschließenden Entscheidung über die Genehmigungsfähigkeit des Atomkraftwerks führt. Diesem Bedenken wird man zustimmen können, wenn beispielsweise der Antragsteller schon bei seinem ersten Teilgenehmigungsantrag sämtliche Unterlagen für das Gesamtprojekt vollständig und restlos ausgearbeitet vorlegt. Dann allerdings kommt die vorläufige Prüfung einer endgültigen Konzeptgenehmigung zumindest sehr nahe. Es wird noch zu überlegen sein, ob der Antragsteller auf diese Weise das gestufte Verfahren einseitig zu seinen Gunsten verkürzen und ausnutzen kann. Hierbei wird gerade der Aspekt der Bürgerbeteiligung als Gegenpol zum Investitionsinteresse des Antragstellers zu bedenken sein.

Soweit der genannte Extremfall nicht vorliegt, ist dem OVG Lüneburg zu erwidern, daß es den Charakter der Vorläufigkeit der Prognose überschätzt und nicht hinreichend berücksichtigt, daß die Genehmigungsbehörde auf Grund dieser Vorläufigkeit erleichterte Möglichkeiten hat, von ihrer Prognose bei veränderten Umständen abzuweichen.

dd) Aufmerksamkeit verdient aber das Argument des VGH Mannheim, daß bei einer Vermischung von Genehmigung des konkreten Bauabschnitts und vorgreiflicher feststellender Regelungen wie der Standortfrage und des vorläufigen positiven Gesamturteils die Regelungsgehalte der einzelnen Bescheide für den Drittbetroffenen nur schwer zu ermitteln seien. Dies könne zu einer Unübersichtlichkeit des Verfahrens führen, damit die Rechtssicherheit erheblich beeinträchtigen und den Rechtsschutz des Bürgers erschweren[58].

Der VGH setzt sich mit seiner Forderung, die Genehmigung des einzelnen Bauabschnitts und die Klärung vorgreiflicher Fragen durch eine klare Handhabung von Teilgenehmigung und Vorbescheid auseinanderzuhalten, für eine verbesserte Rechtswahrnehmung der Drittbetroffenen ein. Dies ist ein Problem der Rechtsstaatlichkeit des Verfahrens, welches in § 6 vertieft werden soll. Ob der VGH damit einen richtigen Schritt auf dem Weg zu einem bürgernahen Verfahren gefunden hat, bleibt zu erörtern.

ee) Auch soweit der VGH Mannheim das Institut des Vorbescheids als das einzige Mittel ansieht, die Standortfrage verbindlich zu klären, bedarf dies einer Erwiderung. Zu unterscheiden sind dabei zwei Fälle: zum einen die Frage, ob die erste Teilgenehmigung die Standortfrage schlüssig klären darf, zum anderen, wie eine ausdrückliche Genehmigung des Standorts durch eine Teilgenehmigung zu werten ist.

Es ist nicht einzusehen, warum es einer Teilgenehmigung verwehrt sein soll, ausdrücklich über den Standort zu befinden. § 7 a AtG sieht zwar das Institut des Standortvorbescheids vor, sagt aber nicht, daß

[58] Dies betont auch das OVG Lüneburg, DVBl. 1980, 1010 (1011).

dies die einzige und abschließende Möglichkeit darstellt[59]. Hiergegen läßt sich auch nicht der Einwand der Rechtsunsicherheit der Drittbeteiligten vorbringen, da diese den Regelungsgehalt bei ausdrücklicher Billigung des Standorts klar erkennen können. Sofern die herrschende Meinung aber die konkludente Klärung der Standortfrage durch die erste Teilgenehmigung zuläßt, kommen die Rechtsschutzbedenken wieder zum Zuge. Die Praxis könnte dies entweder durch eine häufigere Anwendung des § 7 a AtG oder durch eine ausdrückliche Billigung des Standorts in einer Teilgenehmigung vermeiden. Jeweils erforderlich ist natürlich ein entsprechender Antrag des Kraftwerksbetreibers.

ff) Auch die auf § 19 Abs. 3 AtVfV gestützten Argumente des VGH Mannheim können nicht überzeugen. Er verlangt von der Genehmigungsbehörde, die Formvorschriften über den Vorbescheid einzuhalten, obwohl diese die Form des Vorbescheids gerade nicht wählen wollte, und dies auch nicht seitens des Antragstellers beantragt worden war. Wenn sich aber aus dem Gesetz nicht ergibt, daß jedem Genehmigungsverfahren zum Bau eines Atomkraftwerks zwingend ein Vorbescheidsverfahren vorzuschalten ist, kann § 19 AtVfV auch nicht die strenge Ordnungs- und Sanktionsfunktion haben, wie sie ihm der VGH Mannheim beimessen will[60].

Folgt man der Meinung des VGH Mannheim, so müßte man zwingend zu dem Ergebnis kommen, daß der Verordnungsgeber den Standortbezug der ersten Teilgenehmigung nicht gesehen hat; denn in diesem Fall hätte für die erste Teilgenehmigung der Standortentscheidung eine dem § 19 Abs. 3 AtVfV entsprechende Formvorschrift für den Erlaß der ersten Teilgenehmigung geschaffen werden müssen. Die Formwahl des § 19 AtVfV dient einer klaren Kennzeichnung der Entscheidung als Vorbescheid und damit einer Verdeutlichung des nur feststellenden Regelungsinhalts. Wenn aber über den Standort bindend und abschließend in einer Teilgenehmigung entschieden wird, wäre es ein nicht verständlicher Formalismus, wenn die Genehmigungsbehörde gleichzeitig in der Form des § 19 AtVfV einen Standortvorbescheid, also ein Weniger erlassen müßte, um dann gleichzeitig mit der Teilgenehmigung die entsprechende Freigabe zu erklären[61]. Auch sollte mit der Einführung eines isolierten Vorbescheids durch § 7 a AtG und der dazu ge-

[59] So auch OVG Lüneburg, Beschl. v. 18. 7. 1980, DVBl. 1980, 1012 (1013) mit weiteren Argumenten zur Kritik am VGH Mannheim; ferner OVG Koblenz, NJW 1982, 197 (198) und Ossenbühl, NJW 1980, 1353 (1355).

[60] Zur Kritik an den formellen Argumenten des VGH Mannheim vgl. Ossenbühl, NJW 1980, 1353 (1356); hiervon rückt der VGH Mannheim offenbar ab im Urt. v. 30. 3. 1982, zit. in: Ossenbühl, DÖV 1982, 866.

[61] Vgl. hierzu die Argumente von Büdenbender / Mutschler, Rdnrn. 172 - 174, 210; Degenhart, Kernenergierecht, S. 65.

schaffenen Formvorschriften des § 19 Abs. 3 AtVfV ein zusätzliches Instrument zur Verfahrensbeschleunigung geschaffen werden[62]; nicht aber wollte der Gesetzgeber der bisherigen Teilgenehmigungspraxis einen Riegel vorschieben[63].

2. Grenzen der Bindungswirkung

a) Die Bindung einer Behörde an den von ihr erlassenen begünstigenden Verwaltungsakt wird durch das *Vertrauensschutzprinzip* begrenzt. Für das Verwaltungsverfahren allgemein hat dieses Prinzip seinen Niederschlag gefunden in den §§ 48 Abs. 2 und 3, 49 Abs. 2 VwVfG; danach darf ein begünstigender Verwaltungsakt nur unter bestimmten strengen Voraussetzungen beseitigt werden. Diese Vorschriften sind nicht auf das atomrechtliche Genehmigungsverfahren anwendbar[64]; vielmehr bildet § 17 AtG eine abschließende[65] Regelung, nach der atomrechtliche Genehmigungen zurückgenommen, widerrufen oder mit inhaltlichen Beschränkungen oder Auflagen versehen werden können.

Die Vorschriften des § 17 Abs. 2 - 5 AtG über Rücknahme und Widerruf könnte man als die Kehrseite[66] der Bindungswirkung bezeichnen. Während die Bindungswirkung ein Ausfluß des Vertrauensschutzprinzips ist, enthalten die Rücknahme- und Widerrufstatbestände solche Gründe, die dem Antragsteller einen Vertrauensschutz versagen. Ein Vertrauens-, Bestands- und Investitionsschutz wird jedoch durch die Entschädigungsregelung des § 18 AtG für die dort aufgeführten Fälle verwirklicht[67].

Während die §§ 48, 49 VwVfG von § 17 AtG verdrängt werden, ist dies bezüglich § 50 VwVfG nicht der Fall[68]. Nach dieser Vorschrift kann die Behörde einen Verwaltungsakt mit drittbelastender Doppelwirkung aufheben, ohne an die in den §§ 48, 49 VwVfG enthaltenen Vertrauensschutzregelungen gebunden zu sein. Das Atomgesetz enthält aber keine Vorschrift, die eine Durchbrechung der behördlichen Bindung im Falle der Rechtshängigmachung durch Dritte zuläßt. Aus diesem Grund lebt für das atomrechtliche Genehmigungsverfahren die Geltung der allgemeinen Regelung des § 50 VwVfG wieder auf. Das bedeutet aber nicht, daß sich die Behörde ohne weiteres von

---

[62] Vgl. BT-Drucks. V/4071, S. 6.

[63] Vgl. Degenhart, Kernenergierecht, S. 65.

[64] Vgl. OVG Koblenz, NJW 1982, 197 (198); VG Hannover, DVBl. 1978, 74 (75); Weber, DÖV 1980, 397 (402); Büdenbender / Mutschler, Rdnr. 20.

[65] Weber, DÖV 1980, 397 (401); Büdenbender / Mutschler, Rdnrn. 59, 117, 237.

[66] Ossenbühl, NJW 1980, 1353 (1356); Schmidt-Assmann in: Festgabe BVerwG, 1978, S. 569 (581).

[67] Vgl. VG Koblenz, NJW 1980, 1410 (1412); Selmer / Schulze-Osterloh, JuS 1981, 393 (399); Ossenbühl, NJW 1980, 1353 (1356).

[68] Büdenbender / Mutschler, Rdnrn. 60 - 63; Mutschler in: Lukes VI, S. 288.

ihrer getroffenen Entscheidung im Falle einer Drittklage lösen könnte. Abgesehen davon, daß insoweit § 50 VwVfG restriktiv auszulegen ist[69], gilt dies in besonderer Weise für das atomrechtliche Genehmigungsverfahren mit seinem investitionsschützenden Zweck.

Schließlich ist noch zu erwähnen, daß sich eine weitere gesetzliche Grenze der Bindungswirkung — wenn auch zeitlich begrenzt — aus dem Suspensiveffekt des § 80 Abs. 1 VwGO ergibt. Wenn nicht die sofortige Vollziehbarkeit der Teilgenehmigung angeordnet ist, so entfaltet die Drittklageerhebung aufschiebende Wirkung. Ob Wirksamkeits- oder Vollzugshemmung — die atomrechtliche Genehmigungsbehörde darf jedenfalls aus der von ihr getroffenen und nunmehr suspendierten Entscheidung keine Konsequenzen ziehen für das weitere Verfahren[70].

b) Aus der bloßen Vorläufigkeit der Gesamtprognose ergibt sich, daß die Behörde hieran nur bei *gleichbleibender Sach- und Rechtslage* gebunden ist[71]. Reicht der Antragsteller neue Unterlagen ein, mit denen er sein bisheriges Grundkonzept ändert, und entspricht dieses nicht mehr den Anforderungen des § 7 Abs. 2 AtG, so muß sich die Behörde von ihren bisherigen Beurteilungen lösen und aufgrund negativer Gesamtbeurteilung die nächste Teilgenehmigung versagen. Während die Behörde eine bereits erteilte Genehmigung nur unter den Voraussetzungen des § 17 AtG beseitigen kann[72], hat sie bei einer Veränderung der Sach- oder Rechtslage die Möglichkeit, eine Folgegenehmigung zu versagen oder aber diese mit inhaltlichen Beschränkungen oder Auflagen gemäß § 17 Abs. 1 S. 1 AtG zu versehen, wenn sie so den eingereichten Antrag genehmigungsfähig machen kann. Die Bindungswirkung an eine Entscheidung in Bezug auf den Erlaß von Folgegenehmigungen[73] kann somit unter erleichterten Voraussetzungen beseitigt werden. Eine starre Bindungswirkung würde einer planerischen Flexibilität widersprechen, die gerade im Hinblick auf die Erreichung des Schutzzwecks des § 1 Nr. 2 AtG erforderlich ist[74]. Die Behörde ist nicht etwa verpflichtet, gemäß § 17 Abs. 3 - 5 AtG vorzugehen mit einer etwaigen

---

[69] Näheres bei Büdenbender / Mutschler, Rdnrn. 62, 63.

[70] Hierzu ausführlich Büdenbender / Mutschler, Rdnrn. 65 ff., 125 ff., 242 - 244; Mutschler in: Lukes VI, S. 288, 289.

[71] Vgl. Weber, DÖV 1980, 397 (400); Sellner, NJW 1975, 801 (803); Breuer in: Lukes VI, S. 257, 258; Hansmann in: Lukes VI, S. 268; Mutschler in: Lukes VI, S. 286; Büdenbender / Mutschler, Rdnr. 206 sprechen von systemimmanenter Einschränkung der Bindungswirkung; für den Vorbescheid: BVerwG, DVBl. 1972, 678 (679); VGH Mannheim, DÖV 1975, 744 (748); Selmer / Schulze-Osterloh, JuS 1981, 393 (399); Feldhaus, § 9 BImSchG, S. 14.

[72] Vgl. Breuer in: Lukes VI, S. 258; Mutschler in: Lukes VI, S. 287; Büdenbender / Mutschler, Rdnr. 119 nennen dies „Beseitigung der Primärbindung"; für den Bereich des BImSchG auch Feldhaus, § 11 BImSchG, S. 8.

[73] Nach Büdenbender / Mutschler, Rdnr. 39: „Sekundärbindung".

[74] So wohl auch OVG Münster, DVBl. 1978, 853 (854); Schmidt-Assmann in: Festgabe BVerwG, 1978, S. 569 (580).

Entschädigungsfolge nach § 18 AtG[75]. Die Bindung an das getroffene Gesamturteil entfällt automatisch mit der Änderung des Grundkonzepts. Dies ergibt sich denknotwendig aus der Vorläufigkeit des Gesamturteils, das sich nur auf die bisher eingereichten Unterlagen beziehen kann.

Diese Regeln gelten im Grunde auch für die Behandlung eines Vorbescheids. Soweit die verbindlichen Feststellungen des Vorbescheidstenors reichen, können diese nur unter den Voraussetzungen des § 17 AtG beseitigt werden. Der Vorbescheid entfaltet zwar Wirkungen für die Dauer des gesamten Genehmigungsverfahrens; er ist aber kein typischer Verwaltungsakt mit Dauerwirkung[76]. Wenn dies so wäre, müßte man jeden Verwaltungsakt, dessen Gültigkeit sich auf ein längeres Vorhaben des Begünstigten bezieht, als Verwaltungsakt mit Dauerwirkung bezeichnen. Daß dies nicht richtig sein kann, zeigt das Beispiel der Baugenehmigung; diese soll zwar die bauplanungs- und bauordnungsrechtliche Zulässigkeit eines Vorhabens — welches in der Regel für viele Jahrzehnte angelegt ist — feststellen, doch kommt es für ihre Rechtmäßigkeit nur auf den Zeitpunkt der Verwaltungsentscheidung an. Das gleiche gilt für die Beurteilung der durch Vorbescheid getroffenen Feststellungen. Diese sind nicht etwa ohne weiteres im Verlauf des Verfahrens wandelbar und anpassungsfähig, wie es das OVG Lüneburg[77] vertritt. Eine Beseitigung kommt daher nur über § 17 AtG in Betracht.

Da das positive Gesamturteil des Vorbescheids nicht mit in den Regelungsgehalt eingeht, stellt sich beim Vorbescheid nicht das Problem, ob die Behörde von ihrer Beurteilung bei geänderter Sach- und Rechtslage ohne Entschädigungsfolge abrücken kann.

c) Was für die Einreichung geänderter Unterlagen gilt, muß auch auf den Fall der Gewinnung neuer Erkenntnisse aufgrund fortgeschrittenen Standes von Wissenschaft und Technik zutreffen[78]. Aus der bloßen Vorläufigkeit der positiven Gesamtbeurteilung folgt wiederum, daß die Genehmigungsbehörde davon zum Schutze von Leben und Gesundheit (§ 1 Nr. 2 AtG) unter den genannten Voraussetzungen abrücken darf. Eine starre Bindung an die bisherigen Prognosen widerspräche auch in

---

[75] Vgl. Büdenbender / Mutschler, Rdnrn. 42, 207; Mutschler in: Lukes VI, S. 286; insoweit zumindest mißverständlich VG Koblenz, NJW 1980, 1410 (1412) und Ossenbühl, NJW 1980, 1353 (1356, 1358), die als Grenze der Bindungswirkung lediglich § 17 AtG mit der Folge des § 18 AtG nennen. Insbesondere Ossenbühl vertritt dabei m. E. eine zu starke Bindungswirkung hinsichtlich des Gesamturteils. Winters, DÖV 1978, 265 (276) fordert für den aufgezeigten Fall einen gesetzlichen Ausschluß der Entschädigung durch Änderung des § 18 AtG. Dies ist m. E. bei entsprechender Auslegung der Bindungswirkung entbehrlich.

[76] So aber fälschlicherweise OVG Lüneburg, ET 1979, 284 (285); jedoch richtig erkannt vom BVerwG, DÖV 1982, 820 (822).

[77] ET 1979, 284 (285); im Sinne der hier vertretenen Ansicht: Feldhaus, § 9 BImSchG, S. 5, 13.

[78] Vgl. OVG Münster, DVBl. 1978, 853 (854); Büdenbender / Mutschler, Rdnr. 42; Degenhart, Kernenergierecht, S. 69, 70; Breuer in: Lukes VI, S. 258.

diesem Fall dem Schutzzweck des AtG, welchen die Behörde aber gerade sicherzustellen hat.

Hier ist die Genehmigungsbehörde ebenfalls nicht auf den Weg des § 17 AtG zu verweisen. Das positive Gesamturteil, welches über die Genehmigungsfähigkeit des Gesamtkonzepts befinden muß, wird sich zwingend an dem gegenwärtigen Stand von Wissenschaft und Technik ausrichten. Es steht daher per se unter dem Vorbehalt einer Erkenntnisänderung. Es ist nicht einzusehen, warum bei einer derartigen Änderung nur der Weg über § 17 AtG bereitstehen soll mit der Folge, daß die Allgemeinheit über den Steuerzahler die Entschädigungsleistungen an den Antragsteller nach § 18 AtG zu erbringen hätte. Sinn und Zweck eines Investitionsschutzes können nicht so weit gehen, dem Antragsteller jegliches Finanzrisiko zu nehmen. Sein Risiko besteht vielmehr in der Möglichkeit einer Erkenntnisänderung, welches er, dem Schutzzweck aus § 1 Nr. 2 AtG weichend, zu tragen hat.

d) Schließlich ist als eine Grenze der Bindungswirkung der Fall der Nichtigkeit zu nennen. Wenn eine Teilgenehmigung nach § 44 Abs. 1 oder 2 VwVfG nichtig ist, dann kann sie schon keine rechtlichen Wirkungen entfalten und damit auch keine Vertrauensposition des Antragstellers begründen. Dann aber kann auch keine Bindungswirkung von der nichtigen Teilregelung ausgehen[79].

2. Abschnitt

PRÄKLUSIONSWIRKUNG

1. Einwendungsbefugnis und Einwendungsbegriff

Eine Präklusion, d. h. einen Einwendungsausschluß sehen für das atomrechtliche Genehmigungsverfahren die §§ 7 Abs. 1 S. 2 AtVfV und 7 b AtG vor. Beiden Vorschriften ist der Begriff der „Einwendung" gemeinsam. Dieser wirft Fragen nach der Einwendungsbefugnis und den Anforderungen an das Einwendungsvorbringen auf.

a) Weder die genannten Vorschriften noch die vergleichbaren §§ 10 Abs. 3 S. 2, 11 BImSchG sagen etwas über den *Personenkreis der Einwendungsberechtigten* aus. Dieser Kreis muß daher weiter sein als der in anderen förmlichen Großverfahren, wie etwa den Planfeststellungsverfahren. In den Vorschriften über die Planfeststellungsverfahren ist ausdrücklich bestimmt, daß nur derjenige einwendungsbefugt ist, dessen Belange durch das Vorhaben berührt werden; zu nennen sind etwa die

[79] So für die Präklusionswirkung: BVerwG, DVBl. 1980, 1001 (1004); BVerwG, DVBl. 1980, 1009.

§§ 73 Abs. 4 S. 1 VwVfG, 18 Abs. 4 FStrG, 21 Abs. 4 S. 1 AbfG und 10 Abs. 3 LuftVG. Danach sind die Personen einwendungsbefugt, dessen tatsächlichen Verhältnisse durch das geplante Vorhaben nachteilig beeinflußt werden[1].

Geht man noch einen Schritt weiter und engt den Kreis der Drittbeteiligten weiter ein, so ist schließlich der Kreis der Klagebefugten nach § 42 Abs. 2 VwGO zu nennen. Von diesen wird die Geltendmachung eigener subjektiv-öffentlicher Rechte verlangt.

Nicht nur der Wortlaut der genannten Vorschriften aus dem AtG und dem BImSchG und ihr Vergleich mit anderen Mitwirkungsregelungen spricht dafür, daß der Gesetzgeber den Kreis der Einwender im atomrechtlichen Genehmigungsverfahren so groß wie möglich halten wollte.

Weitere Gründe hierfür können vielfältig sein: Die atomrechtliche Genehmigungsbehörde soll durch eine Vielzahl von Einwendungen in einen bestmöglichen Erkenntnisstand versetzt werden[2]. Hierzu kann es erforderlich sein, daß sachkundige Einwender, die selbst durch das Atomkraftwerk nicht betroffen werden, der Behörde sachdienliche Informationen und Bedenken liefern. Dieses Argument würde zwar auch auf das Planfeststellungsverfahren zutreffen; auch dort benötigt die Behörde einen bestmöglichen Informationsstand, läßt aber nur die betroffenen Einwender zu[3]. Doch ist zu bedenken, daß die nuklearen Gefahren beträchtlich höher sind als die Gefahren, die von einem dem Planfeststellungsverfahren unterliegenden Projekt ausgehen können. Der Schutzzweck des § 1 Nr. 2 AtG kann auch hier wiederum herangezogen werden. Er rechtfertigt es, daß sich jede natürliche und juristische Person, ja selbst ein nicht-rechtsfähiger Umweltschutzverband an dem Einwendungsverfahren beteiligen kann[4]. Auf eine tatsächliche oder gar rechtliche Beeinträchtigung kommt es dabei nicht an[5]. Das Einwendungsverfahren soll vielmehr der Allgemeinheit Partizipationsmöglichkeiten eröffnen, da bereits im Verwaltungsverfahren die Entscheidungen vorgeformt werden, die später zu einer Erhöhung der Risiken für die Bevölkerung führen können[6].

---

[1] Vgl. die Definition bei Papier, NJW 1980, 313 (315).

[2] Ebenso Wolfrum, DÖV 1979, 497 (499); Feldhaus, § 10 BImSchG, S. 27; Schwarze, DÖV 1973, 700 (702).

[3] Ipsen, DVBl. 1980, 146 (147) sieht in der Informationshäufung daher kein entscheidendes Argument.

[4] Feldhaus, § 10 BImSchG, S. 27.

[5] Vgl. Mutschler, ET 1980, 165 (167); Wolfrum, DÖV 1979, 497 (499); Wagner / Krech, ATW 1978, 18 (19); Rengeling, JZ 1977, 542 (544); Sellner, Immissionsschutzrecht und Industrieanlagen, Rdnr. 154; Degenhart, Kernenergierecht, S. 222; Feldhaus, § 10 BImSchG, S. 27; Ipsen, DVBl. 1980, 146 (147) spricht von „Popularpartizipation".

[6] Vgl. Degenhart, Kernenergierecht, S. 222, 224.

Der wichtigste Unterschied zwischen der unbegrenzten Einwendungsbefugnis im atomrechtlichen Genehmigungsverfahren und der Beschränkung auf die Betroffenen im Planfeststellungsverfahren ist darin zu sehen, daß die Vorschriften über das Planfeststellungsverfahren eine Nichtbeteiligung nicht mit Rechtsfolgen belegen, während ersteres einen Einwendungsausschluß vorsieht[7]. Das Gesetz versucht, die nachteiligen Folgen einer Präklusion durch eine unbeschränkte Beteiligungsmöglichkeit im Einwendungsverfahren auszugleichen.

b) Neben der Einwendungsbefugnis ist auch der *Einwendungsbegriff* der §§ 7 b AtG, 7 Abs. 1 S. 2 AtVfV zu erörtern und nach der Qualität des Einwendungsvorbringens zu fragen.

Ein Zugang zu diesem Begriff wird wiederum durch einen Vergleich mit anderen Rechtsinstituten erleichtert:

Der Terminus „Einwendung" ist dem materiellen Zivilrecht und dem Zivilprozeßrecht geläufig und bedeutet dort die Geltendmachung subjektiver Abwehrrechte[8]. Eine Identität des atomrechtlichen Einwendungsbegriffs mit den Regeln des Zivilrechts scheidet aber von vornherein aus, da bereits die Einwendungsbefugnis im Atomrecht nicht an die Geltendmachung subjektiver Rechte geknüpft ist. Eine Einwendungsbefugnis geht gerade weit über die Klagebefugnis hinaus; von ähnlicher Weite muß daher auch der Einwendungsbegriff sein.

Eher mag sich ein Vergleich mit dem Widerspruch i. S. d. § 68 VwGO anbieten. Ein Widerspruch ist bereits dann wirksam eingelegt, wenn der Widerspruchsführer seine Ablehnung gegen den Verwaltungsakt der zuständigen Behörde mitgeteilt hat. Eine Begründungspflicht sieht die VwGO nicht vor. Allein aus der unterschiedlichen begrifflichen Verwendung läßt sich noch nicht schließen, daß eine Einwendung mehr sein müsse als die bloße Kundgabe der Ablehnung; denn der Terminus des Widerspruchs ist der Rechtsklarheit willen für das förmliche gerichtliche Vorverfahren reserviert. Daß die §§ 7 b AtG, 7 AtVfV die bloße Negierung der beantragten atomrechtlichen Entscheidung, also das bloße „nein" nicht ausreichen lassen wollen[9], ergibt sich aber schon aus der Verwendung der Mehrzahl des Wortes „Einwendung". Das Gesetz setzt also voraus, daß mehrere Argumente geäußert werden können, was wiederum ein sachliches Gegenvorbringen bedeutet[10].

---

[7] Vgl. Ipsen, DVBl. 1980, 146 (147); dies übersieht Papier, NJW 1980, 313 (315), der keine sachlichen Gründe für eine unterschiedliche Behandlung der Einwendungsbefugnis im atomrechtlichen Genehmigungsverfahren und Planfeststellungsverfahren erkennt.

[8] Vgl. auch Papier, NJW 1980, 313 (315).

[9] Vgl. BVerwG, DVBl. 1980, 1001 (1002); Mutschler, ET 1978, 505 (507); Wiedemann in: Lukes V, S. 258.

[10] Im Ergebnis auch BVerwG, DVBl. 1980, 1001 (1002); VGH Mannheim, ET

Ein sachliches Gegenvorbringen erfordert von den Einwendern eine auf der Angabe von Tatsachen beruhende, nicht notwendig rechtlich fundierte Begründung ihrer ablehnenden Haltung. Diese Haltung braucht nicht vollständig ablehnender Art zu sein; der Einwendungsbegriff umfaßt auch kritische Anmerkungen und Verbesserungsvorschläge[11]. Diese Auslegung kommt wiederum der Forderung entgegen, daß die Genehmigungsbehörde in einen bestmöglichen Erkenntnisstand versetzt werden soll. Schon aus diesem Zweck heraus kann der Gesetzgeber mit der Erhebung von Einwendungen nicht eine schlichte Ablehnung gemeint haben[12].

Andererseits ist zu bedenken, daß der Personenkreis der Einwender in der Regel aus fachlichen Laien besteht, so daß zur Gewährung einer angemessenen Beteiligungsmöglichkeit am Einwendungsverfahren keine allzu strengen Anforderungen an die Qualität der Einwendungen gestellt werden dürfen. Die Behörde hat daher alle Beiträge entgegenzunehmen, die über ein bloßes „nein" hinausgehen und — wenn auch laienhaft formulierte — Bedenken jedweder Art[13] enthalten. Selbst prinzipielle Bedenken gegen die industrielle Nutzung der Kernenergie sollen dabei nicht von vornherein unzulässig sein[14]. Angesichts der Tatsache, daß in § 1 Nr. 1 AtG eine Entscheidung des Gesetzgebers zugunsten einer friedlichen Nutzung der Kernenergie gefallen ist, und auch der Verfassungsgeber über die Kompetenznorm des Art. 74 Nr. 11 a GG die friedliche Nutzung der Kernenergie als mit der Verfassung vereinbar und zulässig[15] abgesegnet hat, erscheint es fraglich, ob man derartige prinzipielle Bedenken als gültige Einwendungen zulassen soll. Schließlich ist es der Genehmigungsbehörde schon von Verfassungs wegen versagt, die Grundsatzentscheidung über das Für und Wider der Kernenergie anders zu fällen. Anderenfalls verstieße die Verwaltung gegen das Gebot der Gewaltenteilung[16], da die genannte Grundsatzentscheidung dem Gesetzgeber vorbehalten ist. Dennoch sollte eine prinzipielle Einwendung nicht von vornherein als unzulässig zurückgewiesen werden. Die Genehmigungsbehörde wird in diesem Fall unter Beachtung der durch § 1 Nr. 1 AtG vorgegebenen Grenzen den Einwender

---

1978, 775 (776); Ipsen, DVBl. 1980, 146 (147); Breuer in: Lukes VI, S. 259.

[11] In diesem Sinne wohl auch Feldhaus, § 10 BImSchG, S. 26; Bender in: Lukes V, S. 247.

[12] So auch BVerwG, DVBl. 1980, 1001 (1002).

[13] Ipsen, DVBl. 1980, 146 (147).

[14] Vgl. Ipsen, DVBl. 1980, 146 (148); wohl auch Sellner, Immissionsschutzrecht und Industrieanlagen, Rdnr. 151; a. A. wohl Schulz, DVBl. 1977, 326 (329) und Mutschler, ET 1980, 165 (167).

[15] Vgl. BVerfG, DVBl. 1980, 356 (357, 358); VG Würzburg, NJW 1977, 1649 m. w. N.

[16] In diesem Sinne wohl auch Ossenbühl, DÖV 1981, 1 (2).

auf die gesetzgeberische Grundsatzentscheidung hinzuweisen haben und seine Einwendung für inhaltlich unzutreffend oder nicht beachtenswert erklären.

Abzulehnen ist die Ansicht, nach der es ausreichen soll, daß der Einwender innerhalb der Auslegungsfrist mitteilt, daß er Einwendungen erhebe und die Begründung nachreiche[17]. Begründet wird diese Meinung damit, daß es wegen der Kürze der Auslegungsfrist nur darauf ankommen könne, daß die Genehmigungsbehörde über die Personen der Einwender informiert werde. Es soll danach ausreichend sein, wenn die Substantiierung der Einwendungen nachträglich erfolge.

Diese Ansicht, so sehr sie im Sinne einer erleichterten Bürgerbeteiligung sein mag, ist jedoch mit dem Zweck des gestuften Verfahrens nicht in Einklang zu bringen[18]. Die Behörde ist ohne Kenntnis vom materiellen Gehalt der Einwendungen nicht in der Lage, den Erörterungstermin nach §§ 8 ff. AtVfV vorzubereiten und abzuhalten. Eine Verfahrenskonzentration und -beschleunigung ist nicht möglich, wenn der Verfahrensgegenstand nicht inhaltlich bewältigt werden kann.

Eine konkretere, aber im Vergleich mit der oben dargestellten Auslegung engere Bestimmung des Einwendungsbegriffs gibt das BVerwG[19]. Danach hat der Einwender sein Vorbringen hinreichend zu substantiieren, und zwar muß er das für gefährdet gehaltene Rechtsgut bezeichnen und zusätzlich darlegen, welcher Art die befürchtete Beeinträchtigung ist. Dieses Einwendungsverständnis wird noch näher unter § 7 zu beleuchten sein.

Jedenfalls ist zunächst festzuhalten, daß eine Einwendung zwar keine schlüssige Begründung[20], wohl aber ein laienhaftes Mindestmaß an Konkretisierung des Gegenvorbringens in Form von Tatsachenvorträgen voraussetzt[21]. Eine klärende gesetzliche Normierung durch Änderung des § 7 Abs. 1 S. 1 AtVfV ist im Sinne der Rechtssicherheit wünschenswert[22].

---

[17] So aber VG Freiburg, DVBl. 1976, 804 (806, 807) und DVBl. 1976, 807 (809), allerdings noch zur Monatsfrist der AtAnlV.

[18] Gegen die Ansicht des VG Freiburg daher Bay VGH, ET 1979, 583 (592); VGH Mannheim, ET 1978, 775, 776; Feldhaus, § 10 BImSchG, S. 26, 29; Bender in: Lukes V, S. 248.

[19] DVBl. 1980, 1001 (1005).

[20] Vgl. Ipsen, DVBl. 1980, 146 (147); Baumann, BayVBl. 1979, 726 (727).

[21] BVerwG, DVBl. 1980, 1001 (1002); Bay VGH, ET 1979, 583 (592); Mutschler, ET 1980, 165 (168); das OVG Lüneburg, ET 1978, 612 (613, 614) läßt jedoch die notwendige Definition vermissen.

[22] Vgl. den Vorschlag von Bender in: Lukes V, S. 247, ferner den Vorschlag von de Witt in: Lukes V, S. 276, der sich durch geringere Anforderungen an die Substantiierungspflicht auszeichnet.

2. Anwendungsbereich der Präklusionsvorschriften

a) § 7 b AtG und § 7 Abs. 1 S. 2 AtVfV

aa) Allein aus dem Vorhandensein zweier Präklusionsvorschriften — § 7 Abs. 1 S. 2 AtVfV und § 7 b AtG — folgt, daß diese einen *unterschiedlichen Anwendungsbereich*[23] haben müssen. Die Vorschriften sind auch zu verschiedenen Zeitpunkten erlassen worden. Zunächst kannte das atomrechtliche Genehmigungsverfahren in seiner Erstfassung keine Präklusionsvorschriften. Dann wurde § 3 Abs. 1 AtAnlV geschaffen, welcher bestimmte, daß mit Ablauf der Einwendungsfrist alle Einwendungen ausgeschlossen sind, die nicht auf privatrechtlichen Titeln beruhen. Diese Regelung ist durch § 7 Abs. 1 S. 2 der AtVfV vom 18. Februar 1977 ersetzt worden. Auch § 7 Abs. 1 S. 2 AtVfV knüpft den Einwendungsausschluß an eine Fristversäumung an. Die Vorschrift bezieht sich in erster Linie auf den Ausschluß von Personen[24] und besagt damit, daß diejenigen ausgeschlossen sein sollen, die sich nicht innerhalb der Zweimonatsfrist des § 6 Abs. 1 AtVfV mit Einwendungen zu Wort melden.

Der Wortlaut des § 7 Abs. 1 S. 2 AtVfV läßt darüber hinaus die Auslegung zu, daß neben dem personellen auch ein thematischer Ausschluß stattfindet. Dieser kann eine eigenständige Bedeutung nur gegenüber den Personen entwickeln, die sich innerhalb der Auslegungsfrist beteiligt haben. Alle Nichteinwender sind bereits personell vom Ausschluß betroffen, so daß es auf eine inhaltliche Differenzierung nicht mehr ankommt. Hinsichtlich der fristgemäßen Einwender aber muß weiter unterschieden werden zwischen den Inhalten der vorgebrachten Einwendungen. Es kann für die weitere Beteiligung am Verfahren nicht lediglich darauf ankommen, daß überhaupt eine Einwendung vorgebracht wurde, sondern der Inhalt der Einwendung bestimmt auch den Umfang der weiteren Beteiligung. Wer beispielsweise innerhalb der Auslegungsfrist Bedenken gegen den Berstschutz angemeldet hat, kann im folgenden Erörterungstermin nicht mit Bedenken gegen eine mangelhafte Strahlenvorsorge gehört werden.

Ein weiterer Anwendungsbereich läßt sich unmittelbar aus § 7 Abs. 1 S. 2 AtVfV folgern:

§ 7 Abs. 1 S. 2 AtVfV setzt nach seiner systematischen Stellung ein Auslegungsverfahren voraus. Ein solches findet zwingend vor Erteilung der ersten Teilgenehmigung statt. Unter den Voraussetzungen des § 4 Abs. 2 AtVfV — die bei Beibehaltung des Grundkonzepts durch den Antragsteller in der Regel vorliegen werden — kann auf ein Ausle-

[23] Hierzu ausführlich Ipsen, DVBl. 1980, 146 (148 - 150).

[24] Vgl. OVG Koblenz, DÖV 1979, 525 (526); Ipsen, DVBl. 1980, 146 (148).

gungsverfahren vor Erteilung weiterer Teilgenehmigungen verzichtet werden. Der Anwendungsbereich der Präklusion nach § 7 Abs. 1 S. 2 AtVfV konzentriert sich daher grundsätzlich auf die erste Teilgenehmigung.

bb) Falls neben § 7 Abs. 1 S. 2 AtVfV keine weitere Präklusionsvorschrift existierte, so bestünde die Möglichkeit, daß sich diejenigen, die im Verfahren zur ersten Teilgenehmigung geschwiegen haben, vor Erlaß der nächsten Teilgenehmigung zu Wort melden können[25]; denn § 7 Abs. 1 S. 2 AtVfV betrifft nur den jeweiligen Genehmigungsabschnitt, dem ein Auslegungsverfahren vorangegangen ist[26].

Aus diesem Grund ist mit § 7 b Abs. 2 a. F. AtG, dem heutigen § 7 b AtG, durch das zweite Änderungsgesetz zum AtG vom 28. 8. 1968 (BGBl. I, S. 1429) eine weitere Präklusionsvorschrift geschaffen worden[27]. Diese knüpft nicht an die Versäumung einer Frist, sondern an die *Unanfechtbarkeit* einer atomrechtlichen Genehmigung an. Ihr Wirkungsbereich erstreckt sich nicht vorwiegend auf einen Personenkreis, sondern ist inhaltlicher Natur und stellt auf die Reichweite der ausgelegten Antragsunterlagen und den Inhalt des erteilten Bescheids ab. § 7 b AtG grenzt die einzelnen Genehmigungsabschnitte und die in ihnen jeweils möglichen Einwendungen inhaltlich voneinander ab[28]. Soweit die Voraussetzungen des § 7 b AtG vorliegen, ist eine Einwendung in einem späteren Abschnitt materiell präkludiert. § 7 b AtG stellt klar, daß eine Einwendung — unabhängig von der Person des Einwenders — nicht mehr zum Gegenstand des Verfahrens gemacht werden darf, soweit diese angesichts der ausgelegten Unterlagen bereits hätte vorgebracht werden können[29]. Die Vorschrift gilt damit sowohl für bereits — jedoch mit anderen Einwendungen — in Erscheinung getretene Einwender als auch für den Kreis der bisherigen Nichteinwender[30]. Bei einer Prüfung

---

[25] Vgl. Rengeling, DVBl. 1981, 323 (326); Selmer / Schulze-Osterloh, JuS 1981, 393 (401); Ipsen, DVBl. 1980, 146 (148); Feldhaus, § 11 BImSchG, S. 3.

[26] Vgl. Selmer / Schulze-Osterloh, JuS 1981, 393 (401); a. A. Mutschler, ET 1980, 164 f., der die Wirkung des § 7 Abs. 1 S. 2 AtVfV auch auf spätere Teilentscheidungen erstrecken will.

[27] § 7 b AtG hat daher ergänzende Funktionen; vgl. Rengeling, DVBl. 1981, 323 (326); Selmer / Schulze-Osterloh, JuS 1981, 393 (400); BT-Drucks. V/4071, S. 6; für § 11 BImSchG vgl. Sellner, Immissionsschutzrecht und Industrieanlagen, Rdnr. 278.

[28] Vgl. Selmer / Schulze-Osterloh, JuS 1981, 393 (402).

[29] Beispielsweise sind Einwendungen bezüglich des Standorts des Atomkraftwerks oder dessen Grundkonzeption gegen die siebte Teilgenehmigung nach § 7 b AtG ausgeschlossen, da diese schon gegenüber der ersten Teilgenehmigung vorgebracht werden konnten; vgl. BVerwG, DVBl. 1981, 405 (408).

[30] Vgl. Ipsen, DVBl. 1980, 146 (152); ähnlich Büdenbender / Mutschler, Rdnr. 303, wenn diese von „personenbezogener Unanfechtbarkeit" i. S. d. § 7 b AtG sprechen.

ist also zunächst von der Einwendung selbst auszugehen und sodann die Unanfechtbarkeit i. S. d. § 7 b AtG jeweils gegenüber dem konkreten Einwender festzustellen[31]. § 7 b AtG schließt aus, daß die Genehmigungsbehörde mehrfach, wenn nicht gar vor Erteilung einer jeden Teilgenehmigung über dieselben Einwände befinden muß. Dadurch kommt zunächst der Gedanke der Verfahrensökonomie auf seiten der Genehmigungsbehörde und der Investitionsschutzzweck auf seiten des Antragstellers zutage[32]. Aber auch der Gedanke der Bestandskraft kommt hierin zum Ausdruck[33].

Die Präklusion des § 7 Abs. 1 S. 2 AtVfV hingegen entspringt wohl dem Gedanken der *Verwirkung*[34] und besagt, daß es treuwidrig ist, zu einem späteren Zeitpunkt das Genehmigungsverfahren zu blockieren, obwohl schon im Auslegungsverfahren die vorgetragenen Bedenken hätten angemeldet werden können.

Als Ergebnis zum Anwendungsbereich der atomrechtlichen Präklusionsvorschriften läßt sich festhalten, daß § 7 Abs. 1 S. 2 AtVfV — vorbehaltlich einer Durchführung weiterer Auslegungsverfahren — für die erste Teilgenehmigung reserviert ist, während § 7 b AtG auf die weiteren Genehmigungen Anwendung findet. Die Präklusion des § 7 Abs. 1 S. 2 AtVfV greift also unmittelbar im Anschluß an ein Verwaltungsverfahren (Auslegungsverfahren nach der AtVfV) ein, während die Präklusion aus § 7 b AtG nur für solche Teilgenehmigungen gilt, denen ein Auslegungsverfahren nicht unmittelbar vorangeht[35].

Gegen diese Betrachtungsweise läßt sich nicht etwa einwenden, sie führe zu einer Präklusionslücke[36]. So wird behauptet, jede einer aufgrund eines Auslegungsverfahrens erlassenen Teilgenehmigung nachfolgende Teilgenehmigung könne schrankenlos angefochten werden, wenn man nicht die Präklusion des § 7 Abs. 1 S. 2 AtVfV auch auf die Folgegenehmigungen erstrecke. § 7 b AtG vermöge diese Lücke nicht zu schließen, da eine Unanfechtbarkeit

---

[31] Vgl. Sellner, Immissionsschutzrecht und Industrieanlagen, Rdnr. 280; Feldhaus, § 11 BImSchG, S. 9, 10.

[32] Vgl. Selmer / Schulze-Osterloh, JuS 1981, 393 (402); Feldhaus, § 11 BImSchG, S. 3.

[33] Rengeling, DVBl. 1981, 323 (327); Büdenbender / Mutschler, Rdnr. 301; einschränkend Ipsen, DVBl. 1980, 146 (152).

[34] Vgl. Ipsen, DVBl. 1980, 146 (152), der sich auf das Verbot des „venire contra factum proprium" beruft; auch BVerwG, DVBl. 1980, 1001 (1002, 1004), welches betont, daß das bloße „nein" gegen die Teilgenehmigung keine weitere verfahrensrechtliche Beteiligung rechtfertige; vgl. auch Feldhaus, § 10 BImSchG, S. 28, 29; Redeker, NJW 1980, 1593 (1598); Rengeling, DVBl. 1981, 323 (326) spricht von „Verwirkungspräklusion".

[35] Vgl. Rengeling, DVBl. 1981, 323 (326, 327); Breuer in: Lukes VI, S. 247; wohl auch Bay VGH, ET 1979, 583 (592, 593); dieser Unterschied wird nicht deutlich genug herausgearbeitet vom BVerwG, DVBl. 1981, 405 (408); a. A. Mutschler, ET 1980, 164 (165).

[36] Vgl. die Kritik von Mutschler, ET 1980, 165 (166).

i. S. d. § 7 b AtG in der Regel vor Erlaß weiterer Teilgenehmigungen längst noch nicht eingetreten sei.

Dieser Ansicht ist entgegenzuhalten, daß eine Unanfechtbarkeit gerade auch durch § 7 Abs. 1 S. 2 AtVfV, also durch Fristversäumung gegenüber den Nichteinwendern eintritt. Eine Fristversäumung und damit eine Präklusion aus § 7 Abs. 1 S. 2 AtVfV erstreckt sich daher über § 7 b AtG in dem Merkmal der Unanfechtbarkeit auch auf die folgenden — ohne vorausgehendes förmliches Verwaltungsverfahren erlassenen — Teilgenehmigungen. Eine Präklusionslücke entsteht aufgrund der hier vertretenen Ansicht zum Anwendungsbereich der Präklusionsvorschriften daher nicht.

b) Vergleich mit dem BImSchG

Das hier vertretene Ergebnis wird bestätigt durch einen Vergleich mit den §§ 10 Abs. 3 S. 3 und 11 BImSchG[37]. Auszugehen ist von der Verordnungsermächtigung des § 7 Abs. 4 S. 3 AtG, welcher bestimmt, daß das atomrechtliche Genehmigungsverfahren unter anderem nach den Grundsätzen des § 10 Abs. 3 BImSchG durch Rechtsverordnung, die AtVfV, geregelt wird. Die Präklusionsnorm des § 7 Abs. 1 S. 2 AtVfV hat daher den gleichlautenden § 10 Abs. 3 S. 3 BImSchG zum Vorbild. Dieser aber bezieht sich eindeutig nur auf die erste Teilgenehmigung[38], was sich widerum aus einem Vergleich mit § 11 BImSchG ergibt. § 11 BImSchG schließt solche Einwendungen aus, die im „vorhergehenden Verfahren fristgerecht vorgebracht worden sind oder ... hätten vorgebracht werden können". Betont man dabei das Wort „fristgerecht", so bezieht sich § 11 BImSchG auf alle weiteren Verfahren, in denen eine Auslegungs- und Einwendungsfrist keine Rolle spielt, denen also ein förmliches Auslegungsverfahren nicht voranzugehen hat. Geht man von dem Regelfall aus, daß dieses Verfahren hauptsächlich auf die erste Teilgenehmigung beschränkt ist, so gilt § 10 Abs. 3 S. 3 BImSchG für die erste Teilgenehmigung, § 11 BImSchG für die weiteren Genehmigungen. Da § 7 Abs. 1 S. 2 AtVfV dem § 10 Abs. 3 S. 3 BImSchG nachgebildet ist und auch § 7 b AtG nahezu gleichlautend mit § 11 BImSchG ist, können die Grundsätze des immissionsschutzrechtlichen Genehmigungsverfahrens auf das atomrechtliche Genehmigungsverfahren übertragen werden.

c) Sofortige Vollziehbarkeit und Unanfechtbarkeit

Auch der Anknüpfungspunkt des § 7 b AtG, die Unanfechtbarkeit des Genehmigungsbescheids, bietet Anlaß zu Diskussionen. Die atomrechtliche Genehmigungspraxis ist angesichts der Dauer des gerichtlichen Instanzenwegs dazu übergegangen, Teilgenehmigungen nach § 80 Abs. 2 Nr. 4 VwGO für

[37] Vgl. hierzu auch Ipsen, DVBl. 1980, 146 (149).

[38] Sellner, Immissionsschutzrecht und Industrieanlagen, Rdnr. 278; wohl auch Feldhaus, § 11 BImSchG, S. 3; vgl. insoweit auch die Nachweise bei Ipsen, DVBl. 1980, 146 (149, Fußnote 32).

sofort vollziehbar zu erklären. Dem mehrfach geäußerten Wunsch nach einer Verfahrensbeschleunigung[39] könnte dadurch nachgekommen werden, indem man die sofortige Vollziehbarkeit mit der Unanfechtbarkeit i. S. d. § 7 b AtG gleichsetzt.

Eine solche Gleichsetzung ist dem Gesetz nicht unbekannt und etwa erfolgt in § 6 Abs. 1 BVwVG und den entsprechenden Verwaltungsvollstreckungsgesetzen der Länder. Im Gegensatz zu § 7 b AtG ist dort aber eine Gleichsetzung — ebenfalls aus dem Gedanken einer Verfahrensbeschleunigung — ausdrücklich angeordnet. Hätte der Gesetzgeber gleiches auch für das atomrechtliche Genehmigungsverfahren beabsichtigt, so ist davon auszugehen, daß dies definitiv in § 7 b AtG aufgenommen worden wäre. Im übrigen würde durch eine Gleichsetzung der sofortigen Vollziehbarkeit mit der Unanfechtbarkeit der Eintritt der Präklusionswirkung erheblich beschleunigt und die Rechtsschutzmöglichkeit der Einwender massiv beschnitten. Eine erweiterte Auslegung des § 7 b AtG in diesem Sinne ist daher abzulehnen[40].

d) Übersicht

Eine zusammenfassende Übersicht über den Anwendungsbereich der atomrechtlichen Präklusionsvorschriften gibt die nachstehende Grafik:

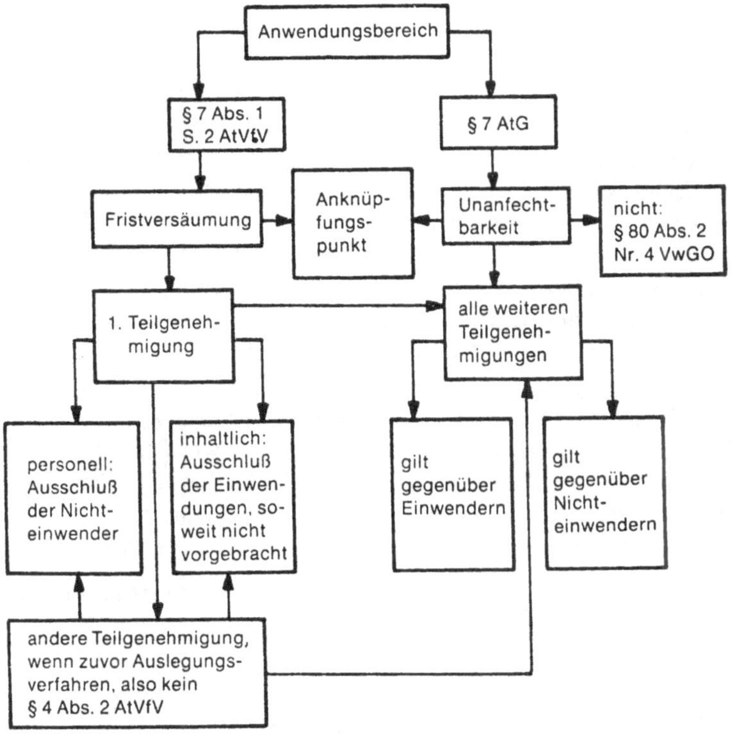

[39] So etwa Weber, DÖV 1980, 397 (404).

[40] So auch Weber, DÖV 1980, 397 (404); im Ergebnis auch Sellner, Immis-

3. Umfang der Präklusionswirkung

Für die Beteiligungsmöglichkeit Dritter am atomrechtlichen Genehmigungsverfahren ist die Frage nach dem Umfang der Präklusionswirkung der §§ 7 Abs. 1 S. 2 AtVfV, 7 b AtG von höchster Bedeutung. Hierzu wird unterschieden zwischen formeller und materieller Präklusion.

Formelle Präklusion bedeutet einen Ausschluß vom weiteren Verwaltungsverfahren. Sie tritt immer dort ein, wo das Gesetz Einwendungsfristen vorsieht (z. B. § 7 Abs. 1 S. 1 AtVfV, § 10 Abs. 3 S. 2 BImSchG). Für das atomrechtliche Genehmigungsverfahren bedeutet dies, daß der Nichteinwender vom anschließenden Anhörungsverfahren ausgeschlossen wird, bzw. nicht rechtzeitig erhobene Einwendungen im Anhörungsverfahren kein Gehör finden. Eine nur formelle — also auf das Verwaltungsverfahren beschränkte — Präklusion kann den Betroffenen nicht daran hindern, seine Bedenken und Einwendungen in einem anschließenden verwaltungsgerichtlichen Verfahren wieder vorzutragen[41].

Demgegenüber erstreckt sich eine *materielle Präklusion* auch auf das verwaltungsgerichtliche Verfahren[42]. In einem späteren Verwaltungsstreitverfahren soll sich der präkludierte Dritte nicht mehr materiell auf Einwendungen stützen dürfen, die er im Verwaltungsverfahren nicht rechtzeitig vorgebracht hat. Damit wird dem Dritten der zur Darlegung einer Rechtsverletzung erforderliche Sachvortrag abgeschnitten. Wem dies verwehrt ist, dem wird entweder der Abwehranspruch gegen den drittbelastenden Verwaltungsakt genommen[43] — mit der Folge, daß eine Klage mangels eines Abwehranspruchs unbegründet ist — oder aber — wie es die herrschende Meinung vertritt — der zur Geltendmachung der Klagebefugnis nach § 42 Abs. 2 VwGO erforderliche Sachvortrag abgeschnitten[44]. Die herrschende Meinung kann sich auf den Wortlaut des § 7 b AtG stützen, wonach Einwendungen nicht mehr „aufgrund von Tatsachen" erhoben werden können. Da diese Vorschrift — was noch aufzuzeigen sein wird — eine Verlängerung oder Fortsetzung der Präklusion des § 7 Abs. 1 S. 2 AtVfV anordnet, kann die

sionsschutzrecht und Industrieanlagen, Rdnr. 282; offengelassen vom OVG Münster, DVBl. 1978, 853 (855).

[41] Ipsen, DVBl. 1980, 146 (150) spricht daher von „unechter" Präklusion.

[42] Nach Ipsen, DVBl. 1980, 146 (150) „echte" Präklusion.

[43] So offenbar Papier, NJW 1980, 313 (314, 317); Ule, BB 1979, 1009 (1012); zustimmend Redeker, NJW 1980, 1593 (1597).

[44] Vgl. OVG Koblenz, DÖV 1979, 525 (526) = ET 1978, 773 ff.; Selmer / Schulze-Osterloh, JuS 1981, 393 (400); Mutschler, ET 1980, 165 (168); Ipsen, DVBl. 1980, 146 (150, 151); Rengeling, JZ 1977, 542 (545) und DVBl. 1981, 323 (326); offengelassen vom BVerwG, DVBl. 1980, 1001 (1002).

Tatsachenpräklusion des § 7 b AtG auf § 7 Abs. 1 S. 2 AtVfV übertragen werden[45].

Inwieweit den atomrechtlichen Präklusionsvorschriften formelle und materielle Wirkungen zuerkannt werden, ist für § 7 Abs. 1 S. 2 AtVfV und § 7 AtG getrennt zu untersuchen.

a) § 7 Abs. 1 S. 2 AtVfV

§ 7 Abs. 1 S. 1 AtVfV sieht vor, daß Einwendungen während der zweimonatigen Auslegungsfrist des § 6 Abs. 1 AtVfV erhoben werden können. Aus einem Umkehrschluß läßt sich der Satz ableiten, daß dies nach Ablauf der Frist nicht mehr möglich sein soll. Schon allein aus der Tatsache, daß § 7 Abs. 1 S. 1 AtVfV eine Einwendungsfrist vorsieht, kann man eine formelle Präklusion für nicht fristgerechte Einwendungen herleiten[46]. Hieraus schließt die herrschende Meinung, daß der Gesetzgeber mit der ausdrücklichen Normierung des Einwendungsausschlusses in § 7 Abs. 1 S. 2 AtVfV nur eine materielle Präklusion gemeint haben könne[47].

Dagegen läßt sich einwenden, daß der Wortlaut des § 7 Abs. 1 AtVfV in dieser Richtung nicht eindeutig ist und ebenso den Schluß zuläßt, daß § 7 Abs. 1 S. 2 AtVfV hinsichtlich der formellen Präklusionswirkung nur eine klarstellende Funktion hat[48]. Dem Gesetzgeber ist auch die Möglichkeit, eine materielle Präklusion ausdrücklich anzuordnen, nicht fremd. So läßt sich § 34 Abs. 1 S. 2 LBG anführen[49], der folgenden Wortlaut hat: „Nach diesem Zeitpunkt vorgebrachte Einwendungen und Anträge werden nicht mehr berücksichtigt; dies gilt auch für das Verfahren vor den Verwaltungsgerichten." Beschränkt man eine gesetzessystematische Auslegung auf die §§ 34 Abs. 1 S. 2 LBG und 7 Abs. 1 S. 2 AtVfV, so drängt sich der Schluß auf, daß § 7 Abs. 1 S. 2 AtVfV eine materielle Präklusion gerade nicht vorsieht. Schließt man in die Diskussion jedoch weitere vergleichbare Präklusionsvorschriften ein, so verwässert sich dieses Bild wieder. Die §§ 10 Abs. 4 und 5 LuftVG, 30

[45] Dies übersieht Papier, NJW 1980, 313 (317).

[46] So auch Ipsen, DVBl. 1980, 146 (150); BVerwG, DVBl. 1980, 1001 (1002) hält die formelle Präklusion für eine selbstverständliche Konsequenz einer Fristenregelung.

[47] Vgl. BVerwG, DVBl. 1980, 1001 (1002); Bay VGH, ET 1979, 583 (591); OVG Koblenz, DÖV 1979, 525 (526); VG Freiburg, DVBl. 1976, 804 (805) und DVBl. 1976, 807 (809); Ipsen, DVBl. 1980, 146 (150); Hansmann in: Lukes VI, S. 273; im Ergebnis auch Rengeling, JZ 1977, 542 (545); Büdenbender / Mutschler, Rdnr. 309; Feldhaus, § 10 BImSchG, S. 28; Breuer in: Lukes VI, S. 259.

[48] So im Ergebnis wohl de Witt, DVBl. 1980, 1006 (1007); OVG Koblenz, DÖV 1979, 525 (526) hingegen hält den Wortlaut eindeutig auf eine uneingeschränkte Präklusion gerichtet.

[49] Hierauf weisen ebenfalls hin de Witt, DVBl. 1980, 1006 (1007); Papier, NJW 1980, 313; Ule, BB 1979, 1009 (1010).

Abs. 4 und 5 PBefG, 18 Abs. 4 FStrG und 73 Abs. 4 VwVfG beispielsweise regeln nicht die Folgen einer Fristversäumung; ein Einwendungsausschluß wird nicht ausdrücklich erwähnt. Dieser ergibt sich aus einem — wie bereits oben zu § 7 Abs. 1 S. 1 AtVfV vorgenommenen — Umkehrschluß. Allein aus der Fristversäumung im Einwendungsverfahren ergibt sich der formelle Ausschluß für das weitere Verwaltungsverfahren[50]. Mithin gibt es also auch Vorschriften, die gerade auf eine ausdrückliche Normierung der formellen Präklusion verzichten. Vergleicht man diese mit § 7 Abs. 1 AtVfV, so erscheint angesichts des anderweitig üblichen Umkehrschlusses eine bloß klarstellende Funktion des § 7 Abs. 1 S. 2 AtVfV nicht sehr wahrscheinlich; der Wortlaut des § 7 Abs. 1 S. 2 AtVfV hätte dann den genannten Vorschriften angepaßt werden müssen[51].

Ein weiterer Unterschied zwischen diesen Vorschriften und der Präklusion nach § 7 Abs. 1 S. 2 AtVfV besteht darin, daß die atomrechtliche Genehmigungsbehörde gemäß § 5 Abs. 1 Nr. 2 AtVfV bei öffentlicher Auslegung der Unterlagen auf die Folgen der Präklusion ausdrücklich hinzuweisen hat, während die oben genannten Ausschlußnormen eine solche Belehrung nicht vorsehen.

Angesichts der durch unterschiedliche Wortlaute hervorgerufenen unklaren Gesetzeslage greift die herrschende Meinung zu weiteren Begründungen.

aa) Zunächst wird darauf hingewiesen, daß die AtVfV gemäß § 7 Abs. 4 S. 3 AtG unter anderem den Grundsätzen des § 10 BImSchG entspricht. Für die dem § 7 Abs. 1 S. 2 AtVfV als Vorbild dienende Vorschrift des § 10 Abs. 3 S. 3 BImSchG war bisher — soweit ersichtlich — einhellig eine *materielle Präklusionswirkung* anerkannt[52]. Dies gilt nach herrschender Ansicht auch für § 17 Abs. 2 S. 2 GewO a. F., den Vorgänger des § 10 Abs. 3 S. 3 BImSchG[53]. Die materielle Präklusion ist daher keine erstmalig durch das Atomrecht eingeführte Neuigkeit.

---

[50] Vgl. hierzu die umfangreichen Nachweise bei Papier, NJW 1980, 313 (314, Fußnote 14).

[51] Vgl. dazu Wolfrum, DÖV 1979, 497; ferner OVG Koblenz, DÖV 1979, 525 (526) und VG Freiburg, DVBl. 1976, 804 (805), welche jedoch fälschlicherweise § 34 LBG in die Reihe der genannten 4 Vorschriften mit einbeziehen.

[52] Vgl. Ipsen, DVBl. 1980, 146 (151) m. w. N.; Sellner, Immissionsschutzrecht und Industrieanlagen, Rdnrn. 156, 368; Fischerhof, AtG, § 7 b, Rdnr. 1 m. w. N.; Wolfrum, DÖV 1979, 497 (502) jedoch äußert Zweifel.

[53] Vgl. BVerwG, DVBl. 1980, 1001 (1002, 1003) und DVBl. 1973, 645; OVG Koblenz, DÖV 1979, 525 (526); Bay VGH, ET 1979, 583 (591); VG Freiburg, DVBl. 1976, 804 (806) m. w. N.; Ipsen, DVBl. 1980, 146 (151); Mutschler, ET 1980, 165 (169, 170); im Ergebnis auch BVerfG, DÖV 1982, 816 (819); a. A. Ule, BB 1979. 1009 (1010); Zuck, BB 1963, 671 und DVBl. 1973, 646.

Hiergegen könnte man einwenden, daß die Verordnungsermächtigung des § 7 Abs. 4 S. 3 AtG nur zum Erlaß von Regelungen über das atomrechtliche Verwaltungsverfahren ermächtigt, während eine materielle Präklusion durch § 7 Abs. 1 S. 2 AtVfV letztlich ein Abschneiden der Klagebefugnis, also eine verwaltungsprozessuale Auswirkung zeigt[54]. Die Frage ist also, ob sich eine materielle Präklusion innerhalb der Verordnungsermächtigung hält, die gemäß Art. 80 Abs. 1 S. 2 GG Inhalt, Zweck und Ausmaß der Verordnung bestimmen muß. Von einer materiellen Präklusion ist in § 7 Abs. 4 S. 3 AtG ausdrücklich nichts erwähnt. Dementsprechend regelt § 7 Abs. 1 S. 2 AtVfV unmittelbar, bzw. vom Wortlaut auch nur den Ablauf der Einwendungsfrist, also einen Ausschnitt aus dem verwaltungsrechtlichen Genehmigungsverfahren; die prozessuale Auswirkung des § 7 Abs. 1 S. 2 AtVfV ist demgegenüber nur durch Auslegung zu ermitteln. Dennoch verdient der genannte Einwand Beachtung. Wenn die herrschende Meinung argumentiert, die formelle Präklusion ergebe sich bereits aus einem Umkehrschluß aus § 7 Abs. 1 S. 1 AtVfV, der Aufstellung einer Einwendungsfrist, hat § 7 Abs. 1 S. 2 AtVfV folglich eine klare materielle Zielrichtung, die sich auf das verwaltungsgerichtliche Verfahren auswirken soll. Auch wenn diese Auswirkung eine nur mittelbare Folge des Einwendungsausschlusses ist, so ist sie doch zumindest auch beabsichtigt. Trotzdem bedeutet § 7 Abs. 1 S. 2 AtVfV keine Einführung einer prozessualen Regelung durch die Hintertür. Dem Gesetzgeber war bekannt, daß § 10 Abs. 3 S. 3 BImSchG allgemein als materielle Präklusionsvorschrift angesehen wurde. Wenn er daher in § 7 Abs. 4 S. 3 AtG bestimmte, daß das Genehmigungsverfahren nach den Grundsätzen des § 10 BImSchG geregelt werden sollte, so kommt darin der Wille zum Ausdruck, auch die AtVfV mit einer materiellen Präklusionsnorm zu versehen. Die Auslegung des § 7 Abs. 1 S. 2 AtVfV durch die herrschende Meinung entspricht daher dem gesetzgeberischen Willen. Eine unzulässige verwaltungsprozessuale Regelung ist damit nicht getroffen worden[55].

bb) Eine materielle Präklusionswirkung des § 7 Abs. 1 S. 2 AtVfV wird auch mit *Sinn und Zweck* der Vorschrift begründet. Hierbei besinnt man sich der Natur des gestuften Verwaltungsverfahrens und seiner Aufgabe, das Investitionsrisiko für den Kraftwerksbetreiber in Anbetracht der Einwendungs- und Anfechtungsmöglichkeiten Dritter überschaubarer zu machen. Dieser Intention kommt eine materielle Präklu-

[54] So de Witt in: Lukes VI, S. 300, der eine materielle Präklusion durch § 7 Abs. 1 S. 2 AtVfV daher ablehnt; ferner Ule, BB 1979, 1009 (1010).

[55] Im Ergebnis auch BVerfG, DÖV 1982, 816 (818); Bay VGH, ET 1979, 583 (591); VG Freiburg, DVBl. 1976, 804 (806); Mutschler, ET 1980, 165 (170); Ipsen, DVBl. 1980, 146 (151).

sionswirkung des § 7 Abs. 1 S. 2 AtVfV entgegen, indem sie die Bestandskraft der Teilgenehmigung stärkt[56]. Da Nichteinwender für das gesamte weitere Verfahren ausgeschlossen sind, ist die Teilgenehmigung ihnen gegenüber bereits mit ihrem Wirksamwerden bestandskräftig. Die Bestandskraft tritt gegenüber den Nichteinwendern also bereits mit dem Erlaß der Teilgenehmigung ein, da diese zu keinem Zeitpunkt mehr mit ihrem Gegenvorbringen gehört werden können. Es besteht die Besonderheit, daß durch § 7 Abs. 1 S. 2 AtVfV ein Rechtsschutzverlust sogar schon vor Erlaß der Teilgenehmigung, das heißt schon mit Ablauf der Einwendungsfrist eintritt[57]. Die somit erreichte Verstärkung der Bestandskraft wirkt sich zugunsten des Antragstellers aus; mit schrittweiser Bestandskraft wird sein Vorhaben schrittweise kalkulierbarer.

cc) Eine materielle Präklusionswirkung des § 7 Abs. 1 S. 2 AtVfV soll auch eine *Verfahrenskonzentration* herbeiführen[58]. Das Erörterungsverfahren und spätere Gerichtsverfahren haben sich auf die nicht ausgeschlossenen Einwendungen zu beschränken und zu konzentrieren. Damit geht gleichzeitig eine Verfahrensbeschleunigung einher; auch eine gesteigerte Verfahrensökonomie ist nicht von der Hand zu weisen[59].

Insgesamt sprechen die meisten Argumente für eine Auslegung des § 7 Abs. 1 S. 2 AtVfV im Sinne einer materiellen Präklusion. Überzeugend sind die Argumente, die das Ergebnis im Wege einer normvergleichenden systematischen Auslegung belegen. Der Bestandskrafts- und Konzentrationsgedanke begegnet jedoch verfassungsrechtlichen Bedenken. Insbesondere ist zu fragen, ob nicht eine so verstandene Präklusion die Beteiligungsmöglichkeit Dritter unverhältnismäßig beeinträchtigt. Dieser Ansatz wird im 2. Kapitel zu vertiefen sein.

---

[56] Vgl. BVerwG, DVBl. 1980, 1001 (1003, 1005); Selmer / Schulze-Osterloh, JuS 1981, 393 (401); wohl auch Weber, DÖV 1980, 397 (403). Hierauf geht Ule, BB 1979, 1009 (1011) mit keinem Wort ein.

[57] Vgl. Ipsen, DVBl. 1980, 146 (152); Mutschler, ET 1980, 165 (170); Papier, NJW 1980, 313 (318); die Behauptung von Büdenbender / Mutschler, Rdnr. 112, die Präklusion setze ihrem Wesen nach notwendigerweise eine Vorentscheidung voraus, ist daher wegen § 7 Abs. 1 S. 2 AtVfV unzutreffend.

[58] BVerwG, DVBl. 1980, 1001 (1005); OVG Koblenz, DÖV 1979, 525 (526) zu § 3 Abs. 1 AtAnlV; Selmer / Schulze-Osterloh, JuS 1981, 393 (401); Weber, DÖV 1980, 397 (404); vgl. auch Rengeling, DVBl. 1981, 323 (325). Kritisch dazu Papier, NJW 1980, 313 (319), der entgegen der herrschenden Meinung eine Anspruchspräklusion vertritt und daher ein Nachschieben von Tatsachen zuläßt.

[59] Vgl. BVerwG, DVBl. 1980, 1001 (1005); Rengeling, DVBl. 1981, 323 (325).

b) § 7 b AtG

aa) Auch der Umfang der Präklusionswirkung des § 7 b AtG bedarf einer eingehenden Klärung. Der Streitpunkt zwischen formeller und materieller Präklusion liegt bei dieser Vorschrift nicht auf der Hand, da sie nicht wie § 7 Abs. 1 S. 2 AtVfV in Verfahrensvorschriften eingebettet ist. Auch knüpft § 7 b AtG nicht an einen Fristablauf an und erstreckt seine Ausschlußwirkungen auch nicht auf Einwender, sondern auf Einwendungen. Sowohl von seinen Voraussetzungen als auch von seiner Rechtsfolge ist § 7 b AtG daher materiell-rechtlich ausgerichtet. Da § 7 b AtG eingreift, wenn gerade kein Auslegungsverfahren voranging, ginge er ins Leere, wenn er keine materielle Präklusion anordnete. Ein förmliches Genehmigungsverfahren, auf das er sich sonst beziehen könnte, hat bei Anwendbarkeit des § 7 b AtG gerade nicht stattgefunden. § 7 b AtG betrifft daher eindeutig das Verwaltungsstreitverfahren[60], daneben selbstverständlich auch den Ausschluß für weitere Verwaltungsverfahren[61], wenn von deren Durchführung nicht nach § 4 Abs. 2 AtVfV abgesehen werden kann.

bb) Fraglich ist jedoch, wie der genaue *Präklusionsumfang* des § 7 b AtG zu ermitteln ist. Die Vorschrift selbst schließt Einwendungen aus, die „nach den ausgelegten Unterlagen oder dem ausgelegten Bescheid hätten vorgebracht werden können". Der Inhalt der ausgelegten Unterlagen und des ausgelegten Bescheids bilden nach dem Wortlaut des § 7 b AtG den materiellen Umfang einer möglichen Präklusion. Nimmt man diese Regelung wörtlich, so ergibt sich folgende Konsequenz:

Bereits bei Beantragung einer ersten Teilgenehmigung hat der Antragsteller die Genehmigungsbehörde mit ausreichenden Unterlagen zu versorgen, damit die Behörde in die Lage versetzt wird, gemäß § 18 Abs. 1 AtVfV ein vorläufiges Gesamturteil über die Errichtung und den späteren Betrieb der Gesamtanlage zu fällen. Das bedeutet, daß die Unterlagen oft weit mehr an Entscheidungsmaterialien enthalten, als für den konkreten Antrag — die Gestattung eines Teilbauabschnitts — nötig wäre. Bei wörtlicher Auslegung des § 7 b AtG bedeutet das, daß mangels Einwendung im Auslegungsverfahren sämtliche Angaben aus den Unterlagen für das gesamte weitere Genehmigungsverfahren von der Präklusion erfaßt würden. Wenn der Kraftwerksbetreiber beispiels-

[60] Vgl. OVG Lüneburg, ET 1979, 284; Ipsen, DVBl. 1980, 146 (150, 151); ungenau daher Hansmann in: Lukes VI, S. 276, der auch eine Wirkung auf das Verwaltungsverfahren in § 7 b AtG erblickt; das kann nur zutreffend sein, wenn Hansmann damit nicht das erste, sondern nur nachfolgende Auslegungsverfahren meint.

[61] Vgl. Mutschler, ET 1980, 165 (166).

weise den Antrag stellt, die Fundamente errichten zu dürfen und dabei schon detaillierte Angaben über die Art und Weise des späteren Kraftwerksbetriebs hinzufügt, würden diese, da aus den Unterlagen ersichtlich, von einer Präklusion erfaßt[62]. Soweit die Unterlagen einen Schluß auf mögliche Einwendungen zulassen, müßten diese schon im ersten Auslegungsverfahren vorsorglich erhoben werden. Die eingereichten Unterlagen sollen der Behörde ein lediglich vorläufiges Gesamturteil ermöglichen; das bedeutet aber, daß die Unterlagen hinreichende Angaben über das Gesamtkonzept enthalten. Der Einwender müßte die Unterlagen ebenso gründlich studieren wie die Behörde, um mögliche Einwendungsansätze bezogen auf die Gesamtanlage schon im ersten Auslegungsverfahren zu erkennen. Kein Zweifel besteht, daß eine derart weite Auslegung des § 7 b AtG besonders unter dem Gesichtspunkt der Rechtsklarheit und einer rechtsstaatlich ausreichenden Beteiligungsmöglichkeit rechtlich und technisch unkundiger Bürger Anlaß zu Bedenken geben muß. Dieser Ansatz wird an gegebener Stelle noch zu vertiefen sein.

Diesen Bedenken könnte man jedoch von vornherein ausweichen, wenn man den Begriff der Unterlagen i. S. d. § 7 b AtG einschränkend auslegt[63]. Da nicht sämtliche Angaben aus den Unterlagen für die konkrete Teilgenehmigung erforderlich sind, ist daran zu denken, die Präklusion nur auf solche Angaben zu erstrecken, die tatsächlich entscheidungserheblich waren und ihren Niederschlag in der Begründung des Bescheids gefunden haben. Kaum einer Erwähnung bedarf es, daß selbstverständlich auch der Tenor der TG von einer Präklusionswirkung erfaßt wird. Diese Selbstverständlichkeit klarzustellen, kann aber nicht Aufgabe des § 7 b AtG sein, soweit er die Präklusion auch auf den Bescheid bezieht. § 7 b AtG will daher die Präklusion über den Tenor hinaus auch auf die Entscheidungsgründe erstrecken[64]. Nach dieser Ansicht kann daher weder der Begriff der Unterlagen, noch der des Bescheids aus § 7 b AtG wörtlich genommen werden; allein schon deshalb ist aber die dargestellte Auslegung des § 7 b AtG abzulehnen. Die umfangreichen Gesetzes- und Beratungsmaterialien zu § 7 b AtG verbieten den Schluß, der Gesetzgeber habe das, was er letztlich geregelt hat, nicht wörtlich gemeint.

cc) Doch auch wenn man der herrschenden Meinung mit ihrer wörtlichen und daher weiten Auslegung des § 7 b AtG folgt, wird eine Diskrepanz deutlich:

[62] Eine derart weite Präklusion wird wohl vertreten von BVerwG, DVBl. 1980, 1001, (1005); Schmidt-Assmann in: Festgabe BVerwG, 1978, S. 569 (577). Beide stellen auf den Umfang der ausgelegten Unterlagen ab.

[63] Vgl. den Ansatz bei Ipsen, DVBl. 1980, 146 (152).

[64] Vgl. Ipsen, DVBl. 1980, 146 (152).

(1) Die Bindungswirkung einer Teilgenehmigung wird durch ihren Regelungsgehalt bestimmt; zum Regelungsgehalt gehört aber nach herrschender Meinung auch das vorläufige positive Gesamturteil. Dieses wiederum richtet sich nach der Qualität der eingereichten Unterlagen[65]. Die Unterlagen spielen also sowohl für den Umfang der Bindungs- als auch der Präklusionswirkung eine entscheidende Rolle[66], denn Regelungsgehalt, Bindungs- und Präklusionswirkung stehen in einem untrennbaren Zusammenhang; sie sind inhaltlich deckungsgleich[67]. Konsequent erscheint zunächst die herrschende Meinung, wenn sie in § 7 b AtG auf den Umfang der Unterlagen abstellt und damit eine weite Präklusionswirkung erreicht. Damit wären Bindungs- und Präklusionswirkung in ihrem Umfang identisch und die eine quasi die Kehrseite der anderen. Legt man dagegen den Unterlagenbegriff aus § 7 b AtG — wie dargestellt — einschränkend aus, so bricht man mit diesem System. Bindung und Präklusion hätten dann verschiedene Reichweiten, obwohl sich beide auf dieselben Unterlagen stützen; die Bindung der Behörde würde dann weiter reichen als die Präklusion gegenüber Dritten. Wenn man nun davon ausgeht, daß die vorläufige Gesamtprognose mit feststellender Wirkung in den Regelungsgehalt der Teilgenehmigung eingeht, so erscheint der Hinweis in § 7 b AtG auf die ausgelegten Unterlagen jedoch überflüssig. Die vorläufige Gesamtprognose ist bereits ein Teil des Bescheids, ist in ihrer Reichweite aber indentisch mit den ausgelegten Unterlagen. Sobald man die Gesamtprognose als einen Teil des Bescheids auffaßt, muß auch diese als Inhalt des Bescheids von der Präklusionswirkung ergriffen werden[68]. *Positives Gesamturteil* und *ausgelegte Unterlagen* sind aber inhaltlich deckungsgleich. Das würde bedeuten, daß entweder § 7 b AtG teilweise überflüssig ist, oder aber der herrschenden Meinung in der weiten Auslegung des Regelungsgehalts aus gesetzessystematischen Gründen — eben wegen der Aufführung sowohl der Unterlagen als auch des Bescheids in § 7 b AtG — nicht gefolgt werden kann.

---

[65] Vgl. Weber, DÖV 1980, 397 (399).

[66] Rengeling, DVBl. 1981, 323 (327) scheint die Bedeutung der Unterlagen nur auf die Präklusion beziehen zu wollen; ebenso Sellner, Immissionsschutzrecht und Industrieanlagen, Rdnr. 281, der offenbar das positive Gesamturteil nicht zum Regelungsgehalt zählt.

[67] Vgl. auch VG Koblenz, NJW 1980, 1410 (1411); Selmer / Schulze-Osterloh, JuS 1981, 393 (402); Degenhart, Kernenergierecht, S. 74; Mutschler in: Lukes VI, S. 294 spricht von Symmetrie. Dies scheinen auch Büdenbender / Mutschler, Rdnrn. 161, 162 nicht bestreiten zu wollen, auch wenn sie eine „Gleichschaltung“ von Bindungs- und Präklusionswirkung ablehnen. Ihre Bedenken betreffen jedoch eine formelle Gleichbehandlung der Institute in ihrer Wirkungsweise, nicht aber eine Deckungsgleichheit mit dem Regelungsgehalt der Teilgenehmigung.

[68] Dies setzt auch Weber, DÖV 1980, 397 (403) als selbstverständlich voraus.

Die Bedenken ließen sich zerstreuen, wenn die ausgelegten Unterlagen inhaltlich über das positive Gesamturteil hinausreichten, also beide nicht deckungsgleich wären. Dann hätte der Zusatz in § 7 b AtG insoweit einen Sinn, als er die Präklusionswirkung über die Bindungswirkung hinaus ausdehnen würde[69]. Hingegen müssen Unterlagen und positive Prognose inhaltsgleich sein: Entweder die Genehmigungsbehörde ist mit dem Gesamtkonzept, wie es sich nach den Unterlagen darstellt, einverstanden, so besteht die angenommene Deckungsgleichheit, da sich die positive Prognose auf die Gesamtunterlagen erstreckt; oder aber die Behörde ist mit einem Teil der Unterlagen nicht einverstanden. Im letzteren Fall ergeht dann gerade kein positives Gesamturteil. Entweder die TG wird abgelehnt; dann besteht kein Anlaß, sich über Bindungs- und Präklusionswirkung zu unterhalten. Oder aber die TG ergeht mit inhaltlichen Beschränkungen oder Auflagen; dann ist der nicht genehmigungsfähige Teil der Unterlagen ebenfalls aus der positiven Gesamtprognose ausgeklammert.

Eine weitere Möglichkeit, die geäußerten Bedenken zu zerstreuen, bestünde darin, die Bezugnahme auf die Unterlagen in § 7 b AtG als Argument für die herrschende Meinung und die von ihr vertretene weite Regelungs- und Bindungswirkung heranzuziehen. So ließe sich argumentieren, daß die Präklusionswirkung die Kehrseite der Bindungswirkung darstellt. § 7 b AtG bezieht die Unterlagen mit in die Präklusionswirkung ein. Daraus läßt sich rückschließen, daß der Gesetzgeber über die Beschreibung der Präklusion auch eine weite Bindungswirkung klarstellen wollte, woraus wiederum folgt, daß der Regelungsgehalt der Teilgenehmigung, der den Umfang der Bindungswirkung ausmacht, sich auch auf die Unterlagen im Wege über eine Einbeziehung des positiven Gesamturteils erstreckt.

---

[69] Rengeling, DVBl. 1981, 323 (327) hält es im Ergebnis für möglich, daß eine Präklusionswirkung weiter reicht als Regelungsgehalt und Bindungswirkung einer Teilgenehmigung. Diese Aussage bezieht er jedoch auf § 7 Abs. 1 S. 2 AtVfV, was m. E. systematisch verfehlt ist. Bei § 7 Abs. 1 S. 2 AtVfV stellt sich das Problem des Umfangs der Präklusion nicht in diesem Maße. Für § 7 Abs. 1 S. 2 AtVfV ist zunächst nur wichtig festzustellen, wer in welchem Umfang Einwendungen erhoben hat. Nur mit diesen Einwendungen und durch diese Personen ist eine Klageerhebung möglich. Der Umfang der Unterlagen, also die Frage, welche Einwendungen gegen die erste Teilgenehmigung hätten erhoben werden können, wird akut bei Folgegenehmigungen. Dann kommt § 7 b AtG zur Anwendung, der auf die Unterlagen und darauf abstellt, welche Einwendungen bisher möglich waren. Das Problem des Präklusionsumfangs und sein Zusammenhang mit den ausgelegten Unterlagen stellt sich daher erst bei Folgegenehmigungen und somit erst bei Anwendung des § 7 b AtG. Die Bindungswirkung hinsichtlich des vorläufigen positiven Gesamturteils wird von Rengeling nicht gesehen; dann allerdings ist die von ihm aufgestellte These zu verstehen.

Diese Argumentationskette findet sich jedoch weder in der Gesetzesbegründung des Bundestages zu § 7 b AtG, noch wird sie von den Vertretern der weiten Bindungs- und Präklusionswirkung verwandt. Die weite Bindungswirkung wird vielmehr mit dem Investitionsschutz des Antragstellers begründet, was — wie noch zu erörtern sein wird — erheblich auf Kosten der Einwender gehen kann[70].

Die aufgezeigte begriffliche Diskrepanz ließe sich natürlich leicht mit einer gesetzgeberischen Fehlleistung erklären. Wenn etwa § 7 b AtG ausschließlich auf die Unterlagen Bezug nähme, ließe sich die Deckungsgleichheit zwischen Bindung und Präklusion — auch in der von der herrschenden Meinung vertretenden Weite — herstellen, ohne daß § 7 b AtG Anlaß zu inhaltlichen Bedenken gäbe. Das gleiche gilt, wenn § 7 b AtG ausschließlich auf den Bescheid Bezug nähme, und man die weite Auslegung des Regelungsgehalts heranzieht. Aus der Sicht der herrschenden Meinung könnte § 7 b AtG tatsächlich gesetzgeberisch verfehlt wirken[71]. Der Passus „oder dem ausgelegten Bescheid" ist erst während der Gesetzesberatungen hinzugefügt worden[72]. Isoliert betrachtet und auf seinen Wortlaut abgestellt hat er nur dann einen Sinn, wenn der Bescheid dem Antragsteller etwas zuspricht, was dieser nach seinen eingereichten Unterlagen weder vorgesehen noch beantragt hatte. Abgesehen davon, daß es fraglich ist, ob beim Erlaß eines mitwirkungsbedürftigen Verwaltungsakts, wie ihn die Teilgenehmigung aufgrund des Antragserfordernisses darstellt, dem Antragsteller etwas anderes zugesprochen werden darf, als dieser beantragt hat, würde den Drittbetroffenen eine verfahrensrechtliche Beteiligungsmöglichkeit abgeschnitten. Dem Antragsteller würde etwas zugesprochen, was zuvor nicht Gegenstand des Auslegungs- und Einwendungsverfahrens gewesen wäre. Dritte hätten also zuvor nicht die Möglichkeit gehabt, den kostenlosen Weg der Einwendung nach § 7 Abs. 1 S. 1 AtVfV zu wählen. Sie wären nunmehr darauf angewiesen, ihre Bedenken sofort im Klageweg geltend zu machen.

---

[70] Allein das VG Koblenz, NJW 1980, 1410 (1411, 1412) sieht in der geschilderten Klarstellung einer weiten Bindungswirkung den Sinn des § 7 b AtG. Zu diesem Schluß kommt es jedoch nicht aus einer wie hier erfolgten Gegenüberstellung der Begriffe „Unterlagen" und „Bescheid", sondern aus der Überlegung heraus, daß § 7 b AtG ansonsten insgesamt überflüssig wäre, weil dort nur eine selbstverständliche Folge der Bestandskraft ausgedrückt werde.

[71] Ipsen, DVBl. 1980, 146 (152) bezeichnet die Bezugnahme auf den „ausgelegten Bescheid" als „befremdlich" und versucht, den Zusatz mit einer bedenklichen Begründung zu halten. Danach müßte dem Antragsteller etwas zugesprochen worden sein, was er nach seinen Unterlagen nicht vorgesehen und beantragt hatte.

[72] Vgl. Stellungnahme der Bundesregierung, BT-Drucks. V/4071, Anlage 3; dies übersieht offenbar Rengeling, DVBl. 1981, 323 (328), wenn er den ausgelegten Bescheid als den maßgeblichen Anknüpfungspunkt für den Präklusionsumfang ansieht.

Eine logische Erklärung des Begriffspaars „Unterlagen“ und „Bescheid“ in § 7 b AtG kann meines Erachtens nur unter Einbeziehung des § 4 Abs. 2 AtVfV erfolgen. Dort ist vorgesehen, daß unter bestimmten Voraussetzungen von einer Auslegung der Unterlagen, also von einer Durchführung des Anhörungsverfahrens abgesehen werden kann. Die „Unterlagen“ i. S. d. § 7 b AtG können daher nur solche Einwendungen meinen, die sich anläßlich eines Auslegungsverfahrens nach der AtVfV ergeben. Soweit ein solches Verfahren gemäß § 4 Abs. 2 AtVfV nicht stattfindet, sind Dritte darauf verwiesen, sich den ausgelegten Bescheid auf mögliche Einwendungen hin anzusehen. Es ist durchaus möglich, daß der ausgelegte Bescheid Einwendungsmöglichkeiten eröffnet, die sich aus den anläßlich der ersten Teilgenehmigung ausgelegten Unterlagen noch nicht abgezeichnet haben. Diese Unterlagen enthielten zwar eine Beschreibung des Gesamtkonzepts zwecks Bildung eines vorläufigen positiven Gesamturteils; die Ausformung von Einzelfragen ist jedoch schrittweise den Folgegenehmigungen vorbehalten. Auch innerhalb des genehmigten Gesamtkonzepts sind Änderungen oder Klarstellungen möglich, die gemäß § 4 Abs. 2 AtVfV ohne erneutes Auslegungsverfahren abgehandelt werden können und daher erst mit dem ausgelegten Folgebescheid die Öffentlichkeit erreichen. Mit dieser Erklärung lassen sich sowohl den Unterlagen als auch dem Bescheid i. S. d. § 7 AtG eigenständige Bedeutung beimessen.

(2) Dennoch muß § 7 b AtG aus der Sicht der von der herrschenden Meinung vertretenen weiten Präklusionswirkung durch Einbeziehung des positiven Gesamturteils in den Regelungsgehalt der Teilgenehmigung zumindest teilweise gesetzgeberisch verfehlt wirken. Danach enthält § 7 b AtG eine Bestimmung, die sich bereits aus dem allgemein geltenden Gedanken der Bestandskraft ergibt. Ein Verwaltungsakt erwächst aber soweit in Bestandskraft, als sein Regelungsgehalt reicht. Wird daher eine Teilgenehmigung nicht angefochten und bestandskräftig, so ergibt sich eine materielle Präklusion bereits aus der eintretenden Bestandskraft. Insoweit wirkt § 7 b AtG bei Zugrundelegung des weiten Regelungsgehalts der Teilgenehmigung lediglich klarstellend[73]. Das gilt selbstverständlich zunächst für den Fall, daß eine Person eine Einwendung vorgebracht hat und über diese rechtskräftig entschieden worden ist[74]. Aber auch hinsichtlich solcher Einwendungen, die hätten

[73] So Selmer / Schulze-Osterloh, JuS 1981, 393 (401); Büdenbender / Mutschler, Rdnrn. 301, 317; Mutschler in: Lukes VI, S. 292, 293; a. A. daher mit einer einschränkenden Auslegung Ipsen, DVBl. 1980, 146 (152); a. A. auch Hansmann in: Lukes VI, S. 275, 276, da dieser schon die Einbeziehung des vorläufigen positiven Gesamturteils in den Regelungsgehalt der Teilgenehmigung ablehnt und daher in der Erstreckung der Präklusion auf das Gesamturteil einen eingenständigen Sinn in § 7 b AtG sieht.

[74] Vgl. Büdenbender / Mutschler, Rdnrn. 300, 301.

vorgebracht werden können, aber tatsächlich nicht vorgebracht worden sind, spiegelt § 7 b AtG lediglich den allgemeinen Grundsatz der Bestandskraft wieder[75]. § 7 b AtG kann man keinen eigenständigen Sinn insoweit beimessen, als er die Präklusion auch auf Nichteinwender erstreckt[76]. Den allgemeinen Bestandskraftgedanken gegenüber dem Personenkreis der Nichteinwender kann man nicht schon allein der Tatsache entnehmen, daß sich die Präklusion des § 7 b AtG vordergründig auf Einwendungen und nicht auf Einwender — wie § 7 Abs. 1 S. 2 AtVfV — erstreckt. Wohl aber ist bereits aus dem Baunachbarrecht geläufig, daß eine Baugenehmigung gegenüber dem Nachbarn bestandskräftig und damit unanfechtbar wird, wenn sie diesem bekanntgegeben worden ist, und die Rechtsmittelfristen verstrichen sind. Das gleiche gilt auch im Atomrecht bezogen auf die materielle Präklusion. Auch hier wird eine Teilgenehmigung gegenüber Dritten mit Ablauf der Klagefrist nach Zustellung bzw. öffentlicher Bekanntmachung der Teilgenehmigung bestandskräftig. Diese Art der Präklusion träte daher gegenüber Nichteinwendern auch ohne die Anordnung des § 7 b AtG ein.

Soweit in § 7 b AtG der Bestandskraftgedanke zum Ausdruck kommt, ist diese Vorschrift daher lediglich klarstellend und im Grunde überflüssig.

(3) Sucht man in § 7 b AtG einen eigenständigen Sinn, so kann dieser in zwei Auswirkungen zu sehen sein:

Zum einen ist die hinsichtlich der Bestandskraft klarstellende Funktion des § 7 b AtG in seiner Auswirkung auf das Genehmigungsverfahren von möglicherweise verfahrensbeschleunigender bzw. verfahrensökonomischer Wirkung. Die ausdrückliche Präklusionsanordnung macht einen verwaltungsgerichtlichen Streit zwischen Dritten und der Behörde über das Bestehen und die Reichweite der Bestandskraft von Einwendungen weitgehend entbehrlich. Die Verminderung von Rechtsstreitigkeiten über die Bestandskraft führt gleichzeitig zu einer besseren Investitionsabsicherung des Antragstellers[77].

Bedenkt man des weiteren, daß — wie oben bereits angeklungen — es über die Einbeziehung des vorläufigen positiven Gesamturteils in den Regelungsgehalt der Teilgenehmigung keine gesetzliche Vorschrift gibt, so kann § 7 b AtG wenigstens insoweit ein eigenständiger Sinn zuerkannt werden. Wenn nach § 7 b AtG Einwendungen präkludiert werden, die nach den ausgelegten Unterlagen hätten vorgebracht werden können, so folgt daraus, daß alle Angaben des Antragstellers, die

75 Vgl. Büdenbender / Mutschler, Rdnr. 301.

76 So aber Ipsen, DVBl. 1978, 146 (152).

77 Büdenbender / Mutschler, Rdnr. 317.

sich aus seinen Unterlagen i. S. d. § 18 Abs. 2 AtVfV ergeben, einer Präklusion zugänglich sind. Da sich aber Präklusion und Bindungswirkung von ihrer Reichweite decken, bedeutet dies, daß das vorläufige positive Gesamturteil an der Bindungswirkung der Teilgenehmigung partizipiert[78]. Wenn auch nicht bezogen auf eine Präklusionswirkung, so kommt § 7 b AtG jedenfalls eigenständige Bedeutung insoweit zu, als er die Teilnahme des vorläufigen positiven Gesamturteils an der Bindungswirkung der Teilentscheidungen gesetzlich normiert.

4. Grenzen der Präklusionswirkung

Die Grenzen der Präklusionswirkung[79] entsprechen zum größten Teil denen der Bindungswirkung.

a) Die eingereichten Unterlagen bestimmen den Umfang und damit auch die Grenzen der Präklusionswirkung. Nimmt der Antragsteller *Planänderungen* vor oder reicht er neue ergänzende Unterlagen ein, so kann sich der bislang präkludierte Dritte wieder in das Verfahren einschalten, soweit sich neue Einwendungsgesichtspunkte ergeben. Soweit es sich um bedeutsame Änderungen des Konzepts handelt, hat die Genehmigungsbehörde ein erneutes Auslegungsverfahren durchzuführen (vgl. § 4 Abs. 2 AtVfV). Da die neuen Unterlagen im bisherigen Verfahren noch nicht abgehandelt werden konnten, können auch die bisher ausgeschlossenen Einwender insoweit wieder am Einwendungsverfahren teilnehmen[80]. Das gleiche gilt für § 7 b AtG; ist ein erneutes Auslegungsverfahren wegen § 4 Abs. 2 AtVfV nicht erforderlich, so können Bedenken, die sich aus dem ausgelegten Bescheid aufgrund neuer Tatsachen ergeben, im Klageverfahren erhoben werden. Insgesamt sind daher wesentliche Änderungen des Anlagenkonzepts nicht von den Präklusionsvorschriften erfaßt[81].

b) Hinsichtlich der materiellen Präklusion des § 7 Abs. 1 S. 2 AtVfV gilt weiterhin, daß sich diese nicht auf solche Tatsachen erstreckt, die erst nach Ablauf der Einwendungsfrist eingetreten sind und daher nicht im Einwendungsverfahren geltend gemacht werden konnten[82].

[78] Zu diesem Umkehrschluß vgl. VG Koblenz, NJW 1980, 1410 (1411, 1412).

[79] Hierzu ausführlich BVerwG, DVBl. 1980, 1001 (1004, 1005).

[80] Vgl. Ipsen, DVBl. 1980, 146 (152).

[81] Vgl. de Witt, DVBl. 1981, 649 (650).

[82] Vgl. BVerwG, DVBl. 1980, 1001 (1004) und DVBl. 1981, 405 (408); ebenso Selmer / Schulze-Osterloh, JuS 1981, 393 (401); Hansmann in: Lukes VI, S. 274; ebenso Papier, NJW 1980, 313 (317), jedoch bezogen auf das Entstehen des materiellen Abwehranspruchs.

Dem Entstehen neuer Tatsachen und Umstände ist eine Veränderung wissenschaftlicher oder technischer Erkenntnisse gleichzustellen, soweit diese als gesichert gelten und einen Auffassungswandel bewirken[83]. Ein derartiger *Erkenntniswandel* ermöglicht es der Behörde, die Bindungswirkung zu durchbrechen; gleiches muß für Einwender in Bezug auf die Präklusionswirkung gelten. Die Möglichkeit, das Verfahren an geänderte und verbesserte Erkenntnisse anzupassen — diese ist durch die Verfahrensstufung beabsichtigt —, kann nicht einseitig zu Gunsten der Genehmigungsbehörde bestehen. Auch die Betroffenen müssen Gelegenheit erhalten, sich zu den neuen Erkenntnissen zu äußern. Präkludiert waren die Einwender schließlich nur, weil sie Einwendungsmöglichkeiten zur Wahrung ihrer Rechtsposition haben verstreichen lassen; wird ihnen aber aufgrund neuer Erkenntnisse eine solche Einwendungsmöglichkeit zum ersten Mal eröffnet, so kann weder der dem § 7 Abs. 1 S. 2 AtVfV beigemessene Gedanke des venire contra factum proprium, noch der dem § 7 b AtG zugrunde liegende Gedanke der Bestandskraft zum tragen kommen. Auf den ersten Blick wird nicht deutlich, auf welchen Zeitpunkt das BVerwG in den zitierten Urteilen die Veränderung der Tatsachen bzw. des Erkenntnisstandes bezieht. Theoretisch denkbar wäre folgender Lösungsweg: Angenommen, nach Ablauf des Auslegungsverfahrens ergeht eine erste Teilgenehmigung, mit der die Errichtung des Reaktorbaus gestattet wird. Kurz bevor mit einer siebten Teilgenehmigung der Betrieb des Reaktors gestattet wird, ändert sich der Erkenntnisstand hinsichtlich der Vorsorge gegen Gefahren durch Flugzeugabstürze[84]; danach ist die Vorsorge nunmehr unzureichend. Nun stellt sich die Frage, ob ein Dritter unter Berufung auf den geänderten Erkenntnisstand mit Erfolg gegen die siebte Teilgenehmigung klagen kann.

Man könnte sich auf den Standpunkt stellen, der Dritte müßte diese Einwendung noch gegenüber der siebten Teilgenehmigung geltend machen dürfen; denn immerhin war es ihm tatsächlich unmöglich, eine derartige Einwendung bereits gegen die siebte Teilgenehmigung im Auslegungsverfahren zu erheben. Schließlich muß auch vor Erteilung der siebten Teilgenehmigung durch die Behörde gemäß § 18 Abs. 1 AtVfV geprüft werden, ob im Hinblick auf den Betrieb der gesamten Anlage die Genehmigungsvoraussetzungen vorliegen. Hieraus könnte zu folgern sein, daß Dritte die Betriebsgenehmigung sogar mit Einwendungen gegen die Errichtung anfechten können, soweit diese infolge geänderter Erkenntnisse vor Erteilung der Betriebsgenehmigung entstanden sind.

[83] Feldhaus, § 11 BImSchG, S. 7.

[84] Vgl. den Fall bei BVerwG, DVBl. 1981, 405.

Hiergegen läßt sich jedoch zunächst einwenden, daß das vorläufige positive Gesamturteil hinsichtlich bereits gebauter Anlagenteile nicht mehr in den Regelungsgehalt der Folgegenehmigung (hier der Betriebsgenehmigung) eingeht. Soweit ein solches Gesamturteil tatsächlich enthalten sein sollte, kann es allenfalls wiederholenden und damit keinen regelnden Charakter haben. Das BVerwG hält zudem entgegen, daß eine spätere Teilgenehmigung nicht mehr mit Einwendungen bekämpft werden könne, die thematisch zum Regelungsgehalt einer früheren Teilgenehmigung gehören[85]; vielmehr sei in solchen Fällen der Weg über § 17 AtG einzuschlagen. Das wird mit dem Hinweis auf die Entschädigungsregelung des § 18 AtG begründet, die umgangen werden könne, wenn Dritten bei veränderter Sach- oder Rechtslage die Einwendungsmöglichkeiten wieder eröffnet würden. Dritten bleibe nur der Weg, gegen die Genehmigungsbehörde eine Verpflichtungsklage auf Wiederaufgreifen des Verfahrens mit dem Ziel zu erheben, gemäß § 17 Abs. 3 - 5 AtG den Widerruf der früheren Teilgenehmigung auszusprechen[86]. Nunmehr wird deutlich, daß der Anwendungsbereich der genannten Präklusionsgrenze vom BVerwG eng verstanden wird. Bezogen auf die Vorschrift des § 7 Abs. 1 S. 2 AtVfV bedeutet dies, daß eine veränderte Sachlage oder ein veränderter Erkenntnisstand nur dann die Präklusion zu begrenzen vermag, wenn die Veränderung nach Ablauf der Auslegungsfrist, jedoch vor Erlaß der darauf folgenden Teilgenehmigung eintritt[87]. Dies läßt sich mittelbar auch aus den Überlegungen des BVerwG[88] schließen, für diesen Fall möglicherweise die Wiedereinsetzung in den vorigen Stand in das Genehmigungsverfahren zu gewähren[89]. Für alle anderen Fälle der Veränderung der Sach- oder Erkennt-

[85] BVerwG, DVBl. 1981, 405 (408, 409); dies verkennt das OVG Lüneburg, ET 1978, 612 (614, 615), wenn es eine Klage gegen die siebte Teilgenehmigung zuläßt mit Einwänden, die schon thematisch zur sechsten Teilgenehmigung gehörten. Damit übersieht das OVG insoweit auch den nur wiederholenden Charakter der siebten Teilgenehmigung. Schon genauer OVG Lüneburg, ET 1978, 44, das die Regelungsgehalte der Teilgenehmigungen miteinander vergleicht. Eine Abgrenzung der einzelnen Regelungsgehalte vermißt man auch bei Feldhaus, § 11 BImSchG, S. 10.

[86] Vgl. Breuer, DVBl. 1981, 300 (307); Mutschler, ET 1980, 165 (170); grundsätzlich zustimmend auch Rengeling, DVBl. 1981, 323 (327) mit dem weiteren Bedenken, daß bei einer permanenten Anfechtungsmöglichkeit aufgrund veränderter Sachlage die Interessen Dritter einseitig zu Lasten des Betreibers berücksichtigt würden. Rengeling geht jedoch offenbar davon aus, das BVerwG, DVBl. 1981, 1001 (1004) wolle eine derartig permanente Anfechtungsmöglichkeit eröffnen. — So wohl auch verstanden von Schulze-Osterloh, JuS 1981, 464 (465). — Diese Annahme ist m. E. verfehlt, da das BVerwG auf S. 1005 nicht etwa eine Klagemöglichkeit, sondern Wiedereinsetzung in das Genehmigungsverfahren erwägt.

[87] So ausdrücklich Mutschler, ET 1980, 165 (170); Hansmann in: Lukes VI, S. 274; in diesem Sinne wohl auch Fischerhof, AtG, § 7 b, Rdnr. 5.

[88] DVBl. 1980, 1001 (1005).

[89] Auch Mutschler, ET 1980, 165 (170) will hier den Rechtsgedanken des § 32 VwVfG anwenden.

nislage soll dann der aufgezeigte Weg über § 17 AtG zu beschreiten sein, wobei zum Ausdruck kommt, daß hier der Bestandsschutzgedanke zu Gunsten des Antragstellers gegenüber Drittinteressen überwiegt. Gegen ein Einwendungsvorbringen nach Ablauf der Auslegungsfrist können auch der Straffungs- und Konzentrationszweck des gestuften Genehmigungsverfahrens angeführt werden[90].

Den Ausführungen des BVerwG ist mit Einschränkungen zuzustimmen. Die Grenze der Präklusion durch Veränderung der Sach- oder Erkenntnislage kann nur ermittelt werden unter Einbeziehung von Überlegungen zur Bindungswirkung der jeweiligen Teilgenehmigung. Da eine Teilgenehmigung sowohl Elemente einer abschließenden gestaltenden Entscheidung als auch vorläufige feststellende Elemente[91], das vorläufige positive Gesamturteil, enthält, ist auch eine Differenzierung hinsichtlich der Bindungswirkung möglich. § 17 AtG wiederum ist eine Grenze der Bindungswirkung. Da das positive Gesamturteil nur vorläufigen Charakter hat, der Antragsteller in den Bestand des Urteils somit nur ein begrenztes Vertrauen setzen kann, kann auf eine Veränderung dieses Urteils § 17 AtG mit der Entschädigungsfolge des § 18 AtG nicht anwendbar sein. Daraus aber folgt, daß ein Dritter gegenüber einer Folgegenehmigung zwar aufgrund veränderter Umstände nichts einwenden kann, was bereits im Aussageteil einer vorangehenden Teilgenehmigung geregelt worden ist; insoweit ist er auf den Weg des § 17 AtG zu verweisen. Er kann aber seine Klage auf solche Einwendungen stützen, welche ihrerseits Punkte betreffen, die bisher nur Gegenstand des vorläufigen positiven Gesamturteils waren. In diesem Fall besteht keine enge Bindungswirkung und damit kein so schützenswertes Vertrauen des Antragstellers um zu rechtfertigen, daß Dritte auch insoweit mit einer Anfechtung ausgeschlossen werden. Die Präklusionsgrenze einer veränderten Sach- oder Erkenntnislage ist somit danach zu ziehen, ob der Gegenstand der Einwendung bislang schon abschließender Teil einer Teilgenehmigung war oder nur zum Gegenstand des vorläufigen positiven Gesamturteils gehörte[92].

c) Da Präklusion und *Bestandskraft* in einem wechselseitigen Verhältnis stehen, endet die Präklusion in dem Augenblick, in dem die Bestandskraft einer Teilgenehmigung beseitigt wird. Dies kann gemäß § 17

---

90 Vgl. Mutschler, ET 1980, 164 (170).

91 Das gilt auch für den Vorbescheid, vgl. Selmer / Schulze-Osterloh, JuS 1981, 393 (395).

92 Zu dieser Differenzierung vgl. Rengeling, DVBl. 1981, 323 (328); in diesem Sinne wohl auch Büdenbender / Mutschler, Rdnrn. 39, 119 mit ihrer Unterscheidung zwischen Primär- und Sekundärbindung.

AtG durch Widerruf oder Rücknahme der Teilgenehmigung geschehen. Ist die Teilgenehmigung beseitigt, so leben bei erneuter Antragstellung — nach Beseitigung der Aufhebungsgründe — die ehemals durch die Teilgenehmigung präkludierten Einwendungen wieder auf. Die Präklusion kann ebenso einem Anspruch[93] auf Beseitigung einer Teilgenehmigung nicht entgegenstehen. Der Anspruch auf Beseitigung der Bestandskraft muß Vorrang genießen vor einer starren Beachtung des Einwendungsausschlusses, der seinerseits erst zu einer Bestandskraft gegenüber dem Einwender geführt hat.

Auf dem Bestandskraftgedanken beruht auch eine weitere Präklusionsgrenze; eine nichtige Teilgenehmigung kann nicht in Bestandskraft erwachsen. Daraus folgt, daß trotz Versäumung der Einwendungsfrist eine Nichtigkeitsklage gemäß § 43 Abs. 2 S. 2 VwGO zulässig sein muß[94]. Die Präklusionsvorschriften, die die Bestandskraft der Teilgenehmigungen schützen sollen, gingen mangels Vorliegens einer solchen Bestandskraft ins Leere.

In der Zulassung einer Nichtigkeitsklage kann keine Umgehung der Präklusionsvorschriften gesehen werden. Für die Präklusion nach § 7b AtG liegt dies auf der Hand, da diese deckungsgleich ist mit dem Bestandskraftgedanken, eine nichtige Teilgenehmigung jedoch nicht in Bestandskraft erwachsen kann. Auch die Präklusionsanordnung des § 7 Abs. 1 S. 2 AtVfV wird hierdurch nicht auf Umwegen in Frage gestellt[95]. Zwar betreffen die Ausschlußwirkungen des § 7 Abs. 1 S. 2 AtVfV grundsätzlich den Personenkreis der Einwender, nicht aber die Einwendung selbst; doch Ausschluß-„Wirkungen" setzen einen wirksamen Verwaltungsakt voraus, so daß derartige Ausschlußanordnungen nicht von einer nichtigen Teilgenehmigung ausgehen können.

d) Ferner ist eine schuldlose Versäumung der Einwendungsfrist unschädlich, da der Bürger gemäß § 32 VwVfG die *Wiedereinsetzung* in den vorigen Stand verlangen[96] und dann seine Einwendungen erheben kann. Nicht etwa verbietet das Wesen der Präklusion eine Wiedereinsetzungsmöglichkeit[97]; es ist kein sachlicher Grund ersichtlich, der Frist des atomrechtlichen Einwendungsverfahrens gegenüber anderen gesetzlichen Fristen eine Vorzugstellung zu gewähren. Eine Wiedereinsetzung kommt begrifflich für das Genehmigungsverfahren nur solange in Be-

---

[93] Wann die Anspruchsvoraussetzungen vorliegen, soll einmal dahinstehen.

[94] Vgl. BVerwG, DVBl. 1980, 1009.

[95] Das OVG Koblenz, DÖV 1979, 525 (527) sieht eine Umgehung des alten § 3 Abs. 1 AtAnlV, da diese Präklusionsnorm Einwender und nicht Einwendungen ausschließe.

[96] BVerwG., DVBl. 1980, 1001 (1005); Bay VGH, ET 1979, 583 (591); VG Freiburg, DVBl. 1976, 804 (806); Rengeling, DVBl. 1981, 323 (326); Mutschler, ET 1980, 165 (169); Feldhaus, § 10 BImSchG, S. 29; Fischerhof, AtG, § 7b, Rdnr. 1; Sellner, Immissionsschutzrecht und Industrieanlagen, Rdnrn. 159, 365; Breuer in: Lukes VI, S. 260; Hansmann in: Lukes VI, S. 274; vgl. auch OVG Koblenz, DÖV 1979, 525 (526, 527).

[97] Vgl. Mutschler, ET 1980, 164 (169).

tracht, als die vorzubereitende Teilgenehmigung noch nicht ergangen ist. Wird Wiedereinsetzung in die Einwendungsfrist gewährt, so muß konsequenterweise für den betreffenden Einwender notfalls nachträglich ein Erörterungstermin eingerichtet werden.

Ist die Teilgenehmigung bereits erteilt, scheidet eine Wiedereinsetzungsmöglichkeit aus, da die Verfahrenshandlung ihren Abschluß gefunden hat[98]; konsequenterweise dürfen die Vertreter der materiellen Präklusion bei Bestehen der Wiedereinsetzungsvoraussetzungen jedoch eine Klagebefugnis nicht wegen Versäumung der Einwendungsfrist ablehnen.

e) Schließlich bleibt anzumerken, daß die Behörde nicht gehindert ist, verspätet vorgebrachte Einwendungen dennoch in ihrer Entscheidung zu berücksichtigen; das ergibt sich aus dem in § 24 Abs. 1 S. 1 VwVfG fundierten *Amtsermittlungsgrundsatz*[99]. Zwar ist die Genehmigungsbehörde nicht verpflichtet, verspätete Einwendungen zu erörtern, doch darf sie ihre Augen nicht vor verspäteten aber berechtigten Einwendungen verschließen, was dazu führen kann, daß sich der Präkludierte auf dem Umweg über den Amtsermittlungsgrundsatz Gehör verschafft. Verspätet erhobene Einwendungen kann die Genehmigungsbehörde als sachdienliche Hinweise[100] im weiteren Verfahren verwerten.

Die Möglichkeit, die Behörde als verpflichtet anzusehen, verspäteten Einwendungen nachzugehen, sofern dies im Interesse des öffentlichen Wohls liegt, ist abzulehnen[101]. Allein durch die Auslegungsschwierigkeiten des Begriffs des öffentlichen Wohls würde eine für das Verwaltungsverfahren und dessen Durchführbarkeit unerträgliche Rechtsunsicherheit eintreten.

Der verwaltungsgerichtliche Amtsermittlungsgrundsatz nach § 86 Abs. 1 VwGO stellt nach der von der herrschenden Meinung vertretenen Tatsachenpräklusion keine Präklusionsgrenze dar. Das Abschneiden des Tatsachenvortrags für den Verwaltungsprozeß kann nach dieser Ansicht nicht durch den Amtsermittlungsgrundsatz verwässert werden. In konsequenter Fortführung der Tatsachenpräklusion hat sich das Verwaltungsgericht bei seiner Prüfungstätigkeit auf das tatsächliche Vorbringen des Einwenders aus dem Verwaltungsverfahren zu beschränken. Zu einem anderen Ergebnis gelangen die Vertreter der Anspruchspräklusion, die die gerichtliche Amtsermittlung im Rahmen des nicht präkludierten Abwehranspruchs zulassen wollen[102]. Aber auch nach dieser Ansicht kann das Amtsermittlungsprinzip aus § 86 Abs. 1

---

[98] Vgl. Papier, NJW 1980, 313 (321).

[99] Vgl. Papier, NJW 1980, 313 (316); Sellner, Immissionschutzrecht und Industrieanlagen, Rdnrn. 157, 368; Feldhaus, § 10 BImSchG, S. 28.

[100] Vgl. Rengeling, JZ 1977, 542 (544).

[101] So wohl auch OVG Koblenz, DÖV 1979, 525 (527).

[102] Papier, NJW 1980, 313 (316, 317); Ule, BB 1979, 1009 (1013).

VwGO keine Präklusionsgrenze bilden, da sich die gerichtliche Tatsachenermittlung innerhalb des nicht präkludierten Abwehranspruchs bewegt, nicht aber bereits präkludierte Ansprüche in die Prüfung einbezieht.

5. Übersicht

Die gegenüberstehende Tabelle[103] gibt eine Übersicht über die Auswirkung einer Teilentscheidung im atomrechtlichen Genehmigungsverfahren und das Zusammenspiel zwischen Bindungs- und Präklusionswirkung:

[103] Entnommen aus Wilting, JA-Übungsblätter 1981, 113 (118).

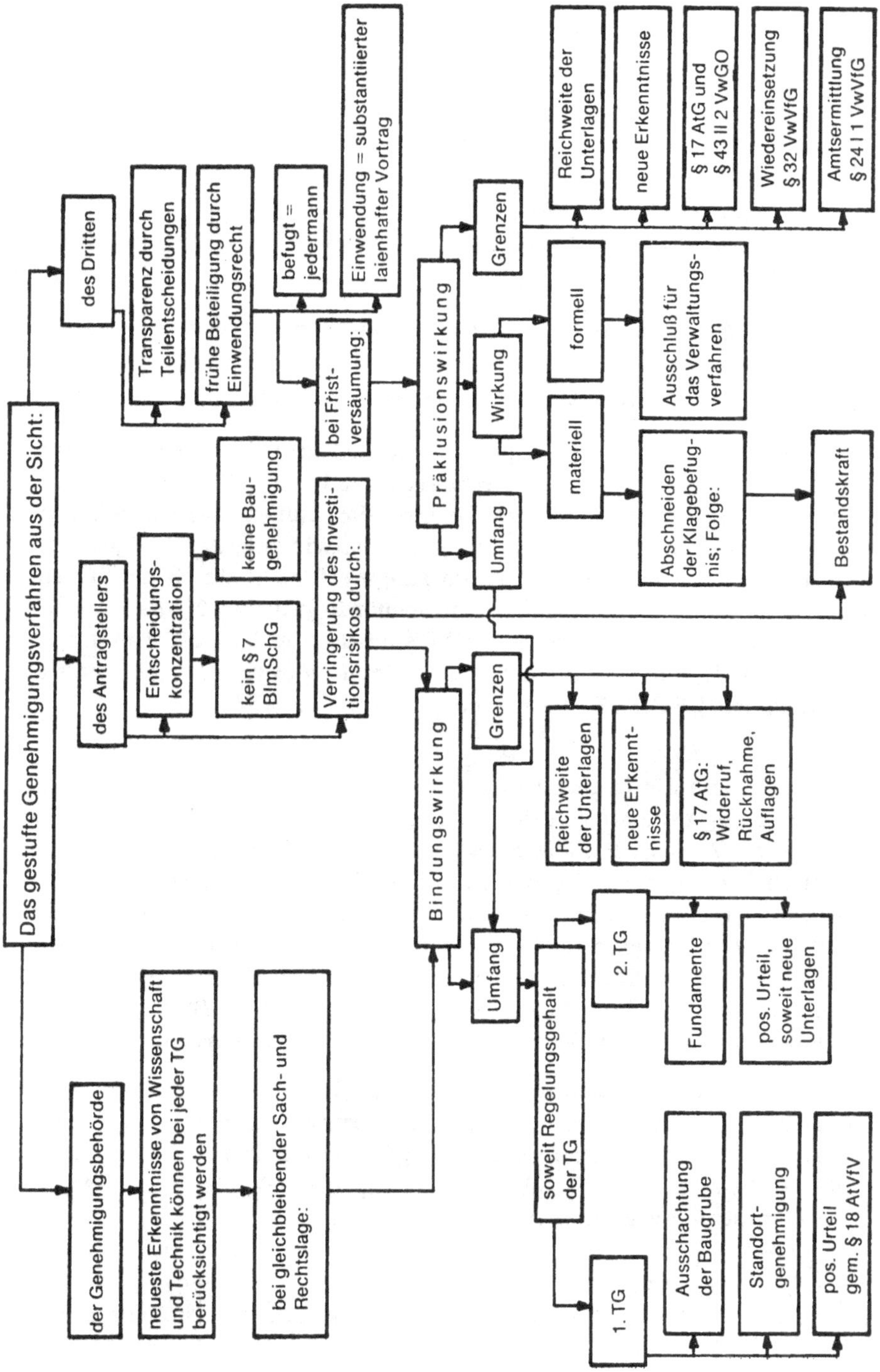
Das gestufte Genehmigungsverfahren aus der Sicht:
des Dritten
Transparenz durch Teilentscheidungen
frühe Beteiligung durch Einwendungsrecht
befugt = jedermann
Einwendung = substantiierter laienhafter Vortrag
bei Frist-versäumung:
Präklusionswirkung
Grenzen
Reichweite der Unterlagen
neue Erkenntnisse
§ 17 AtG und § 43 II 2 VwGO
Wiedereinsetzung § 32 VwVfG
Amtsermittlung § 24 I 1 VwVfG
Wirkung
formell
Ausschluß für das Verwaltungs-verfahren
materiell
Abschneiden der Klagebefug-nis; Folge:
Bestandskraft
Umfang
des Antragstellers
Entscheidungs-konzentration
keine Bau-genehmigung
kein § 7 BImSchG
Verringerung des Investi-tionsrisikos durch:
Bindungswirkung
Grenzen
Reichweite der Unterlagen
neue Erkennt-nisse
§ 17 AtG: Widerruf, Rücknahme, Auflagen
Umfang
soweit Regelungsgehalt der TG
2. TG
Fundamente
pos. Urteil, soweit neue Unterlagen
1. TG
Ausschachtung der Baugrube
Standort-genehmigung
pos. Urteil gem. § 18 AtVfV
der Genehmigungsbehörde
neueste Erkenntnisse von Wissenschaft und Technik können bei jeder TG berücksichtigt werden
bei gleichbleibender Sach- und Rechtslage:

Zweites Kapitel

Bürgerbeteiligung im atomrechtlichen Genehmigungsverfahren

§ 4 Gesetzeslage und herrschende Rechtsprechung

1. Bekanntmachung des Vorhabens

Nachdem unter Ausschluß der Öffentlichkeit das Raumordnungs- und Landesplanungsverfahren abgeschlossen und ein Standort für das Atomkraftwerk ausgewählt ist, beginnt das Genehmigungsverfahren. Da die atomrechtliche Genehmigung ein mitwirkungsbedürftiger Verwaltungsakt ist, wird das Genehmigungsverfahren durch schriftliche Antragstellung bei der Genehmigungsbehörde gemäß § 2 Abs. 1 AtVfV eingeleitet. Gemäß § 3 Abs. 1 AtVfV sind dem Antrag die Unterlagen beizufügen, die zur Prüfung der Genehmigungsvoraussetzungen, die sich vor allem aus § 7 Abs. 2 AtG ergeben, erforderlich sind.

a) Erst wenn die Unterlagen vollständig sind, erfährt die Öffentlichkeit erstmalig offiziell von dem Bauvorhaben. Dies geschieht nach § 4 Abs. 1 AtVfV durch Bekanntmachung des Vorhabens in dem amtlichen Veröffentlichungsblatt der Genehmigungsbehörde[1] und außerdem in örtlichen Tageszeitungen, die im Bereich des Standorts der Anlage, das heißt in deren mußmaßlichem Einwirkungsbereich[2], verbreitet sind. Unklar bleibt, ob nur der von den Auswirkungen des Normalbetriebs oder auch der von einem Nuklearunfall potentiell betroffene Bereich gemeint ist; eine Klarstellung im letzteren Sinne erscheint angebracht.

Der Inhalt der Bekanntmachung ist detailliert in § 5 Abs. 1 AtVfV vorgeschrieben; insbesondere ist darauf hinzuweisen, wo und wie lange die zur Auslegung bestimmten Unterlagen zur Einsicht bereitliegen und unter Hinweis auf die Präklusionswirkung des § 7 Abs. 1 S. 2 AtVfV zum Vortragen etwaiger Einwendungen aufzufordern.

---

[1] In Nordrhein-Westfalen: GV. NW.

[2] Feldhaus, § 10 BImSchG, S. 19; Sellner, NJW 1975, 801 (805); Bender in: Lukes V, S. 243.

Daß die Öffentlichkeit in ausreichendem Maße von dem geplanten Vorhaben erfährt, daran bestehen keine Zweifel[3]. Zwar werden die amtlichen Veröffentlichungsblätter der Genehmigungsbehörde in der Regel keinem der Betroffenen ohne weitere Umstände zugänglich sein; eine Veröffentlichung in den örtlichen Tageszeitungen wird jedoch den Zweck einer breiten Informationsstreuung nicht verfehlen. Selbst wenn die Veröffentlichung an versteckter Stelle erfolgen sollte — was bei amtlichen Bekanntmachungen der Regelfall ist — wird eine Multiplikation der Information durch mündliche Weitergabe erfolgen. Im übrigen wird auch die örtliche Presse an hervorgehobener Stelle auf das geplante Projekt und die Einwendungsmöglichkeiten hinweisen, so daß den Bürgern aus der Art und Weise der Veröffentlichung für ihre Beteiligungsmöglichkeit im Ergebnis kein Nachteil erwächst.

Zu bedenken ist aber, daß im Stadium vor der öffentlichen Bekanntgabe eine Kommunikation zwischen Behörde und Antragsteller stattfinden muß; dies geschieht unter *Ausschluß der Öffentlichkeit*[4]. Die Behörde gibt das Vorhaben gemäß § 4 Abs. 1 AtVfV erst öffentlich bekannt, wenn die zur Auslegung erforderlichen Unterlagen vollständig sind. Wann dies der Fall ist, kann nicht objektiv dem Gesetz entnommen werden, sondern unterliegt der Wertung der Genehmigungsbehörde. So gehört zu den auszulegenden Unterlagen gemäß § 6 Abs. 1 Nr. 2 AtVfV auch der Sicherheitsbericht nach § 3 Abs. 1 Nr. 1 AtVfV. Dieser muß die anlagen- und betriebsbezogenen Auswirkungen und Gefahren beschreiben und die nach dem Stand von Wissenschaft und Technik erforderlichen Vorsorgemaßnahmen darlegen. Die Behörde muß überprüfen, ob die Unterlagen insoweit vollständig sind. Dabei hat sie zwangsläufig eine Vorprüfung darüber anzustellen, ob die möglichen Auswirkungen und Gefahren hinreichend gekennzeichnet sind; ferner wird sie den Begriff der „Erforderlichkeit“ der Vorsorgemaßnahmen anhand der vorliegenden wissenschaftlichen und technischen Erkenntnisse auszuwerten haben. Weisen die Unterlagen des Antragstellers insoweit Lücken oder Mängel auf, wird eine Kommunikation zwischen Behörde und Antragsteller stattfinden, bei der eine Vorabklärung wichtiger Genehmigungsvoraussetzungen unter Ausschluß der Öffentlichkeit stattfinden kann[5]. Diese Vermutung ist nicht unberechtigt, da vielfach der Anlagenbetreiber mit der öffentlichen Hand personell verquickt und identisch ist. So kommt es vor, daß ein Landesministerpräsident dem Aufsichtsrat eines Elektroversorgungsunternehmens und Kraftwerksbetreibers vorsteht[6]. Zumindest ist es nicht ungewöhnlich, daß eine juristische Person des öffentlichen Rechts Geschäftsanteile des

[3] Die Bedenken von Wolfrum, DÖV 1979, 497 (500) können insoweit nicht geteilt werden.

[4] Vgl. dazu Mutschler, ET 1978, 505 (506), der darin jedoch keine verfahrensrechtlichen Nachteile für Dritte sieht.

[5] Vgl. Feldhaus, § 10 BImSchG, S. 12.

[6] Für das Land Baden-Württemberg vgl. de Witt, DVBl. 1980, 1006 (1008).

Kraftwerksbetreibers hält[7]. Die Genehmigungsbehörde hat somit vielfach ein doppeltes eigenes Interesse daran, daß die ausgelegten Unterlagen einer Beanstandung durch Einwender standhalten. Das beruht einerseits auf der genannten Verzahnung zwischen öffentlicher Hand und Energieversorgungsunternehmen; andererseits entspricht die Förderung der Atomenergie den energiepolitischen Konzepten der meisten Landesregierungen. Im Vorfeld vor der öffentlichen Bekanntmachung kann es daher bereits zu Absprachen und Kompromissen zwischen Behörde und Antragsteller kommen, auf die die Öffentlichkeit keinen Einfluß nehmen kann[8]. In solchen Verhandlungen wird häufig auch der Umfang eines Teilgenehmigungsabschnitts festgelegt[9]. Dieses Vorgehen läßt sich unmittelbar mit dem Gesetz, und zwar mit § 3 Abs. 4 AtVfV belegen. Danach hat der Antragsteller auf Verlangen der Genehmigungsbehörde die Unterlagen zu ergänzen, falls diese für eine Prüfung nicht ausreichen. Zu diesen Unterlagen gehört auch der auszulegende Sicherheitsbericht gemäß §§ 6 Abs. 1 Nr. 2, 3 Abs. 1 Nr. 1 AtVfV. § 3 Abs. 4 AtVfV zeigt daher, daß auch hinsichtlich der für die Öffentlichkeit bestimmten Unterlagen eine Vorprüfung durch die Genehmigungsbehörde und eine Unterredung mit dem Antragsteller stattfindet. Eine derartige Fühlungnahme[10] mit der Behörde ist auch im dringenden Interesse des Antragstellers; angesichts seiner beträchtlichen Investitionen ist eine frühzeitige Kenntnis vom Vorliegen oder Nichtvorliegen der Genehmigungsvoraussetzungen bedeutsam. Der Antragsteller wird kein Risiko eingehen wollen und ohne vorherige Abklärung der Genehmigungsvoraussetzungen des § 7 Abs. 2 AtG mit der Behörde seinen Antrag nicht einreichen. Hierzu wird er der Genehmigungsbehörde vorab seine Unterlagen bereitstellen.

Die zur Veröffentlichung gelangenden Unterlagen werden daher bereits einer Vorprüfung und Billigung durch die Behörden unterzogen worden sein. Insofern besteht die Gefahr, daß die Genehmigungsbehörde bereits mit einer vorgefaßten Ansicht die Einwendungen der Öffentlichkeit entgegennimmt[11]. Zumindest aber kann als nachteiliger Effekt ein Mißtrauen bei Nachbarn aufgrund des Eindrucks entstehen,

---

[7] Vgl. Wiedemann in: Lukes V, S. 261, ferner Knüppel, DÖV 1981, 19 (20); dieser spricht von einer „staatlich-privativen Einheit". Ob die Verwaltung tatsächlich die Rolle eines Neutralen zwischen Antragsteller und Dritten einzunehmen vermag, wie es Wolfrum, DÖV 1979, 497 (501) meint, mag daher bezweifelt werden.

[8] Vgl. die Bedenken bei de Witt, DVBl. 1981, 1006 (1008).

[9] Vgl. Feldhaus, § 8 BImSchG, S. 5.

[10] Ossenbühl, DVBl. 1981, 65 (68).

[11] Steinberg, ZRP 1982, 113 (118) spricht von vorzeitiger Selbstbindung; angesichts dieser Bedenken erscheint der Hinweis von Mutschler, ET 1978, 505 (506) nicht ausreichend, daß Einwender die Festlegungen der Behörde aus Vorverhandlungen dadurch umstoßen könnten, indem sie diese Gesichtspunkte der Behörde im Verwaltungsverfahren zur Entscheidung stellen.

Antragsteller und Genehmigungsbehörde hätten bereits intern eine Einigung über die Genehmigungsfähigkeit des Vorhabens erzielt[12]. Um den Zweck des Genehmigungsverfahrens nicht durch solches Mißtrauen zu gefährden, wird daher vorgeschlagen, die Öffentlichkeit an den dargestellten Vorverhandlungen zu beteiligen[13]; wie dies allerdings praktisch und technisch geschehen soll, bleibt offen.

b) Von ihrem Wortlaut geht die AtVfV davon aus, daß vor Erlaß einer jeden Teilgenehmigung ein Bekanntmachungsverfahren, also ein *förmliches Verwaltungsverfahren* mit Öffentlichkeitsbeteiligung stattzufinden hat[14]. Bereits im Zusammenhang mit den Präklusionsvorschriften ist aber angesprochen worden, daß in der Praxis ein Auslegungsverfahren grundsätzlich reserviert ist für das Verfahren zur Erteilung der ersten Teilgenehmigung. Diese Praxis stützt sich auf § 4 Abs. 2 AtVfV, wonach von der Bekanntmachung und Auslegung vor Erteilung einer weiteren Teilgenehmigung abgesehen werden kann, wenn ein *erneutes Auslegungsverfahren* keine weiteren Umstände offenbaren würde, die für die Belange Dritter erheblich sein können (vgl. § 4 Abs. 2 Nr. 2 AtVfV). Diese Voraussetzungen liegen in der Regel vor, wenn im Laufe des Genehmigungsverfahrens von der ursprünglichen Grundkonzeption des Atomkraftwerks in nicht sicherheitsrelevanter Weise abgewichen wird[15]. Allein der Umstand, daß mit einer Folgegenehmigung eine wesentliche Veränderung der Anlage einhergehen soll, zieht noch nicht zwingend ein erneutes Auslegungsverfahren nach sich; die Frage der Öffentlichkeitsbeteiligung ist erst in einem nächsten[16] Schritt anhand von § 4 Abs. 2 AtVfV von der Genehmigungsbehörde zu prüfen[17]. Eine wesentliche Anlagenänderung[18] hat also erst dann eine erneute Öffentlichkeitsbeteiligung zur Folge, wenn die Änderung gleichzeitig in sicherheitsrelevanter Weise für Dritte erheblich sein kann. Der Zugang zu einer erneuten Öffentlichkeitsbeteiligung hängt also entscheidend davon ab, wie man den Passus „für die Belange Dritter erheblich sein können“ i. S. d. § 4 Abs. 2 Nr. 2 AtVfV auslegt.

---

[12] Vgl. Feldhaus, § 10 BImSchG, S. 12; Blümel in: Lukes V, S. 226.

[13] Feldhaus, § 10 BImSchG, S. 12.

[14] Vgl. OVG Lüneburg, DVBl. 1981, 644.

[15] Vgl. Ossenbühl, DÖV 1981, 1 (10); Büdenbender / Mutschler, Rdnr. 307.

[16] Vgl. OVG Lüneburg, DVBl. 1981, 644; VG Arnsberg, DVBl. 1981, 648; Ossenbühl, DÖV 1981, 1 (9, 10) und DVBl. 1981, 65 (70).

[17] Diese beiden Stufen werden nicht gesehen oder zumindest nicht deutlich herausgearbeitet vom BVerfG, DVBl. 1980, 356 (359, 360); dieses unterscheidet nicht zwischen der Genehmigungsbedürftigkeit aus § 7 Abs. 1 AtG und der Notwendigkeit einer Öffentlichkeitsbeteiligung nach § 4 AtVfV.

[18] Zum Begriff der Wesentlichkeit vgl. BVerfG, DVBl. 1980, 356 (359); OVG Lüneburg, DVBl. 1981, 644 (645); VG Arnsberg, DVBl. 1981, 648; Ossenbühl, DVBl. 1981, 65 (67).

Zu den Belangen Dritter gehören, argumentiert mit dem Hauptschutzzweck des AtG aus § 1 Nr. 2 AtG, naturgemäß Leben, Gesundheit und Eigentum[19].

Eine Auslegung des Begriffs der „Erheblichkeit" für die Belange Dritter kann einmal extensiv derart geschehen, indem man es ausreichen läßt, daß die Anlagenänderung mehr als nur offensichtlich unerhebliche Auswirkungen auf das Sicherheitsniveau der Anlage haben kann, sich also neue Tatsachen oder Gefahrenlagen auftun, die die Anlagensicherheit verschlechtern und damit erheblich sein können für die Geltendmachung von Belangen Dritter[20]. Danach ist eine erneute Auslegung nur dann entbehrlich, wenn die Anlagenänderung eindeutig sicherheitstechnische Verbesserungen bringt[21]. § 4 Abs. 2 AtVfV käme somit der Charakter einer Ausnahmeregelung[22] zu.

Auch eine restriktive Auslegung zu Lasten einer Bürgerbeteiligung ist denkbar. Man könnte sich auf den Standpunkt stellen, daß es zunächst einmal Sache der Genehmigungsbehörde ist, durchzuprüfen, ob sich tatsächlich neue sicherheitsrelevante Aspekte ergeben[23], also nicht schon dann über ein erneutes Auslegungsverfahren zu befinden, wenn das Sicherheitsniveau offensichtlich nicht nur unerheblich beeinflußt wird. Diese Überlegungen stellen die Bewertung des § 4 Abs. 2 AtVfV als eine Vorschrift zur Verfahrensvereinfachung und Entlastung der Genehmigungsbehörde[24] in den Vordergrund. Danach soll positiv im Sinne einer Öffentlichkeitsbeteiligung nur zu entscheiden sein, wenn die Behörde zu dem Ergebnis gelangt, daß eine Anlagenänderung eindeutig zu neuen Gefahren führt und diese nicht behoben werden können, oder zumindest ernsthafte Zweifel über das Bestehen oder Nichtbestehen solcher Gefahren nicht auszuräumen sind[25].

Die Entscheidung über den Anwendungsbereich des § 4 Abs. 2 AtVfV muß danach ausfallen, welche Bedeutung man einer Bürgerbeteiligung beimißt, bzw. wie hoch man die Schwelle für eine Bürgerbeteiligung ansetzt. Letztlich ist das Problem auf die Frage zurückzuführen, welche

---

[19] Vgl. Ossenbühl, DVBl. 1981, 65 (70).

[20] OVG Lüneburg, DVBl. 1981, 644 (645, 646); de Witt, DVBl. 1981, 649 (650); Simon / Heußner, DVBl. 1980, 361 (364).

[21] So OVG Lüneburg, DVBl. 1981, 644 (647); wohl auch VG Arnsberg, DVBl. 1981, 648.

[22] So OVG Lüneburg, ET 1978, 612 (615) zum Vorgänger des § 4 Abs. 2 AtVfV, dem § 2 Abs. 4 AtAnlV.

[23] So Ossenbühl, DVBl. 1981, 1 (10), der sogar bezweifelt, ob selbst diese Auslegung des § 4 Abs. 2 Nr. 2 AtVfV verfassungsrechtlich geboten ist, vgl. NJW 1981, 375 (377).

[24] Vgl. Ossenbühl, DVBl. 1981, 65 (70).

[25] Ossenbühl, DVBl. 1981, 65 (71).

Verfahrensrechte dem Bürger zwecks Erreichung eines wirksamen Grundrechtsschutzes zuzubilligen sind. Auszugehen ist vom *Hauptschutzzweck des AtG*, der sich aus § 1 Nr. 2 AtG ergibt. Das Genehmigungsverfahren mit seiner Bürgerbeteiligung dient nicht allein dazu, die Genehmigungsbehörde in einen bestmöglichen Erkenntniszustand zu versetzen; zur Wahrung seiner Grundrechtsposition aus Art. 2 Abs. 2 S. 1 GG soll es dem Bürger einen frühzeitigen Grundrechtsschutz gewähren[26]. Art. 2 Abs. 2 S. 1 GG ist daher bei der Auslegung der Beteiligungsrechte, also auch bei der Auslegung des § 4 Abs. 2 AtVfV als oberste Richtschnur zu berücksichtigen[27]. Wegen der möglichen Gefahren[28] durch den Betrieb eines Atomkraftwerks und allgemein durch die friedliche Nutzung der Kernenergie ist der Rechtsverwirklichung der potentiell gefährdeten Dritten ein besonderer Stellenwert einzuräumen. Dies sollte dazu führen, im Zweifel die Voraussetzungen des § 4 Abs. 2 Nr. 2 AtVfV zu verneinen; im Zweifel sollte also dem Grundrechtsschutz auf Kosten einer Verfahrensbeschleunigung und -vereinfachung der höhere Stellenwert eingeräumt werden. Für die Eröffnung einer Drittbeteiligung im Verwaltungsverfahren muß daher die Möglichkeit ausreichen, daß die Positionen Dritter verschlechtert werden können. Dies zu überprüfen, kann nicht allein Sache der Genehmigungsbehörde sein[29]. Da es gerade darum geht festzustellen, ob durch die Anlagenänderung Drittbelange negativ beeinflußt werden können, ist den möglichen Betroffenen die Gelegenheit zu geben, die Behörden über die beeinträchtigten Belange zu informieren[30].

Durch eine Eröffnung des Auslegungsverfahrens wird nicht etwa die Loyalität und Gesetzmäßigkeit der öffentlichen Verwaltung in Zweifel gezogen[31]. Ein Auslegungsverfahren kann sogar eher dazu führen, die Genehmigungsbehörde mit umfassenderen Informationen zu versorgen und damit die Gesetzmäßigkeit der Verwaltung im Sinne einer Richtigkeit der Entscheidung zu fördern. Gerade die Beurteilung sicherheits-

[26] Vgl. OVG Lüneburg, DVBl. 1981, 644 (646); VG Arnsberg, DVBl. 1981, 648; Simon / Heußner, DVBl. 1980, 361 (363); dies anerkennt auch Ossenbühl, DVBl. 1981, 65 (69, 70).

[27] Vgl. Wagner / Nobbe, NJW 1978, 1028 (1029); Wagner, DVBl. 1978, 839 (841); auch BVerfG, DVBl. 1980, 356 (358, 360) nimmt Art. 2 Abs. 2 S. 1 GG zum Maßstab für das Genehmigungsverfahren.

[28] Diese Gefahrenlage wird in Abrede gestellt von Rauschning, DVBl. 1980, 831 (832); dieser sieht in einer Nichtbeteiligung entgegen § 4 Abs. 2 AtVfV keine Gefahr einer Grundrechtsbeeinträchtigung unter Verkennung der besonderen Bedeutung der Verfahrensrechte für einen effektiven Grundrechtsschutz.

[29] Vgl. OVG Lüneburg,DVBl. 1981, 644 (646).

[30] Vgl. OVG Lüneburg, DVBl. 1981, 644 (646); Simon / Heußner, DVBl. 1980, 361 (364).

[31] Dies befürchtet Ossenbühl, DVBl. 1981, 1 (10) und DVBl. 1981, 65 (70).

technischer Fragen beruht in der Regel auf der Verarbeitung gegenläufiger Positionen und führt zur Schließung von Kompromissen. Bei jeder Anlagenänderung ist grundsätzlich ein neuer sicherheitstechnischer Kompromiß zu schließen[32]. Im Lichte des Art. 2 Abs. 2 S. 1 GG sind Dritte daher im Zweifel am Genehmigungsverfahren zu beteiligen, wenn neue Umstände für ihre Belange erheblich sein könnten[33], damit ihre Grundrechtspositionen optimal gewahrt sind. Daß dies auf Kosten der mit § 4 Abs. 2 AtVfV ebenfalls bezweckten Verfahrensbeschleunigung gehen kann, ist mit Rücksicht auf einen optimalen Grundrechtsschutz Dritter in Anbetracht der potentiellen Gefahren hinzunehmen[34].

2. Auslegung der Unterlagen

Frühestens eine Woche nach der öffentlichen Bekanntmachung des Vorhabens (vgl. § 5 Abs. 2 AtVfV) werden die in § 6 Abs. 1 AtVfV aufgeführten Unterlagen öffentlich ausgelegt, damit die Öffentlichkeit zwecks Erforschung möglicher Einwendungen Einsicht nehmen kann. Die Auslegungsfrist beträgt nunmehr zwei Monate, während der Vorgänger der AtVfV, die AtAnlV[35], in § 3 Abs. 1 noch eine kürzere Frist von einem Monat vorsah. Auch dieser Verfahrensabschnitt bringt Ansatzpunkte für eine Kritik an der Art und Weise der vorgesehenen Bürgerbeteiligung.

a) Wahl des Auslegungsortes

In die Kritik muß zunächst die Wahl des Auslegungsortes einbezogen werden. § 6 Abs. 1 AtVfV geht offenbar davon aus, daß die Auslegung bei einer örtlichen Behörde in der Nähe des Kraftwerksstandortes stattfindet[36]; denn in § 6 Abs. 1 AtVfV ist von „Dienststunden" die Rede. Die getroffene Wahl des Gesetzgebers wird von Sachzwängen und praktischen Überlegungen bestimmt worden sein. Werden die Unterlagen bei einer öffentlichen Behörde ausgelegt, bedarf es weder der Anmietung eigens dafür zu nutzender Räume, noch müssen zusätz-

---

[32] Vgl. auch Breuer, DVBl. 1978, 829 (834), wonach selbst eine verbesserte Berstsicherung ihrerseits wieder gefahrenerhöhende Momente hervorruft.

[33] Vgl. de Witt, DVBl. 1981, 649 (650).

[34] So OVG Lüneburg, DVBl. 1981, 644 (647) und Simon / Heußner, DVBl. 1980, 361 (364).

[35] Vom 29. 10. 1970 (BGBl. I, S. 1518), durch § 22 Abs. 2 AtVfV außer Kraft gesetzt.

[36] Die Auslegungen erfolgen in der Praxis in den Räumen der Genehmigungsbehörde und in den Räumen der Gemeinde- und/oder Kreisverwaltung am Standort des Atomkraftwerks; vgl. beispielsweise die Bekanntmachungen zu den Kraftwerken Kalkar, Vahnum und Würgassen, GV. NW 1972, 2, GV. NW 1976, 347 und GV. NW 1971, 143.

liche Arbeitskräfte abgestellt werden. Für die Gewährleistung einer möglichst umfassenden Bürgerbeteiligung ist die Wahl des Auslegungsortes jedoch nicht unbedingt als förderlich zu bezeichnen. Die Scheu des Bürgers, Verwaltungsgebäude zu betreten, ist hinreichend bekannt; auch die vielbeklagte Staatsverdrossenheit mag eine Rolle spielen. In der Regel sucht der Bürger die Verwaltung auf, wenn er entweder dazu aufgefordert wird, oder wenn es um seine ganz eigenen und ihn unmittelbar berührenden Interessen geht (z. B. Kfz-Anmeldung, Sozialhilfe, Bauanträge etc.). Bei der Einwendungsmöglichkeit der AtVfV handelt es sich aber um ein „Kann", ein Recht, das wahrzunehmen eines freiwilligen Entschlusses und eines gewissen Eigenantriebs, vor allem aber auch eines gewissen Zeitaufwands bedarf. Bereits diese äußeren Umstände können sich negativ auf eine Bürgerbeteiligung auswirken. Darüber vermögen die Zahlen über die eingegangenen Einwendungen aus der Praxis, die oft die 100 000er Grenze[37] erreichen, nicht hinwegzutäuschen. Die meisten Einwender haben nicht etwa den Weg in die Büroräume der Auslegungsbehörde gesucht, sondern ihren Namen auf vorgefertigte Listen organisierter Umweltschutzgruppen gesetzt[38]. Von einer auf individueller Information durch Einsichtnahme in die ausgelegten Unterlagen basierenden Einwendung kann man daher im Regelfall nicht sprechen[39].

b) Dauer der Auslegungsfrist

Ein weiteres, das Auslegungsverfahren betreffendes Bedenken knüpft an die Dauer der Auslegungsfrist an. Diese ist zwar von einem Monat auf zwei Monate verlängert worden; ob die Zwei-Monats-Frist eine hinreichende Bürgerbeteiligung gewährleistet, erscheint angesichts der komplexen Entscheidungsmaterie fraglich[40]. Zu bedenken ist, daß die Planung eines Atomkraftwerks sich nicht innerhalb weniger Wochen vollzieht. Vielmehr hat der Antragsteller durch seine intensiven Vorarbeiten einen erheblichen zeitlichen und wissensmäßigen Vorsprung vor den möglichen Einwendern. Von diesen aber wird verlangt, sich innerhalb von zwei Monaten in die Unterlagen einzulesen, sie zu verstehen und Einwendungen zu artikulieren. Das BVerwG sieht in dem Einwendungsverfahren ein Mehr an Rechtsschutzgewährung und die Möglichkeit des Bürgers, in einem frühen Verfahrensstadium Einfluß

[37] Genauere Zahlenbeispiele bei von Mutius, DVBl. 1978, 665 (667); Listl, DVBl. 1978, 10 (11); Lauer in: Lukes III, S. 50.

[38] Vgl. Lauer in: Lukes III, S. 50.

[39] Nach Mutschler, ET 1978, 505 (506, 507) haben selbst bei Tausenden von Einwendungen kaum mehr als zwei Dutzend die ausgelegten Unterlagen tatsächlich eingesehen; vgl. auch von Mutius, DVBl. 1978, 665 (667).

[40] Zweifel auch bei Schulz, DVBl. 1977, 326; Bender in: Lukes V, S. 244 hält sie für nicht ausreichend.

auf das Projekt zu nehmen[41]. Diese Behauptungen werden noch eingehend zu überprüfen sei. Im Vordergrund muß das Bemühen stehen, einen angemessenen und gerechten Ausgleich zu finden zwischen dem Interesse des Kraftwerksbetreibers — und nicht zuletzt auch der staatlichen Energiepolitik — an einem zügigen Genehmigungsverfahren und der Forderung der Öffentlichkeit an größtmöglicher Information und Beteiligung.

Was die Dauer der täglichen Auslegung betrifft, so ist durch § 6 Abs. 1 AtVfV Klarheit geschaffen worden. Während es in § 2 Abs. 3 S. 1 AtAnlV lediglich hieß, daß eine öffentliche Auslegung stattzufinden habe, hat sich die tägliche Auslegung nunmehr auf die Dienststunden — und nicht etwa nur auf die Sprechstunden[42] — der Behörde des Auslegungsortes zu erstrecken. Zweifelsfragen, ob etwa drei oder vier Vormittagsstunden[43] täglich ausreichend sind, können sich nicht mehr ergeben. Einer bis an die Grenzen der Willkür reichenden Auslegungspraxis ist damit im Interesse der Einwender vorgebeugt.

c) Umfang der Unterlagen

Schließlich bietet das Auslegungsverfahren im Hinblick auf den Umfang der ausgelegten Unterlagen Anlaß zu kritischen Überlegungen. Ausgelegt werden nicht etwa die vollständigen Akten über das Genehmigungsverfahren mit sämtlichen sicherheitstechnischen Einzelheiten. Der Umfang der Auslegungsunterlagen ergibt sich aus § 6 Abs. 1 AtVfV.

aa) Hierzu gehört zum einen der *Antrag des Kraftwerksbetreibers.* Der Inhalt des Antrags wiederum läßt sich § 2 Abs. 2 AtVfV entnehmen.

Name und Sitz des Antragstellers werden wohl kaum Gegenstand von Einwendungen sein, ebenso wenig die Frage, ob eine Vollgenehmigung, Teilgenehmigung oder ein Vorbescheid beantragt wird.

Der Antrag muß ferner den Standort der Anlage bezeichnen. Diese Information hat die Bevölkerung bereits den Tageszeitungen entnommen, ebenso die Angaben über Art und Umfang der Anlage, da der Antrag gemäß § 5 Abs. 1 S. 2 AtVfV bereits zum Inhalt der öffentlichen Bekanntmachung gehört. Die Angaben über Art und Umfang der Anlage können und werden sich auf globale Beschreibungen unter Aus-

---

41 Vgl. BVerwG, DVBl. 1980, 1001 (1003, 1004).

42 Feldhaus, § 10 BImSchG, S. 22.

43 Vgl. zur täglichen Frist aus § 2 Abs. 3 S. 1 AtAnlV BVerwG, DVBl. 1981, 405 (408), welches bei minder großem Andrang von Interessenten drei Stunden ausreichen ließ. Eine zeitliche Grenze sollte erst dort liegen, wo die Möglichkeit der Einsichtnahme unzumutbar erschwert wird. Vgl. ferner OVG Lüneburg, ET 1978, 612 (616).

sparung von Einzelheiten beschränken. Dort sind Typenbezeichnungen wie Leichtwasserreaktor, Schneller Brüter oder Schneller Brutreaktor, Druckwasserreaktor, Siedewasserreaktor, Kompaktbauweise, Thorium Hochtemperaturreaktor (THTR) usw. zu finden. Insgesamt wird der Inhalt des Antrags in der Regel nur zu ebenfalls globalen oder prinzipiellen Einwendungen Anlaß geben[44].

bb) Zu den ausgelegten Unterlagen zählt weiterhin der *Sicherheitsbericht* nach § 3 Abs. 1 Nr. 1 AtVfV. Die Aufgabe des Sicherheitsberichts soll es sein, in der gebotenen Kürze Dritte ausreichend über die Möglichkeit ihrer Betroffenheit zu informieren, ohne zu sehr ins Detail zu gehen, wie dies innerhalb der Einzelunterlagen erfolgt[45]. Schon von daher könnte der Antragsteller geneigt sein, allzu pauschale Erläuterungen in den Sicherheitsbericht einfließen zu lassen. Zu bedenken ist insbesondere, daß der Bericht vom Antragsteller abgefaßt worden ist, der selbstverständlich bemüht sein wird, die geplante Anlage als sicherheitstechnisch unbedenklich, umweltfreundlich und ungefährlich darzustellen[46].

Die weiteren Angaben, die der Antragsteller gemäß § 3 Abs. 1 Nr. 2 - 8 AtVfV der Behörde zwecks Prüfung der Genehmigungsvoraussetzungen vorlegen muß, werden nicht zum Gegenstand der öffentlichen Auslegung und Kenntnisnahme gemacht. Sie verbleiben vielmehr in den Verfahrensakten der Genehmigungsbehörde. Ein *Akteneinsichtsrecht* für Drittbeteiligte ist in § 6 Abs. 3 AtVfV vorgesehen. Dabei handelt es sich aber nicht um einen Anspruch auf Akteneinsicht, sondern auf eine pflichtgemäße Ermessensentscheidung der Behörde[47]. Ein Anspruch auf Akteneinsicht gemäß § 29 Abs. 1 VwVfG besteht nicht. Zum einen sind die Einwender keine Verfahrensbeteiligten i. S. d. §§ 29 Abs. 1, 13 Abs. 1 VwVfG; andererseits findet das VwVfG insoweit auch gar keine Anwendung, da mit § 6 Abs. 3 AtVfV eine entgegenstehende Vorschrift getroffen worden ist[48]. Die unterschiedlichen Regelungen beider Gesetze können so zu erklären sein, daß das atomrechtliche Genehmigungsverfahren wegen seiner weiten Öffentlichkeitsbeteiligung ein Massenver-

---

[44] Aus der Praxis vgl. etwa die Bekanntmachungen zu den Kraftwerken Kalkar und Vahnum, GV. NW 1972, 2 und GV. NW 1976, 346.

[45] Vgl. OVG Lüneburg, DVBl. 1981, 644 (645).

[46] Vgl. die Bedenken bei de Witt, DVBl. 1980, 1006 (1007) und in: Lukes V, S. 275, ferner Wolfrum, DÖV 1979, 497 (500); insofern werden sich die vom BVerfG, DVBl. 1980, 356 (359) an den Sicherheitsbericht gestellten Erwartungen kaum befriedigend erfüllen lassen.

[47] Vgl. auch Mutschler, ET 1978, 505 (507); von Mutius, DVBl. 1978, 665 (668); Winters, Atom- und Strahlenschutzrecht, S. 86.

[48] Vgl. § 1 Abs. 1 BVwVfG; dazu auch von Mutius, DVBl. 1978, 665 (668, 669).

fahren ist, und der Behördenbetrieb bei einem uneingeschränkten Akteneinsichtsrecht beeinträchtigt werden könnte[49]. Dennoch muß die Regelung des § 6 Abs. 3 AtVfV als unbefriedigend[50] bezeichnet werden, zumal in der Praxis der Behördenandrang — wie bereits erwähnt — sehr gering ist[51], die Behörde jedoch mit einer zusätzlichen Ermessensentscheidung belastet wird.

Zudem kann das Akteneinsichtsrecht leicht verwässert werden, da bei geheimhaltungspflichtigen Vorgängen die Behörde nicht zur Einsichtgewährung verpflichtet ist; das ergibt sich aus § 29 Abs. 2 VwVfG, der gemäß § 6 Abs. 3 AtVfV anwendbar ist. Gerade auf dem Gebiet der Kernenergie wird es leichtfallen, einen Vorgang aus Gründen der inneren oder äußeren Sicherheit für geheimhaltungspflichtig zu deklarieren. Erst recht besteht für Außenstehende kein Zugang zu Betriebsgeheimnissen des Antragstellers; dieser hat ein Recht auf Geheimhaltung[52]. Auf diese Weise könnten sicherheitstechnisch brisante und bedeutsame Unterlagen auf Dauer der Öffentlichkeit verschlossen bleiben; diese brauchten nur zum Betriebsgeheimnis erklärt zu werden[53]. Ob es sich im Einzelfall um ein Betriebsgeheimnis handelt, hat der Antragsteller zu entscheiden; geschieht dies nach Auffassung der Genehmigungsbehörde zu Unrecht, hat sie die Möglichkeit, den Genehmigungsantrag zurückzuweisen[54]. Ob das in der Praxis tatsächlich geschehen wird, mag bezweifelt werden; vielmehr werden Behörde und Antragsteller bemüht sein, bereits im Vorfeld des Auslegungsverfahrens im Rahmen der üblicherweise stattfindenden Kommunikation Differenzen zu bereinigen.

Bei ihrer Entscheidung über die Gewährung von Akteneinsicht sollte die Behörde im Zweifel dem Antrag stattgeben, wenn ansonsten zu besorgen ist, daß bei Dritten der Eindruck entsteht, daß ihnen für die Wahrnehmung ihrer Mitwirkungsrechte wesentliche Informationen vorenthalten werden[55].

---

[49] Vgl. Wagner / Krech, ATW 1978, 18 (19); von Mutius, DVBl. 1978, 665 (667); Schulz, DVBl. 1977, 326 (328); Feldhaus, § 10 BImSchG, S. 23; Winters, Atom- und Strahlenschutzrecht, S. 86; Bender in: Lukes V, S. 245.

[50] Mutschler, ET 1978, 505 (507); im Ergebnis auch Kimminich in: Lukes V, S. 269; ähnlich Bender in: Lukes V, S. 245, 246 mit einem Änderungsvorschlag, der Einwendern einen Rechtsanspruch auf Akteneinsicht gewährt; von Mutius, DVBl. 1978, 665 (675) schlägt vor, § 6 Abs. 3 AtVfV zu streichen und einen Weg über §§ 29 Abs. 1, 13 Abs. 2 VwVfG zu suchen.

[51] Im Fall Wyhl haben von ca. 100 000 Einwendern nur ca. 45 Personen Akteneinsicht beantragt; vgl. Wagner / Krech, ATW 1978, 18 (19).

[52] Vgl. § 3 Abs. 2 S. 2, 3 AtVfV.

[53] Vgl. de Witt, DVBl. 1980, 1006 (1008); auch Feldhaus, § 10 BImSchG, S. 17 hält ein solches Vorgehen offenbar für möglich.

[54] Vgl. Schulz, DVBl. 1977, 326 (328).

[55] Vgl. Feldhaus, § 10 BImSchG, S. 20, 21.

Ergänzend ist noch das Akteneinsichtsrecht im Verwaltungsprozeß gemäß § 100 VwGO zu erwähnen; zu den Gerichtsakten gehören auch die vorgelegten Verwaltungsvorgänge der Genehmigungsbehörde (vgl. § 99 Abs. 1 S. 2 VwGO). Auch hier besteht wiederum die Möglichkeit, einzelne Vorgänge für geheimhaltungspflichtig zu deklarieren, was glaubhaft zu machen Sache der Behörde ist[56].

cc) Als dritten Komplex innerhalb der auszulegenden Unterlagen nennt § 6 Abs. 1 AtVfV die *Kurzbeschreibung* nach § 3 Abs. 3 AtVfV. Ihr Inhalt ist vom Gesetzgeber nicht — wie etwa durch § 3 Abs. 1 AtVfV für die übrigen Unterlagen geschehen — enumerativ festgelegt. § 3 Abs. 3 AtVfV bestimmt vielmehr, daß es sich um eine allgemein verständliche Kurzbeschreibung der Anlage und der voraussichtlichen Auswirkungen auf die Allgemeinheit und die Nachbarschaft handeln soll.

Hier ist zu fragen, wer beurteilen kann, ob die für die Auslegung gefertigten Unterlagen allgemein verständlich sind. Sollen sie für jeden Laien verständlich sein, muß dies auf Kosten der Genauigkeit der Unterlagen gehen, wodurch wiederum wichtige Einzelinformationen der Öffentlichkeit vorenthalten werden. Die Behörde befindet sich hier zwangsläufig in einem Konflikt. Einerseits soll eine größtmögliche Bürgerbeteiligung gefördert werden. Dazu müssen die Unterlagen unter Aussparung technischer Details und Übersetzung von Fachtermini auf einem niedrigen Niveau angesiedelt werden. Das hat zur Folge, daß die Einwendungen allenfalls das gleiche Niveau erreichen können. Andererseits soll die Genehmigungsbehörde durch das Einwendungsverfahren in einen optimalen Erkenntnisstand versetzt werden. Sie bedarf der Mitwirkung vieler Fachkräfte, die sich auch unter den Einwendern befinden können; man denke nur an große Umweltschutzorganisationen, die auch über Fachkundige verfügen. Um dies zu erreichen, müssen die ausgelegten Unterlagen möglichst detailliert und umfassend sein. Das wiederum geht zu Lasten der Allgemeinverständlichkeit, schreckt die Mehrzahl der Einwender ab, bewirkt eine gewisse Frustration und fördert die schon oben einmal bemühte Staatsverdrossenheit. Dieser Umstand führt gleichzeitig dazu, daß sich immer mehr Bürger eigens zur Abwehr von Atomkraftwerken gegründeten Bürgervereinigungen anschließen, die über einen weitergehenden Sachverstand verfügen[57]. Durch eine spezialisierte Organisation läßt sich die Artikulationsmöglichkeit des einzelnen und damit die Berücksichtigung seiner Interessen verstärken[58]. Allgemein kann aber auf die Auslegung einer Kurz-

---

[56] Vgl. dazu Sellner, Immissionsschutzrecht und Industrieanlagen, Rdnrn. 373 ff.

[57] Das vermutet auch de Witt, DVBl. 1980, 1006 (1007); so wohl auch Knöpfle, DVBl. 1974, 707 (710) und Henneke, Raumplanerische Verfahren und Umweltschutz, S. 57.

[58] Dazu allgemein Schmidt, VVDStRL Bd. 33, S. 183 (189).

beschreibung in der Praxis wohl nicht verzichtet werden. Bedenkt man, daß die Genehmigungsakten von immensem Umfang sind[59], so würden Bürger allein schon durch die unüberschaubare Papierflut von der Wahrnehmung ihrer Einwendungsbefugnisse abgeschreckt. Der Gedanke, daß eine wirksame und effektive Verfahrensbeteiligung die Kenntnis allen Tatsachenmaterials voraussetzt, und die damit verbundene Forderung, Dritte über alle der Behörde zur Verfügung stehenden Unterlagen zu unterrichten[60], könnte daher sogar einen gegenteiligen Effekt bewirken. Insofern ist es die vorzügliche Aufgabe der Kurzbeschreibung, Dritten inhaltlich in verständlicher Weise die Aktenflut nahezubringen. Der Wunsch nach vollständiger detaillierter Unterrichtung ist im Einzelfall durch extensive Handhabung des Akteneinsichtsrechts zu befriedigen. Für die Ausgestaltung der Kurzbeschreibung ein richtiges Mittelmaß zu finden, dürfte allerdings dennoch schwierig sein.

3. Abschluß des Einwendungsverfahrens

Mit Ablauf der zweimonatigen Auslegungsfrist erlischt auch das Recht, mit Einwendungen gehört zu werden. Gleichzeitig tritt die Präklusionswirkung des § 7 Abs. 1 S. 2 AtVfV ein.

Die *formelle Präklusion*, also der Ausschluß der Nichteinwender für das weitere Verwaltungs- bzw. Genehmigungsverfahren hat sicherlich den berechtigten Sinn, das weitere Genehmigungsverfahren überschaubarer zu machen. Mit Ablauf der Einwendungsfrist steht für die Genehmigungsbehörde fest, mit welchen Einwendungen sie sich zu befassen hat, insbesondere welche Personen zum nun folgenden Erörterungstermin[61] zuzulassen sind[62]. Dieser ist gemäß § 12 Abs. 1 S. 1 AtVfV nicht öffentlich; die formelle Präklusion hilft, den erörterungsberechtigten Personenkreis von dem nicht dazu berechtigten Personenkreis abzugrenzen.

Die insbesondere von der Rechtsprechung vertretene *materielle Präklusion* hingegen führt zu einem materiellen Abschneiden der nicht

[59] Nach Lauer in: Lukes III, S. 51 füllen diese einen großen Lastkraftwagen.

[60] Redeker, NJW 1980, 1593 (1596).

[61] Näheres zum Erörterungstermin bei Mutschler, ET 1978, 505 (507); Sellner, Immissionschutzrecht und Industrieanlagen, Rdnrn. 164 ff.; Winters, Atom- und Strahlenschutzrecht, S. 87, 88; Feldhaus, § 10 BImSchG, S. 32, 33; Schulz, DVBl. 1977, 326 (329); Bender in: Lukes V, S. 249 - 252.

[62] Nach Ansicht des VG Freiburg, DVBl. 1976, 804 (806, 807) dient die Auslegungsfrist angesichts ihrer Kürze — so noch zu § 2 Abs. 2 AtAnlV — lediglich dazu, der Behörde einen Überblick über den Kreis der Einwender zu verschaffen, nicht aber dazu, detaillierte Bedenken zu sammeln. Dementsprechend sind die Anforderungen des VG Freiburg an das Einwendungsvorbringen äußerst gering.

fristgerecht erhobenen Einwendungen und damit zum Verlust der Klagebefugnis aus § 42 Abs. 2 VwGO. Auch die Vertreter der materiellen Präklusion räumen ein, daß dies zu einer erheblichen Einwendungs-, Anfechtungs- oder Mitwirkungslast auf seiten der Einwendungsberechtigten führe[63]. Um nicht mit seinen Einwendungen für das gesamte weitere Verfahren ausgeschlossen zu werden, muß der Dritte innerhalb von zwei Monaten sämtliche Einwendungen vorbringen, die aus dem Antrag und den ausgelegten Unterlagen erkennbar sind. Dritten wird zugemutet, den Umfang einer drohenden Präklusion zu erkennen, um rechtzeitig entsprechende Einwendungen zu erheben. Um wirksam von seinem Einwendungsrecht Gebrauch machen zu können, muß der Einwender nicht nur den höchst komplexen atomaren Betriebsvorgang durchschauen. Er muß ferner erkennen, daß mit der ersten Teilgenehmigung auch die Standortfrage entschieden wird[64], ein Gesichtspunkt, der für nahezu alle Einwender von höchster Wichtigkeit ist. Da nach herrschender Meinung auch das vorläufige positive Gesamturteil aus § 18 AtVfV am Regelungsgehalt der Teilgenehmigung partizipiert, muß der Einwender fristgemäß nicht nur die Unterlagen über den Bau, sondern auch über den späteren Betrieb des Atomkraftwerks studieren. Die Erstreckung der Präklusion auf das vorläufige positive Gesamturteil kann er nicht einmal andeutungsweise den einschlägigen Gesetzesvorschriften entnehmen. Um sich den Klageweg möglichst weit offenzuhalten, muß er weiterhin wissen, daß mit dem Erlaß einer Teilgenehmigung eine sogenannte Verfahrens- oder Entscheidungskonzentration[65] eintritt. Nach einigen Landesbauordnungen[66] (in Nordrhein-Westfalen: § 80 Abs. 3) und gemäß § 8 Abs. 2 AtG schließt die atomrechtliche Genehmigung eventuell erforderliche Genehmigungen nach Baurecht und Immissionsschutzrecht ein; das heißt, daß der Bürger auch diesbezügliche Bedenken fristgerecht erheben muß.

Eine Entscheidungskonzentration tritt zwar beispielsweise in wasserrechtlicher Hinsicht nicht ein; hier hat die zuständige Wasserbehörde über die wasserrechtliche Zulässigkeit des Bauvorhabens zu entscheiden[67]. Die Wasserbehörde darf aber die wasserrechtliche Erlaubnis nicht unter Berufung auf

[63] Vgl. BVerfG, DÖV 1982, 816 (819); BVerwG, DVBl. 1980, 1001 (1004); VGH Mannheim, NJW 1979, 2528 (2530); Redeker, NJW 1980, 1593 (1597); Weber, DÖV 1980, 397 (403); Ipsen, DVBl. 1980, 146 (151); Schmidt-Assmann in: Festgabe BVerwG, 1978, S. 569 (571, 580) und DÖV 1975, 742 (743); Schwarze, DÖV 1973, 700 (704).

[64] Gerade dieser Punkt wird vom VGH Mannheim, NJW 1979, 2528 (2530) zum Schutze der Einwender angeführt, um deren Rechtserschwerung durch die Genehmigungspraxis deutlich zu machen.

[65] Vgl. hierzu Bay VGH, ET 1979, 583 (586); Rengeling, JZ 1977, 542 (543, 544); Schulz, DVBl. 1977, 326 (330); Lecheler, ZRP 1977, 241 (242).

[66] Lukes / Vollmer / Mahlmann, S. 28, 29 halten diese Regelungen mangels Zuständigkeit des Landesgesetzgebers nur für deklaratorisch.

[67] Vgl. dazu Lukes / Vollmer / Mahlmann, S. 29, 30.

solche Gründe versagen, über die die atomrechtliche Genehmigungsbehörde durch Teilgenehmigung bereits positiv und abschließend entschieden hat[68], etwa im Rahmen der Prüfung der Voraussetzungen des § 7 Abs. 2 Nr. 6 AtG. Folglich besteht auch insoweit gegenüber anderen Fachbehörden eine Wirkung, die zwar keine echte Konzentrationswirkung, wohl aber eine gewisse Bindungswirkung darstellt, also für andere Fachbehörden verbindlich ist. Um gezielt seine Einwendungen vortragen zu können, darf sich der Einwender somit nicht auf eine anderslautende spätere Entscheidung der jeweiligen Fachbehörde verlassen, sondern muß um die Verbindlichkeit der atomrechtlichen Entscheidung für die Fachbehörden wissen.

Mehrfach wird darauf hingewiesen, daß die Verfahrensstufung für den Bürger den Vorteil habe, daß er lediglich eine Teilgenehmigung zu Fall bringen müsse, um das gesamte Vorhaben zu verhindern[69]. Hierzu ist aber erforderlich, daß er mit durchschlagenden Einwendungen bis zum Verwaltungsgericht vordringt und nicht schon zuvor durch die materielle Präklusion gestoppt wird. Das BVerwG[70] jedenfalls rechtfertigt die materielle Präklusion mit den Argumenten, der Bürger erhalte durch das Einwendungsrecht schließlich eine vorgezogene und wirksame Einflußmöglichkeit auf das Genehmigungsverfahren, und das Investitionsrisiko des Antragstellers werde durch die Präklusionsvorschriften angemessen begrenzt.

Auch die Tatsache, daß die der ersten Teilgenehmigung und dem darin enthaltenen positiven Gesamturteil folgenden Genehmigungen keine Vollziehung der Gesamtprognose, sondern eigenständige Verwaltungsakte darstellen, führt zu einer erhöhten Anfechtungslast auf seiten Dritter. Indem unter Umständen gegen eine Vielzahl von Teilgenehmigungen vorgegangen werden muß, wird der Rechtsschutz erschwert[71], obwohl andererseits durch die Verfahrensstufung auch für Dritte eine gewisse Verfahrensklarheit eintritt. Diese können aber nicht durch Anfechtung der ersten Teilgenehmigung auch die Folgegenehmigungen beseitigen; auch werden durch Anfechtung der ersten Teilgenehmigung die Folgegenehmigungen nicht suspendiert. Will ein Dritter also einen konkreten Bauabschnitt bzw. die entsprechende Teilgenehmigung angreifen, so muß sich seine Klage gegen diese Teilgenehmigung richten. Erforderlich ist allerdings, daß die entsprechenden Bedenken, soweit sie sich aus den ausgelegten Unterlagen ableiten ließen, bereits im Wege der Einwendung im Auslegungsverfahren vorgebracht worden sind.

---

[68] Vgl. BVerwG, DÖV 1980, 178 mit Zustimmung von Krause, DÖV 1980, 522 (523); differenzierend Büdenbender / Mutschler, Rdnrn. 228 ff.

[69] Vgl. BVerwG, DVBl. 1972, 678 (679); Schmidt-Assmann in: Festgabe BVerwG, 1978, S. 569 (580); Büdenbender, ET 1978, 429.

[70] DVBl. 1980, 1001 (1003).

[71] OVG Lüneburg, DVBl. 1980, 1010 (1011).

4. Klageverfahren

Bei Einleitung eines Klageverfahrens gegen eine atomrechtliche Teilgenehmigung besteht die Besonderheit, daß ein Widerspruchsverfahren nicht stattfindet. Das ergibt sich aus § 68 Abs. 1 S. 2 Nr. 1 VwGO i. V. m. § 24 Abs. 2 S. 1 AtG, da die Genehmigungsbehörde eine oberste Landesbehörde ist. Auch soweit eine materielle Präklusion nicht eingetreten ist, bleibt die Frage nach der *Klagebefugnis* gemäß § 42 Abs. 2 VwGO ein zentrales Thema.

Zunächst läßt sich der Kreis der potentiell Klagebefugten örtlich eingrenzen und damit der Einführung einer echten Popularklage vorbeugen. Danach kann von vornherein nur derjenige klagebefugt sein, der im möglichen *Einwirkungsbereich* des Atomkraftwerks wohnt[72]; das folgt mittelbar aus § 1 Nr. 2 AtG, dem Hauptschutzzweck dieses Gesetzes. Wenn das AtG in der Hauptsache Leben und Gesundheit vor den Gefahren der Kernenergie schützen soll, müssen sich die im Einwirkungsbereich wohnenden potentiell Betroffenen auf das subjektiv-öffentliche Recht des § 1 Nr. 2 AtG und des Art. 2 Abs. 2 S. 1 GG im Anfechtungsprozeß berufen können.

Zum Problem der Klagebefugnis im Atomrecht wird vorgebracht, daß dieses nur unzureichend bewältigt[73] sei, und daß die gegenwärtige Gerichtspraxis quasi zur Einführung der Popularklage führe[74]. So wird bezweifelt, daß noch eine individuelle Betroffenheit i. S. d. § 42 Abs. 2 VwGO vorliege, wenn beispielsweise Personen in einem möglichen Einwirkungsbereich des Atomkraftwerks in 120 km Entfernung noch klagebefugt seien[75]; vielmehr sei dann nur die Allgemeinheit betroffen und der einzelne mache unzulässigerweise die Gefährdung der Allgemeinheit anstatt die Verletzung eigener Rechte geltend.

Hiergegen ist einzuwenden, daß die Tatsache, daß ein Atomkraftwerk nun einmal potentiell eine große Ausstrahlungswirkung haben kann, nicht auf Kosten des Rechtsschutzes einzelner Betroffener gehen darf. Die Ausstrahlung auf die Allgemeinheit bedeutet noch nicht, daß sich der einzelne Kläger auf Kollektivrechte beruft und damit eine Popularklage erhebt. Vielmehr besteht hier eine große Anzahl von individuell Betroffenen, die jeweils eine Gefährdung ihrer eigenen Rechte geltend

---

[72] Vgl. VGH Mannheim, DVBl. 1976, 538 (541); Bay VGH, ET 1979, 583 (585); VG Würzburg, NJW 1977, 1649 (1651); Winters, DÖV 1978, 265 (268); Degenhart, Kernenergierecht, S. 77; zum Kohlekraftwerk OVG Münster, DVBl. 1976, 790 (791); vgl. auch Rengeling, JZ 1977, 542 (545).

[73] Vgl. Ossenbühl, DÖV 1981, 1 (6, 7); Winters, DÖV 1980, 305.

[74] Vgl. Ossenbühl, DÖV 1981, 1 (7), DÖV 1980, 313 und DVBl. 1978, 1 (4); Wagner / Krech, ATW 1978, 18 (20).

[75] Ossenbühl, DÖV 1981, 1 (7).

machen. Hierin eine Popularklage zu sehen bedeutet, den Begriff der Popularklage unzulässig auszuweiten, was im Ergebnis dazu führen würde, daß der Rechtsschutz um so geringer wird, je gefährlicher das Vorhaben und je größer die Anzahl der Betroffenen ist. Gerade die Möglichkeit, daß eine Vielzahl von Personen möglicherweise in ihrem Grundrecht aus Art. 2 Abs. 2 S. 1 GG betroffen ist, verbietet es, die Frage der Klagebefugnis aus § 42 Abs. 2 VwGO restriktiv zu handhaben[76]. Das nukleare Risiko stellt aus der Sicht eines Dritten, der nicht im möglichen Einwirkungsbereich der Anlage wohnt, ein Risiko dar, welches alle im Einwirkungsbereich lebenden Bürger im Kollektiv betrifft; insofern kann man durchaus von einem Kollektivrisiko sprechen. Jeder einzelne Bürger dieses Kollektivs ist jedoch ein Individuum, welches sich auf die Gefährdung seiner eigenen Persönlichkeit berufen kann. Aus seiner Sicht ist das nukleare Risiko daher kein Kollektivrisiko, sondern ein breit gestreutes, ihn und die im Einwirkungsbereich des Atomkraftwerks lebenden Bürger betreffendes Individualrisiko[77]. Wenn auch die Art des Individualrisikos im Ergebnis wesentlich von der Höhe des Kollektivrisikos mitbestimmt wird[78], so bedeutet die Klageerhebung durch eine Vielzahl der im Einwirkungsbereich des Atomkraftwerks lebenden Bürger dennoch nicht die Erhebung einer Popularklage.

Eine andere Frage ist, wie weit man den Ausstrahlungsbereich eines Atomkraftwerks zieht, wo also für die Klagebefugnis eine Entfernungsgrenze zu setzen ist.

Eine örtliche Beziehung des Klägers zum Atomkraftwerk muß zwecks Ausschlusses einer Popularklage zwingend bestehen[79]. Eine starre Grenze wird aber unmöglich zu finden sein[80], so daß jeweils im Einzelfall die konkrete Entfernung des Klägers von der Emissionsquelle in der Klagebefugnis zu berücksichtigen ist[81]. Der mögliche Einwirkungs-

---

[76] Vgl. Winters, DÖV 1980, 305 (306).

[77] Ähnlich Bender, NJW 1979, 1425 (1432); im Ergebnis auch Schwarze, DÖV 1973, 700 (702); Blümel in: Lukes V, S. 231, 232; Breuer, DVBl. 1978, 829 (832) unter Bezugnahme auf die 118. Sitzung der Reaktorsicherheitskommission vom 10. 11. 1976; ferner wohl Degenhart, Kernenergierecht, S. 77, 222.

[78] Bender, NJW 1979, 1425 (1432).

[79] Blickle in: Lukes V, S. 193.

[80] Vgl. Rengeling, DVBl. 1981, 323 (325).

[81] Bejaht für 30, 37 und 60 km vom BVerwG, DÖV 1982, 820; für 25 km vom BVerwG, DVBl. 1981, 405 und OVG Lüneburg, ET 1978, 612; für 7 km vom OVG Koblenz, NJW 1982, 197; Winters, DÖV 1978, 265 (268) hält 10 km für unbedenklich; sogar bejaht für 100 km vom OVG Lüneburg, DVBl. 1975, 190; vgl. ferner Fischerhof in: Lukes III, S. 22, der auf eine höchst unterschiedliche Handhabung der Entfernungsgrenzen durch die Gerichte hinweist; das VG Freiburg, DVBl. 1976, 804 (805) und DÖV 1975, 611 läßt eine „Nachbarschaft im weiteren Sinne" genügen; weitere Nachweise bei Degenhart, Kernenergierecht, S. 79.

bereich des Atomkraftwerks stellt aber nur einen ersten Schritt dar[82], um die individuell Betroffenen aus dem Kreis der Allgemeinheit hervorzuheben. Besonders sorgfältig ist für die Klagebefugnis daher weiterhin zu prüfen, ob der Kläger die Verletzung eigener subjektiv-öffentlicher Rechte geltend macht; insofern ist also der Begriff der Klagebefugnis wesentlich enger als der der Einwendungsbefugnis[83]. Zur Geltendmachung einer Klagebefugnis reicht es nicht aus — was für eine wirksame Einwendung noch bejaht werden konnte —, daß der Kläger vorträgt, die Kernenergie sei schlechthin gefährlich. Eine Klagebefugnis wird man nicht mit dem Argument ablehnen können, der Gesetzgeber habe schließlich eine grundlegende Entscheidung zu Gunsten der Kernenergie getroffen[84]. Vielmehr wird hier eine Klagebefugnis am Fehlen eines entsprechenden subjektiv-öffentlichen Rechts scheitern. Es reicht gerade nicht aus, daß der Kläger eine allgemeine Betroffenheit durch die Kernenergie vorträgt[85]; zu suchen ist jeweils nach einem subjektiv-öffentlichen Recht, das den Klägervortrag stützt, also nach einer möglicherweise verletzten drittschützenden Norm[86].

Klassische *drittschützende Normen* sind neben Art. 2 Abs. 2 S. 1 GG und § 1 Nr. 2 AtG die Ziff. 3 - 5 des § 7 Abs. 2 AtG[87], die ihrerseits inhaltlich wieder als Ausformung des Schutzzwecks aus § 1 Nr. 2 AtG gelten können. In diesem Zusammenhang erwähnenswert ist die gerichtliche Praxis, die Dosisgrenzwerte aus § 45 StrSchVO als drittschützend anzuerkennen[88]. Zur Darlegung der Klagebefugnis ist dabei aber nicht ausreichend, die Abgabe von Radioaktivität an die Umwelt des Klägers als generell gefährlich zu bezeichnen[89]; ein Schutz vor jedweder ionisierender Strahlung wird allgemein nicht anerkannt[90]. Der Kläger

---

[82] Vgl. Degenhart, Kernenergierecht, S. 80; dieser befürchtet ansonsten eine örtlich begrenzte Popularklage; ebenso Bay VGH, ET 1979, 583 (585).

[83] Vgl. auch VGH Mannheim, DVBl. 1976, 538 (540); Winters, DÖV 1978, 265 (268).

[84] So aber Ossenbühl, DÖV 1981, 1 (2); das VG Würzburg, NJW 1977, 1649 prüft die prinzipiellen Bedenken in der Klagebegründetheit und lehnt diese wegen der gesetzgeberischen Grundsatzentscheidung ab.

[85] So aber OVG Lüneburg, ET 1978, 612, aufgehoben durch BVerwG, DVBl. 1981, 405 mit Zustimmung von Rengeling, DVBl. 1981, 323 (324); im hier vertretenen Sinne offenbar auch Degenhart, Kernenergierecht, S. 80 - 82.

[86] Vgl. auch Selmer / Schulze-Osterloh, JuS 1981, 393 (400).

[87] Vgl. BVerwG, DÖV 1982, 820 (821); OVG Lüneburg, DVBl. 1978, 67 (68); VG Hannover, DVBl. 1978, 74 (75); VG Würzburg, NJW 1977, 1649 (1650); VG Freiburg, DVBl. 1976, 804 (805); Winters, DÖV 1978, 265 (268); Schmieder in: Lukes V, S. 175; a. A. zu § 7 Abs. 2 Nr. 5 AtG der VGH Mannheim, DVBl. 1976, 538 (542). Ziff. 6 ist hingegen allgemeinschützend ausgerichtet, vgl. OVG Lüneburg, ET 1979, 284 (285) und VG Würzburg, NJW 1977, 1649 (1651).

[88] BVerwG, DVBl. 1981, 405 (406).

[89] BVerwG, DVBl. 1981, 405 (407).

[90] Vgl. BVerwG, DVBl. 1981, 405; Rengeling, DVBl. 1981, 323 (324); allgemein zur erforderlichen Schadensvorsorge i. S. d. § 7 Abs. 2 Nr. 3 AtG vgl. Wagner, DÖV 1980, 269 (275 ff.); Bender, DÖV 1980, 633 ff.

muß vielmehr darlegen, daß die gesetzlichen Dosisgrenzwerte durch den Normalbetrieb des Atomkraftwerks übertroffen werden[91], also die Grenzen des sogenannten „Restrisikos" i. S. d. § 7 Abs. 2 Nr. 3 AtG überschreiten.

Ein weiteres Beispiel für das Fehlen eines subjektiv-öffentlichen Rechts ist die Berufung des Klägers auf eine mangelnde Entsorgungsregelung; mit diesem Vortrag vermag er eine Klagebefugnis grundsätzlich nicht zu begründen[92]. Der Kläger müßte schon die mögliche Verletzung einer Norm rügen, die ihn vor erhöhten Gefahren einer fehlenden oder unzureichenden Entsorgungsvorsorge schützt[93].

Hervorzuheben ist noch die Möglichkeit des Klägers, seine Klagebefugnis mittelbar aus der Verletzung verfahrensrechtlicher Normen, also beispielsweise der AtVfV, herzuleiten. Ein klassischer Fall ist etwa der behördliche Verzicht auf ein Auslegungsverfahren, obwohl die Voraussetzungen des § 4 Abs. 2 Nr. 2 AtVfV nicht vorliegen. Für eine Klagebefugnis ist in jedem Fall erforderlich, daß sich die Verletzung der Verfahrensnorm auf materielle Rechtspositionen des Klägers auswirkt, also etwa zu einer Grundrechtsverletzung aus Art. 2 Abs. 2 S. 1 GG führen kann[94]. Die Klagebefugnis wird dann nicht aus der Verletzung der Verfahrensnorm selbst hergeleitet[95], sondern aus dem entsprechenden Grundrecht, welches infolge mangelnder Verfahrensbeteiligung möglicherweise verletzt ist, in der Regel also aus Art. 2 Abs. 2 S. 1 GG[96].

Wegen der Teilnahme der Standortentscheidung und des vorläufigen positiven Gesamturteils am Regelungsgehalt der ersten Teilgenehmigung ist abschließend hervorzuheben, daß der Kläger bereits im Verfahren gegen die erste Teilgenehmigung seinen Anfechtungsantrag mit Bedenken gegen den Standort und den Bau und späteren Betrieb begründen kann, ja dies sogar wegen der drohenden Präklusion muß[97].

---

[91] Vgl. Rengeling, DVBl. 1981, 323 (325).

[92] Vgl. BVerwG, DVBl. 1981, 405 (409); VG Hannover, DVBl. 1978, 74 (78).

[93] Vgl. Winters, DÖV 1978, 299 (300).

[94] Vgl. dazu Rengeling, DVBl. 1981, 323 (324, 325); de Witt, DVBl. 1981, 649 (650).

[95] So aber offenbar VG Arnsberg, DVBl. 1981, 648; in dem hier vertretenen Sinne VGH Mannheim, DVBl. 1976, 538 (539, 540) und wohl VG Freiburg, DÖV 1975, 611 (612).

[96] Vgl. dazu de Witt, DVBl. 1981, 649 (650); Rauschning, DVBl. 1980, 831 (832, 833) leugnet die Möglichkeit einer Verletzung des Art. 2 Abs. 2 S. 1 GG durch mangelnde Verfahrensbeteiligung entgegen der absolut herrschenden Meinung.

[97] Vgl. OVG Lüneburg, DVBl. 1978, 67 (68); Ossenbühl, NJW 1980, 1353 (1356).

Zusammenfassend[98] läßt sich zur Klagebefugnis im Atomrecht festhalten, daß nach einer drittschützenden Norm zu suchen ist und nach dem Klägervortrag eine Verletzung der Norm möglich erscheint; besonders in die Betrachtung zu ziehen sind dabei die Entfernung des Klägers zum Atomkraftwerk, die Emissionen durch den Normalbetrieb des Atomkraftwerks und die Feststellung, ob das gesetzlich zulässige Restrisiko aus § 7 Abs. 2 Nr. 3 AtG überschritten ist. Beruft sich der Kläger auf eine Beeinträchtigung durch einen möglichen Reaktorunfall, kann er seine Klage nur auf Normen stützen, die den Kläger gerade vor solchen Gefahren schützen sollen[99]. Der Kreis der Klagebefugten ist wegen der örtlichen Auswirkungen eines solchen Unfalls dementsprechend groß[100].

§ 5 Durchführung des Demokratieprinzips

1. Herleitung demokratischer Beteiligungsrechte

a) Konsensfindung

Zunächst einmal sprechen sowohl praktische als auch sicherheitsrelevante Argumente für eine Verfahrensbeteiligung der Bürger. Bekanntermaßen stößt der Bau eines Atomkraftwerks auf massive Ablehnung aus der Bevölkerung insbesondere umliegender Gemeinden. Eine frühzeitige Verfahrensbeteiligung könnte zu einer vorprozessualen „Konsensfindung“[1] zwischen Behörde, Betreiber und Anliegern führen. Dies mag in vielen Fällen tatsächlich zutreffen; sicherlich lassen sich bereits im Genehmigungsverfahren Mißverständnisse aufdecken und Unverständnis beseitigen. Die Flut verwaltungsgerichtlicher Drittanfechtungsklagen zeigt jedoch, daß eine frühe Verfahrensbeteiligung nur ein grober Filter sein und die Zahl der Klagen keinesfalls drastisch senken kann. Hingegen läßt sich die Konsensfindungsfunktion einer Bürgerbeteiligung im Verwaltungsverfahren nicht mit dem Argument leugnen, dies sei allein ein Aufgabe der Politik[2]. Eine moderne Demokratie kann sich grundsätzlich nicht damit begnügen, daß sich die streitige Auseinandersetzung und schließlich die Konsensfindung auf der rein politischen Ebene, letztlich also ausschließlich zwischen den gewählten Ver-

---

[98] Vgl. die Zusammenstellung bei Rengeling, DVBl. 1981, 323 (325).

[99] Winters, DÖV 1978, 265 (268).

[100] Vgl. VGH Mannheim, DVBl. 1976, 538 (541); wohl auch Bender, NJW 1979, 1425 (1432).

[1] Kopp, BayVBl. 1980, 97 (100); vgl. auch Ossenbühl, DVBl. 1981, 65 (69); ähnlich Wolfrum, DÖV 1979, 497 (500); in diesem Sinne auch Feldhaus, § 10 BImSchG, S. 12, 13; Dagtoglou, DVBl. 1972, 712 (718).

[2] Ossenbühl, DÖV 1981, 1 (6).

tretern vollzieht[3]. Gerade in einem so umweltrelevanten und die Allgemeinheit betreffenden Bereich wie dem Bau von Atomkraftwerken muß die Gefahr vermindert werden, daß politische Entscheidungen über die Köpfe der Bürger hinweg gefällt werden. Schon aus diesem Grunde erscheint eine — wie auch immer geartete — Verfahrensbeteiligung demokratisch geboten. Ob eine solche Beteiligung tatsächlich die Konsensfindung fördert, mag wie gesagt bezweifelt werden.

Nicht leugnen läßt sich jedoch die Tatsache, daß eine frühe Bürgerbeteiligung verbunden mit einer Erörterung des Großprojekts der Behörde aufgrund der Vielzahl der vorgetragenen Bedenken zu einer verbesserten Entscheidungsgrundlage verhilft[4]. Dieser Vorteil ist — wie bereits erörtert — dem gestuften Genehmigungsverfahren immanent und wird durch eine vorprozessuale Bürgerbeteiligung noch verstärkt.

b) Demokratiegebot

Eine Bürgerbeteiligung im atomrechtlichen Genehmigungsverfahren ist möglicherweise nicht nur von praktischem Nutzen, sondern sogar durch das Demokratieprinzip geboten.

aa) Unbestimmte Rechtsbegriffe

Den Genehmigungsprozeß beim Bau eines Atomkraftwerks als typische und reine Exekutivaufgabe bezeichnen zu wollen, hieße, die politische Brisanz derartiger Großvorhaben zu verkennen. Errichtungsgenehmigungen sind nicht bloß das Ergebnis eines streng vorgegebenen Subsumtionsprozesses. Das AtG hat sich damit begnügt, die Genehmigungsvoraussetzungen durch eine Fülle unbestimmter und auslegungs- bzw. ausfüllungsbedürftiger Rechtsbegriffe[5] vorzugeben. Der demokratisch legitimierte Gesetzgeber hat damit einen Ausschnitt aus seiner Entscheidungsbefugnis auf die Genehmigungsbehörden übertragen[6]. In der Verwendung unbestimmter Rechtsbegriffe durch den Atomgesetzgeber wird die Gefahr gesehen, daß durch die Hintertür wesentliche Entscheidungen auf die Exekutive übertragen und damit die *Grenzen*

---

[3] Auch Dagtoglou, DVBl. 1972, 712 (719) befürwortet eine außerparlamentarische Partizipation zur Konsensfindung.

[4] Vgl. Kopp, BayVBl. 1980, 92 (101).

[5] Vgl. beispielsweise OVG Lüneburg, DVBl. 1978, 67 (69) zu § 7 Abs. 2 AtG und Ossenbühl, DVBl. 1981, 65 ff. zu § 7 Abs. 1 AtG; nach Winters, Atom- und Strahlenschutzrecht, S. 18 bestehen die Genehmigungsvoraussetzungen ausschließlich aus unbestimmten Rechtsbegriffen; vgl. ferner Lukes, NJW 1973, 1209 (1213 f.) mit Bemerkungen zur Aufstellung technischer Standards.

[6] Ossenbühl, DÖV 1981, 1 erblickt darin eine Feigheit der Politik, im Bereich der Kernenergie die notwendigen Entscheidungen klar zu treffen; vgl. ferner BVerfG, DVBl. 1979, 45 (49). Allgemein zum Problem der unbestimmten Rechtsbegriffe im Umweltschutzrecht Hoppe, VVDStRL Bd. 32, S. 211 (244).

des Gewaltenteilungsprinzips überschritten werden[7]. Die Konkretisierung der unbestimmten Rechtsbegriffe im Einzelfall, insbesondere die ständige Anpassung des Vorhabens an den neuesten wissenschaftlich-technischen Erkenntnisstand ist eine Aufgabe der Genehmigungsbehörden. Die Übertragung der Verantwortung auf die Exekutive infolge unbestimmter Rechtsbegriffe ist ein zulässiges Instrument gesetzgeberischer Gestaltungsfreiheit[8] und keine herausragende Besonderheit des AtG. Das BVerfG hat in seinem „Kalkar-Urteil" jedoch entschieden, daß die wesentlichen Entscheidungen auf dem Gebiet der Kernenergie durch den Gesetzgeber selbst getroffen werden müssen; dies sei durch § 7 Abs. 1 und 2 AtG geschehen[9]. Hierbei handelt es sich um politische Leitentscheidungen, die aus dem Gesichtspunkt der parlamentarischen Demokratie nur durch den Gesetzgeber getroffen werden dürfen[10]. Die Verwendung unbestimmter Rechtsbegriffe verletzt daher nicht parlamentarisch-demokratische Grundsätze[11].

Dennoch treffen die Genehmigungsbehörden mit ihrer Standortgenehmigung und den folgenden Teilgenehmigungen Entscheidungen von hoher politischer Brisanz. Der Gesetzgeber hätte ebensogut beispielsweise in Bezug auf den Standort des Atomkraftwerks bestimmte Vorstellungen artikulieren können; möglicherweise könnte er sogar den Standort eines Atomkraftwerks durch Gesetz positiv festlegen[12]. Je weitreichender die politischen Entscheidungen durch den Gesetzgeber ausformuliert werden, um so mehr wächst die Verwaltung in die Rolle eines reinen, von der Notwendigkeit, eigenständige politische Entscheidungen zu treffen befreiten Gesetzesvollziehers. Im gleichen Maße schwindet das Bedürfnis der zweiten Gewalt an demokratischer Akzeptanz und politischer Konsensfindung[13]. Adressat der Kundgabe öffentlicher Billigung ist dann vielmehr der Gesetzgeber selbst, wobei sich die

---

[7] Ossenbühl, DÖV 1981, 1 (2).

[8] Vgl. BVerfG, DVBl. 1979, 45 (48, 49); OVG Lüneburg, DVBl. 1978, 67 (69); Wagner, DVBl. 1978, 839 (841, 842); Wagner / Nobbe, NJW 1978, 1028 (1031); Lecheler, ZRP 1977, 241 (245); im Ergebnis auch Lukes, NJW 1973, 1209 (1214).

[9] BVerfG, DVBl. 1980, 356 (358) und DVBl. 1979, 45 (47); vgl. auch OVG Lüneburg, ET 1979, 284 (293); Wagner / Nobbe, NJW 1978, 1028 (1029); Wagner, DVBl. 1978, 839 (841); Winters, Atom- und Strahlenschutzrecht, S. 18; a. A. beschränkt auf den Typ „Schneller Brüter" OVG Münster, DVBl. 1978, 62 (64) mit Zustimmung von Listl, DVBl. 1978, 10 (16).

[10] OVG Münster, DVBl. 1978, 62 (63); Wagner / Nobbe, NJW 1978, 1028 (1029).

[11] A. A. das OVG Münster in seinem bekannten Vorlagebeschluß an das BVerfG in: DVBl. 1978, 62 ff.; vgl. dazu die Kritik von Wagner, DVBl. 1978, 839 (840).

[12] So beispielsweise vorgeschlagen von Kopp, BayVBl. 1980, 97 (99); Listl, DVBl. 1978, 10; dazu aber noch unter § 8, 2.

[13] Ähnlich Luhmann, Legitimation durch Verfahren, S. 209.

Kundgabe periodisch durch demokratische Wahlen vollzieht. Schon aus dem Gesichtspunkt, daß im Bereich des Atomrechts der unmittelbar durch Wahlen legitimierte Gesetzgeber einen Großteil politischer Verantwortung — zulässigerweise — auf die Exekutive übertragen hat, drängt sich daher eine Bürgerbeteiligung für das atomrechtliche Genehmigungsverfahren auf[14]. Dadurch wird auch die Öffentlichkeit der Entscheidungsfindung zurückgewonnen, die durch eine Übertragung politisch relevanter, die Allgemeinheit in hohem Maße betreffender Entscheidungen auf die Exekutive verlorengegangen ist. Ein Gesetzgebungsverfahren ist — allein schon durch das Vorhandensein einer politischen Opposition im Parlament — von einem höheren Maß an öffentlicher Auseinandersetzung begleitet, als dies bei einer Entscheidungsfindung durch Behörden — ohne förmliche Öffentlichkeitsbeteiligung — der Fall ist.

Durch die Wahl unbestimmter Rechtsbegriffe in den Genehmigungsvoraussetzungen zum Bau eines Atomkraftwerks hat der Gesetzgeber im übrigen noch nicht ausreichend gewährleistet, daß der Schutzzweck des AtG voll verwirklicht wird. Hierzu bedarf es sorgfältiger Konkretisierungen und Abwägungen im Einzelfall. Da die Verwirklichung dieses Schutzzwecks damit weitgehend in der Hand der Genehmigungsbehörden liegt, ist das Augenmerk vor allem auf eine besondere Verfahrensgestaltung[15] insbesondere auf die Art und Weise einer Beteiligung der Drittbetroffenen zu richten. Eine sogenannte Betroffenenpartizipation[16] kann und muß die Möglichkeit bieten, präventiv Einwände zu erheben, um eventuelle spätere Beeinträchtigungen vermeiden zu helfen.

bb) Grundrechte

Zum Demokratieprinzip zählt neben dem bereits angesprochenen Wahlrecht auch ein Mindestbestand an Grundrechten, wobei das Recht auf Leben und körperliche Unversehrtheit aus Art. 2 Abs. 2 S. 1 GG als herausragend anzusehen ist. Das bloße Haben solcher Grundrechte allein kann aber noch nicht ausreichen; vielmehr muß dem Bürger — und das gilt insbesondere für den Bereich des Atomrechts — ein demokratisches Instrumentarium zur wirksamen Wahrnehmung dieser Grundrechte zur Verfügung stehen. Dieses Instrumentarium darf nicht bloß den Anschein eines Mitwirkungsrechts vermitteln; es muß Dritten die Gelegenheit geben, in wirksamer Weise auf die Willensbildung der Atomverwaltung Einfluß zu nehmen.

Gerade das Grundrecht aus Art. 2 Abs. 2 S. 1 GG bedarf des besonderen staatlichen Schutzes. Die Aussetzung des Bürgers unter die Gefah-

---

[14] Kopp, BayVBl. 1980, 97 (101) spricht von einem gewissen Ersatz für offengebliebene parlamentarische Regelungen.

[15] Vgl. Winters, DÖV 1980, 305.

[16] Degenhart, Kernenergierecht, S. 206.

ren der Radioaktivität erfordert eine besondere Beteiligungsmöglichkeit, mit deren Hilfe der Bürger Eingriffe in Leben und Gesundheit abzuwehren vermag[17]. Daher ist eine besondere Ausgestaltung der Bürgerbeteiligung im Hinblick auf eine Verwirklichung des Grundrechts aus Art. 2 Abs. 2 S. 1 GG bedeutsam[18]. Als ein solches Instrumentarium kommt allein das *Einwendungs- und Erörterungsverfahren* der AtVfV in Betracht. Die Verordnung muß einer Untersuchung unterzogen werden, ob sie Bürgern die Gelegenheit bietet, das Grundrecht auf Leben und körperliche Unversehrtheit demokratischen Erfordernissen und Grundsätzen gemäß gegenüber der Verwaltung zu artikulieren. Die AtVfV ist der Versuch einer Konfliktlösung[19]. Dieser Konflikt ist gekennzeichnet durch das Interesse des Kraftwerksbetreibers an einem zügigen Genehmigungsverfahren, welches neben dem politischen Interesse an einer gesicherten Energieversorgung anzusiedeln ist. Auf der anderen Seite steht das Interesse der Betroffenen an umfassender Information und größtmöglicher Beteiligung, wobei die Beteiligungsrechte demokratischen Erfordernissen genügen müssen. Es entspricht nicht nur einem modernen Demokratieverständnis[20], wenn die vom Gesetzgeber lediglich vorgegebenen abstrakten Gesetzesregeln von der Genehmigungsbehörde im Zusammenwirken mit den Betroffenen ausgefüllt werden. Vielmehr muß deutlich werden, daß im Bereich des atomrechtlichen Genehmigungsverfahrens die *Legitimation der Exekutive* durch die Landtagswahlen allein nicht grundrechtlichen Erfordernissen genügt[21]. Der Bürger hat ein durch Art. 2 Abs. 2 S. 1 GG i. V. m. dem Demokratieprinzip geschütztes Recht auf Beteiligung an der genehmigungsrechtlichen Willensbildung. Eine an demokratischen Grundsätzen ausgerichtete Bürgerbeteiligung gibt der Genehmigungsbehörde neben den Landtagswahlen die zusätzliche notwendige demokratische Legitimation. Eine entsprechende Bürgerbeteiligung ist nicht nur eine moderne liberale Begleiterscheinung, nicht nur ein über das gesetzliche Mindestmaß hinausgehendes, von der Verwaltung großzügigerweise gewährtes Mitspracherecht, sondern ist im demokratischen Staat schlicht unverzichtbar[22]. Die Ausgestaltung der Bürgerbeteiligung im atomrechtlichen Genehmigungsverfahren hat damit dem Grundrecht aus

---

[17] Vgl. BVerwG, DVBl. 1980, 1001 (1003); ähnlich Redeker, NJW 1980, 1593 (1594, 1595) mit einem kurzen Abriß der Entwicklung der Rechtsprechung.

[18] Vgl. BVerfG, DVBl. 1980, 356 (360); Simon / Heußner, DVBl. 1980, 361; diese Forderung läßt sich nicht einfach als „Demokratisierungsgerede" abtun, wie es Blümel, DVBl. 1977, 301 (305) versucht.

[19] Vgl. Rengeling, JZ 1977, 542 (544).

[20] Vgl. Kopp, BayVBl. 1980, 97 (101).

[21] Im Ergebnis wohl auch Bender in: Lukes V, S. 240.

[22] Im Ergebnis auch Schmidt, VVDStRL Bd. 33, S. 183 (214, 215); dies erkennt auch Kopp, BayVBl. 1980, 97 (101), macht aber nicht deutlich, daß es sich um ein grundrechtlich geschütztes Beteiligungs-„Recht" handelt.

Art. 2 Abs. 2 S. 1 GG und dem Erfordernis zusätzlicher demokratischer Legitimation der Exekutive Rechnung zu tragen.

Hinzu kommt ferner, daß dem Bürger die Schwierigkeit und Komplexität atomrechtlicher Entscheidungen bewußt geworden ist; dadurch ist gleichsam das Vertrauen des Staatsbürgers, die Verwaltung werde wohl richtige Entscheidungen treffen, gesunken[23]. Eine komplexe Materie, die den Bürger zugleich potentiell in grundrechtlich geschützten Positionen zu beeinträchtigen vermag, löst bei ihrer Behandlung durch die Verwaltung ein zusätzliches Legitimationsbedürfnis aus, welches hinreichend nur durch ein besonderes Beteiligungsverfahren gedeckt werden kann.

2. Demokratisierung durch die AtVfV?

Bei der Untersuchung, ob die in der AtVfV vorgesehenen Beteiligungsmöglichkeiten des Bürgers demokratischen Grundsätzen entsprechen, ist zu fragen, ob die AtVfV der Genehmigungsbehörde die Legitimation gibt, die allein die periodische Landtagswahl aus den aufgezeigten Gründen nicht zu geben vermag. Das in der AtVfV vorgesehene Einwendungsrecht mit dem anschließenden Erörterungsverfahren darf nicht lediglich eine „Scheinlegitimation" darstellen. Das bedeutet, daß das in der AtVfV vorgesehene Beteiligungsrecht Dritten die Möglichkeit eröffnen muß, ihr Grundrecht auf Leben und körperliche Unversehrtheit zu artikulieren. Andererseits kann das Beteiligungsrecht *kein echtes Mitbestimmungsrecht* etwa in Form einer Mehrheitsentscheidung sein. Eine grundrechtlich gebotene Verfahrensteilhabe kann das vom Grundgesetz vorgegebene demokratische System nicht verändern. Somit vermag die Forderung nach einem effektiven Grundrechtsschutz nicht ein allgemeines Mitbestimmungsrecht der Bürger zu begründen[24]. Erst recht würde die von Art. 20 GG vorgesehene Gewaltenteilung und demokratische Legitimation der Staatsgewalt negiert, wenn gar eine unmittelbare Bürgerbeteiligung im Bereich der Normsetzung zum Zwecke einer effektiven Grundrechtswahrnehmung gefordert würde. Eine derart umfassende Bürgerbeteiligung ist über die Prämisse des Grundrechtsschutzes nicht zu legitimieren[25]. Dies käme der Form einer

---

[23] Dazu allgemein Luhmann, Legitimation durch Verfahren, S. 203.

[24] Vgl. Ossenbühl, DÖV 1981, 1 (6); das ist vor allem auch im Sinne von Blümel, DVBl. 1977, 301 (305), der im übrigen aber keinerlei Beteiligungsrechte aus dem Demokratieprinzip ableiten will, vgl. ferner im Ergebnis Blümel in: Lukes V, S. 233 und Brocke, Rechtsfragen der landesplanerischen Standortvorsorge für umweltbelastende Großvorhaben, S. 176.

[25] Vgl. auch Ossenbühl, DÖV 1981, 1 (3, 6); im Ergebnis auch Kimminich in: Lukes V, S. 264.

unmittelbaren Demokratie gleich, wie dies etwa in der Schweiz[26] für viele Bereiche praktiziert wird. Ein echtes Mitbestimmungsrecht der Bürger in Exekutivangelegenheiten ist unserem System einer mittelbaren oder repräsentativen Demokratie nicht nur fremd[27]; auch eignete sich eine atomrechtliche Genehmigung aufgrund ihrer Kompliziertheit und der Komplexität der atomrechtlichen und sicherheitstechnischen Materie mangels Sachverstandes der möglicherweise Abstimmungsberechtigten nur allzu schlecht für eine Mehrheitsentscheidung[28]. Der Ruf nach einer grundrechtlich legitimierten Bürgerbeteiligung darf somit nicht überstrapaziert werden[29]. Eine pauschale Herleitung von Teilhabe- oder gar Mitbestimmungsrechten aus der Funktion der Grundrechte würde das bestehende demokratische Staatssystem sprengen.

Eine grundrechtlich geforderte Verfahrensteilhabe läßt sich im Bereich des Atomrechts aber auch nicht mit dem Argument abtun, Grundrechte setzten eine individuelle Betroffenheit voraus, die aber wegen der Ausstrahlung des Atomkraftwerks auf die Allgemeinheit ausscheide[30]. Richtig ist, daß aufgrund der weiten Ausstrahlungswirkung des Atomkraftwerks ein generelles Teilhaberecht der Bürger anhand des Art. 20 GG nicht zu legitimieren ist. Eine individuelle Betroffenheit des jeweils zu beteiligenden Bürgers läßt sich aber nicht mit dem Argument ablehnen, in Wirklichkeit sei die Allgemeinheit und nicht der einzelne betroffen. Die Berufung auf Grundrechte darf nicht dadurch abgeschnitten werden, daß die Zahl der Grundrechtsträger, der potentiell Betroffenen, immens hoch ist. Art. 2 Abs. 2 S. 1 GG verliert in Bezug auf die einzelne Person dadurch nicht an Wirkung, sondern muß im Gegenteil wegen der großen Anzahl der Betroffenen besondere Beachtung finden.

Die AtVfV ist folglich daraufhin zu untersuchen, ob sie der Genehmigungsbehörde die wegen Art. 2 Abs. 2 S. 1 GG grundsätzlich erforderliche demokratische Legitimation in Anbetracht der herausgearbeiteten Grundsätze verleiht.

---

[26] Gerade die Errichtung von Kernkraftwerken geschieht in der Schweiz nicht aufgrund einer Volksabstimmung; vgl. dazu näher Pelzer / Bischof in: Lukes V, S. 316 ff. und Rengeling, JZ 1977, 542 ff.

[27] Vgl. dazu auch Schmidt, VVDStRL Bd. 33, S. 183 (200), der dies für eine falsch verstandene Demokratisierung hält.

[28] Vgl. auch Rengeling, JZ 1977, 542 (548); ferner Steinberg, ZRP 1982, 113 (116).

[29] Ossenbühl, DÖV 1981, 1 (6) sieht die Gefahr einer grundrechtlich orientierten Verfahrenseuphorie.

[30] So aber Ossenbühl, DÖV 1981, 1 (6, 7).

a) Einwendungsbefugnis nach der AtVfV

Die §§ 4 - 7 AtVfV sehen vor, daß jedermann innerhalb der zweimonatigen Auslegungsfrist Einwendungen gegen die beantragte Genehmigung vorbringen kann. Es wurde bereits herausgearbeitet, daß eine Einwendung ein wenn auch laienhaftes, so aber doch ein mit einer Begründung versehenes Vorbringen voraussetzt; ansonsten ist der *Personenkreis der Einwender* unbegrenzt. Daher kann man durchaus von einer umfassenden Partizipationsmöglichkeit sprechen, zumindest was die Größe des Personenkreises der Einwender betrifft. Insoweit ist durch die Einwendungsmöglichkeit aller eine Regelung gefunden worden, die im Vergleich zum Landtagswahlrecht das demokratische Soll übererfüllt. Während das Wahlrecht ein Mindestalter kennt und die Möglichkeit vorsieht, das Wahlrecht durch Richterspruch auszuschließen, ist im atomrechtlichen Einwendungsverfahren grundsätzlich jedermann zur Artikulation seiner Bedenken befugt. Unter dem Gesichtspunkt der Demokratie und der Gewaltenteilung ist die Gewährung von Einwendungsrechten nach der AtVfV bedenkenlos[31]; die Prinzipien der mittelbaren Demokratie werden dadurch nicht angetastet. Andererseits aber sind durch die AtVfV die generell nach den Verwaltungsverfahrensgesetzen vorgesehenen Anhörungsrechte verstärkt worden. Die AtVfV setzt keine Beteiligtenstellung voraus wie die Verwaltungsverfahrensgesetze; einwendungsbefugt ist vielmehr *jedermann*, eine Regelung, die durch Art. 2 Abs. 2 S. 1 GG geboten ist.

Auch was die Beschränkung des Einwendungsrechts auf eine Frist von zwei Monaten betrifft, so erheben sich dagegen aus dem Gesichtspunkt des Demokratieprinzips keine durchgreifenden Bedenken. Die Zwei-Monats-Frist bedeutet einen Kompromiß zwischen der Beteiligungsmöglichkeit einerseits und der Verfahrenserledigung bzw. -beschleunigung andererseits. Ob innerhalb von zwei Monaten tatsächlich alle möglichen Einwendungen herausgearbeitet werden können, ist eine Frage des effektiven Rechtsschutzes. Dem Erfordernis einer Demokratisierung des Genehmigungsverfahrens ist dadurch jedenfalls entsprochen worden. Es liegt in der Kompliziertheit der Materie begründet, daß sich ein Laie innerhalb von zwei Monaten nicht vollständig in die Genehmigungsunterlagen einarbeiten kann. Dieser Gesichtspunkt wird sicherlich bei der Frage nach effektivem Rechtsschutz zu berücksichtigen sein. Das Demokratisierungsgebot ist dadurch allein aber noch nicht verletzt. Man kann nicht argumentieren, daß das Einwendungsverfahren lediglich eine Scheinbeteiligung eröffne oder wegen der Komplexi-

---

[31] Vgl. Ossenbühl, DÖV 1981, 1 (3).

tät der Materie lediglich symbolischen Charakter[32] habe. Ansonsten gäbe es bei der Bewältigung von Großprojekten keine denkbare adäquate Beteiligungsform, wenn man die Kompliziertheit der Materie anführt und darauf hinweist, daß sich ein Laie nicht innerhalb von zwei Monaten sachkundig machen kann. Eine zeitliche Einwendungsgrenze ist sicherlich geboten. Auch wird es in der Regel den interessierten Einwendern gelingen, zumindest essentielle — wenn auch nicht detailliert begründete — Bedenken gegen das Atomkraftwerk und seinen Standort und seine möglichen Auswirkungen auf Leben und Gesundheit zu artikulieren.

Der Verordnungsgeber hat mit der AtVfV und ihrem Einwendungsverfahren den Betroffenen eine nach demokratischen Gesichtspunkten erforderliche Artikulationsmöglichkeit geschaffen. Die Genehmigungsbehörde ist verpflichtet, die fristgerecht vorgebrachten Einwendungen zu erörtern und bei ihrer Entscheidung zu berücksichtigen. Wenn man unterstellt, daß die Genehmigungsbehörde die Einwendungen sorgfältig prüft und sachgerechte Abwägungen trifft, so ist das Einwendungsverfahren der AtVfV durchaus geeignet, der behördlichen Entscheidung die zusätzlich erforderliche demokratische Legitimation zu verleihen.

b) Präklusion und demokratische Legitimation

Das gefundene Ergebnis — die demokratische Legitimation der Behördenentscheidung durch das Einwendungsverfahren — könnte durch die Präklusionswirkung des § 7 Abs. 1 S. 2 AtVfV wieder relativiert werden.

aa) Formelle Präklusion

Einerseits greift mit Ablauf der Einwendungsfrist für alle Nichteinwender die formelle Präklusion mit der Ausschlußwirkung für das weitere Genehmigungsverfahren ein. Eine formelle Präklusion ist dem Demokratieprinzip jedoch nicht fremd. Man denke nur an den Kern demokratischer Betätigung, den Gang zur Wahlurne. Das *Wahlrecht* ist in seiner Ausübung zeitlich äußerst begrenzt. In der Regel ist die Wahltätigkeit an einem bestimmten Tag während der Öffnungszeit des Wahllokals auszuüben. Jedermann ist es ohne besondere gesetzliche Regelung einleuchtend, daß mit Schließung des Wahllokals das Wahlrecht nicht mehr ausgeübt werden kann, mit anderen Worten der bisher noch nicht angetretene Wähler „präkludiert" ist. Formelle Präklusion und Demokratieprinzip schließen sich daher nicht aus. Man könnte sogar argumentieren, daß die formelle Präklusion ein unverzichtbarer Bestandteil bei der Ausübung demokratischer Rechte ist. Denn es wäre ein uner-

[32] Diesen Zweifel äußert Ossenbühl, DÖV 1981, 1 (8).

träglicher Zustand der Rechtsunsicherheit, wenn für die Wahrnehmung eines Mitbestimmungsrechts zu einer konkret zu entscheidenden Frage kein abgegrenzter Zeitraum festgelegt würde. Ein solcher Zeitraum dient einerseits der Beschleunigung demokratischer Willensbildung und damit letztlich der Handlungsfähigkeit der Demokratie; andererseits muß zum Ausschluß von Willkür und Manipulationsmöglichkeiten feststehen, welche Stimmabgaben und Meinungsäußerungen bei dem anstehenden Entscheidungsprozeß zu berücksichtigen sind. Der Eintritt einer formellen Präklusion spricht daher nicht gegen eine demokratische Legitimation des Entscheidungsträgers.

bb) Materielle Präklusion

Auch wenn man der herrschenden Meinung folgt und § 7 Abs. 1 S. 2 AtVfV eine materielle Präklusionswirkung beimißt, kann ein Widerspruch zu demokratischen Prinzipien grundsätzlich nicht festgestellt werden. Wenn man wiederum den Vergleich mit dem allgemeinen Wahlrecht sucht, so ist bei diesem selbstverständlich, daß mit Fristablauf kein Recht mehr besteht, die versäumte Meinungskundgabe wirksam nachzuholen. Dies läßt sich wiederum mit dem Argument der Rechtsklarheit und der Handlungsfähigkeit der demokratisch legitimierten Institution rechtfertigen.

Die materielle Präklusion im atomrechtlichen Genehmigungsverfahren geht jedoch in ihrer Wirkungsweise noch einen Schritt weiter. Sie bewirkt nicht nur einen Ausschluß des inhaltlichen Vorbringens für das konkrete Einwendungsverfahren; darüber hinaus wirkt der Ausschluß für das an sich zulässige Klageverfahren. Dieser Gesichtspunkt ist aber ersichtlich kein Problem der demokratischen Willensbildung, sondern eine Frage des Rechtsstaatsprinzips und der Rechtsweggarantie; das Demokratieprinzip mag zwar die Forderung nach Unabhängigkeit der Gerichte, nicht aber einen Anspruch auf eine bestimmte Rechtsschutzmöglichkeit begründen.

Insgesamt ist daher die formelle und materielle Präklusion mit dem demokratisch gebotenen Beteiligungsrecht Dritter im atomrechtlichen Genehmigungsverfahren vereinbar.

3. Demokratie und Interessenverbände

a) Interessenverbände als demokratische Einrichtungen

Unter dem Gesichtspunkt des Demokratieprinzips rücken die gerade aus Anlaß eines Atomkraftwerks gegründeten Interessenverbände und Bürgerinitiativen in den Blickpunkt. Zweifellos sind diese demokratische Ausformungen einer Interessenvertretung und Willensbildung, denn auch die *Vereinigungsfreiheit* aus Art. 9 GG, also die kollektive Interessenwahrnehmung, ist ein Wesenselement demokratischer Handlungsformen. Von diesem Freiheitsbereich wird auch der demokratisch gebotene Minderheitenschutz und die Garantie, oppositionelle Ansichten kollektiv äußern zu dürfen, erfaßt. An der Zulässigkeit der genannten Interessenvereinigungen bestehen angesichts des Art. 9 GG keine Bedenken. Ebenso wenig kann nach den obigen Ausführungen zum Einwendungsbegriff des § 7 Abs. 1 S. 1 AtVfV zweifelhaft sein, daß diese Vereinigungen für das atomrechtliche Genehmigungsverfahren einwendungsbefugt sind. § 7 AtVfV trifft keine Unterscheidung zwischen natürlichen und juristischen Personen und stellt auch nicht auf die Rechtsfähigkeit der Personenvereinigung ab.

Die Beteiligung von Bürgerinitiativen und Interessenverbänden kann unter Umständen zu einer Verständigung mit der Genehmigungsbehörde und dem Antragsteller führen, also zu einer Konfliktlösung beitragen[33]. Die Bereitschaft der anläßlich der Errichtung von Kraftwerken gebildeten Interessenverbände zu einer Konfliktlösung ist aber nicht überzubewerten. Eben wegen ihrer oft spontanen Bildung sind die Verbände in der Regel emotionsgetragen, vom Grundsatz her oppositionell[34] und alles andere als auf eine Konfliktlösung durch Kompromisse auf der Basis gegenseitigen Nachgebens ausgerichtet; sie sind eben keine Fach-, sondern Interessenvertreter[35]. Das gleiche gilt für Umweltschutzverbände, die sich bundes- oder landesweit als feste Institutionen[36] etabliert und die Verhinderung atomrechtlicher Anlagen zu ihrem eigentlichen Verbandszweck erhoben haben.

Bedenken entzünden sich auch an der *demokratischen Legitimation* dieser Verbände, für eine Vielzahl von Bürgern aufzutreten. Während das „Ob“, also die Bildung der Verbände, uneingeschränkt demokratischen Prinzipien entspricht, kann das nicht in diesem Umfang für das „Wie“, also die inhaltliche Verbandsbetätigung gelten. Ebenso wie der Kraftwerksbetreiber eigennützige oder zumindest einseitige Interessen verfolgt, gilt dies in erheblichem Umfang auch für die Interessenverbände[37]. Sie besitzen daher nur die Legitimation, für die sie bildenden und unterstützenden Personen aufzutreten und deren örtlich begrenzten Belange wahrzunehmen, nicht aber, für eine Bevölkerungsgesamtheit

---

[33] So Kopp, BayVBl. 1980, 97 (103).

[34] Schuppert in: Hoffmann-Riem, S. 306.

[35] Vgl. Ossenbühl, DÖV 1981, 1 (3).

[36] Lauer in: Lukes III, S. 49 spricht von „professionellen Kraftwerksgegnern“.

[37] Vgl. Kopp, BayVBl. 1980, 97 (103); grundsätzlich auch Simon / Heußner, DVBl. 1980, 361 (363).

zu sprechen[38]. Für eine demokratisch legitimierte Kraft fehlt es einem Bürgerverband auch an der notwendigen Beständigkeit, was sowohl hinsichtlich seiner Existenz im allgemeinen, als auch hinsichtlich der Verfolgung der gesteckten Ziele im besonderen gilt. Der äußerliche bzw. zeitliche Bestand eines Bürgerverbandes ist von vielen Unwägbarkeiten wie der Art der Unterstützung aus der Bevölkerung oder der voraussichtlichen Erfolgsquote seiner Tätigkeiten abhängig; die Lebensdauer des Verbandes hängt in der Regel von der Dauer des konkreten Konflikts ab[39]. Diese Unsicherheiten widersprechen den Anforderungen, die an eine demokratisch legitimierte Interessenvertretung zu stellen sind. Diese muß mit einer gewissen Kontinuität ausgestattet sein, um das in sie gesetzte Vertrauen der Allgemeinheit zu rechtfertigen.

Sogenannten Bürgerinitiativen mangelt es aber nicht nur an der notwendigen äußeren, sondern — wie es ein Beispiel[40] aus der Praxis zeigt — auch an der inhaltlichen Kontinuität, also an der Konsequenz bei der Verfolgung selbst gesteckter Ziele. Wenn sich, wie dort geschehen, eine Vereinigung betroffener Bürger zur Rücknahme ihrer Widersprüche wirksam gegen Entgelt verpflichtet, so tritt hier eine Anfälligkeit zutage, die für eine demokratische Einrichtung tabu sein sollte. Zudem ist nicht selten der Repräsentant einer Bürgerinitiative nicht durch demokratischen Mehrheitsentscheid ihrer Mitglieder gewählt worden[41]. Berechtigt, für die Gesamtheit zu sprechen, sind und bleiben daher die demokratisch gewählten Volksvertreter, deren Loyalität im Gegensatz zu den erwähnten Verbänden durch Amtseide und straf- und dienstrechtliche Vorschriften stärker abgesichert wird.

Auch wenn möglicherweise die steigende Aktivität von Bürgerinitiativen ein Anzeichen für eine Legitimationskrise der politischen Parteien[42] sein mag, können sich Interessenverbände nicht als Volksvertreter eigener Art aufschwingen[43]. Ebenso wenig kann eine Beteiligung der Verbände am Genehmigungsverfahren der atomrechtlichen Genehmigungsbehörde nicht die demokratisch notwendige Legitimation geben.

---

[38] So auch Degenhart, Kernenergierecht, S. 207; Bartlsperger, VVDStRL Bd. 33, S. 220 (228); in diesem Sinne auch Schuppert: in Hoffmann-Riem, S. 306.

[39] Vgl. auch Schmidt, VVDStRL Bd. 33, S. 183 (191, 194).

[40] Vgl. den in der Presse vielbeachteten Fall um das Kernkraftwerk in Bergkamen, dessen Sachverhalt wiedergegeben ist bei BGH, NJW 1981, 811.

[41] Knöpfle, DVBl. 1974, 707 (715); vgl. auch Dagtoglou, DVBl. 1972, 712 (716, 717); offenbar Zweifel an der inneren Demokratie der Umweltschutzverbände hat auch Schmidt, DÖV 1976, 577 (583).

[42] Schmidt, VVDStRL Bd. 33, S. 183 (205); ähnliche Zweifel bei Knöpfle, DVBl. 1974, 707 (714).

[43] Steinberg, ZRP 1982, 113 (118) spricht kritisch von „selbsternannten Wortführern des Volkes“.

Diese kann nur durch eine Verfahrensform geschehen, die allen — und nicht nur einzelnen Interessengruppen — eine Beteiligungsmöglichkeit einräumt.

Erst recht können Entscheidungen auf dem Gebiet des Atomrechts — seien diese legislativer oder exekutiver Art — nicht sogenannten unabhängigen Fachgremien übertragen werden[44]; diese sind nicht demokratisch legitimiert. Um eine Legitimation zu erreichen, wäre eine Verfassungsänderung[45] unter Einführung einer weiteren „Staatsgewalt" notwendig. Ein mit Sachverständigen besetztes Gremium würde sich gegenüber der bisherigen Genehmigungsbehörde als noch schwerfälliger erweisen; dies wäre eine natürliche Folge einer pluralistischen Besetzung des Gremiums.

Keine Bedenken aus demokratischer Sicht erheben sich hingegen gegen die Einrichtung von Kommissionen zur Erarbeitung von Sicherheitsrichtlinien und Immissionsgrenzwerten[46]. Diese aber können nichts anderes sein als Sachverständige, deren sich alle drei Staatsgewalten in der Regel bei der Ausarbeitung, Anwendung und Überprüfung fachfremder und hochkomplizierter Materien bzw. der entsprechenden Gesetzesregeln bedienen müssen. Bürgern aus dem Gesichtspunkt des Art. 2 Abs. 2 S. 1 GG den Zugang zu solchen Fachkommissionen eröffnen zu wollen[47], überspannt jedoch die Auswirkung der Grundrechte auf demokratische Beteiligungsformen.

b) Demokratie und Verbandsklage

Eine weitere Art der Bürgerbeteiligung am atomrechtlichen Genehmigungsverfahren könnte durch die Beteiligung von Verbänden am verwaltungsgerichtlichen Klageverfahren praktiziert werden. Die sogenannte Verbandsklage könnte ein Mittel zur Erreichung einer größeren Demokratisierung des Genehmigungsverfahrens sein, indem den Bürgern in ihrer Eigenschaft als Verband ein Mehr an Rechtsschutzmöglichkeit und Verfahrensbeteiligung gewährt wird. In den bisher entschiedenen Fällen ist die Zulässigkeit einer Verbandsklage von den Gerichten durchweg abgelehnt worden[48]. Nach der *gegenwärtigen Gesetzeslage* kommt eine Verbandsklage auch nicht in Betracht; sie ist mangels Klagebefugnis des Verbandes i. S. d. § 42 Abs. 2 VwGO unzulässig[49]. § 42 Abs. 2 VwGO setzt auf seiten der Interessenverbände und Bürgerinitiativen ein subjektiv-öffentliches Recht und damit eine Rechtsposi-

---

[44] Vgl. dazu Bender, DÖV 1980, 633 (639); eine derartige Übertragung wird als neuere Diskussionsbestrebung bezeichnet von Winters, DÖV 1978, 265 (272) und vorgeschlagen von Ossenbühl, DVBl. 1978, 1 (9).

[45] Vgl. Lukes, NJW 1978, 241 (246), der jedoch einen solchen Weg für sinnvoll hält, um auf juristischer Ebene dem technischen Fortschritt standhalten zu können.

[46] Vgl. den Vorschlag von Simon / Heußner, DVBl. 1980, 361 (363); dazu ferner Lukes, NJW 1973, 1209 (1214).

[47] So wohl Simon / Heußner, DVBl. 1980, 361 (363), die diesen Ansatz im übrigen nicht weiter diskutieren.

[48] Vgl. Fischerhof in: Lukes III, S. 23.

[49] Vgl. BVerwG, DVBl. 1980, 1010; Rengeling, JZ 1977, 542 (545, 546).

tion voraus, die diese nicht haben. Ein solches Recht ergibt sich weder aus Art. 19 Abs. 4 GG noch aus Art. 9 Abs. 1 GG[50]. Art. 19 Abs. 4 GG kann dem Verband kein subjektiv-öffentliches Recht verleihen; vielmehr setzt diese Vorschrift ein solches Recht voraus und klärt nur die Frage, ob dieses Recht auf die Personenvereinigung Anwendung findet bzw. vor ihr geltend gemacht werden kann. Auch auf Art. 9 Abs. 1 GG kann eine Klagebefugnis nicht gegründet werden. Durch einen Ausschluß vom Verwaltungsrechtsstreit wird die vereinsmäßige Betätigungsfreiheit nicht behindert. Die Vereinigung genießt lediglich Schutz in ihrer Betätigungsfreiheit; nicht aber ist ein bestimmter Betätigungserfolg grundrechtlich geschützt. Schließlich ergibt sich eine Klagebefugnis auch nicht aus Art. 2 Abs. 2 GG, da dieses Grundrecht seiner Natur nach nicht auf eine Vereinigung als ein von den einzelnen Mitgliedern losgelöstes abstraktes Gebilde gemäß Art. 19 Abs. 3 GG Anwendung finden kann.

Ob die Schaffung einer Verbandsklage durch die VwGO demokratisch erforderlich ist, ist zumindest bedenklich und soll näher im Rahmen der alternativen Beteiligungsformen unter § 10 diskutiert werden. Die Zugangsmöglichkeit von Verbänden zum Einwendungsverfahren nach der AtVfV jedenfalls braucht m. E. nicht ausdrücklich gesetzlich normiert zu werden; eine Einwendungsbefugnis ist hinreichend durch die offene Fassung des § 7 Abs. 1 S. 1 AtVfV klargestellt[51].

§ 6 Durchführung des Rechtsstaatsprinzips

1. Genehmigungsverfahren und Gewaltenteilung

a) Bürger und Exekutive

Im Hinblick auf den Bürger und seine Beteiligung am Genehmigungsverfahren kann sich das Problem der Gewaltenteilung nicht stellen. Das Staatsvolk ist nicht eine der drei Staatsgewalten, sondern in der Demokratie die eigentliche Staatsgewalt (Art. 20 Abs. 2 S. 1 GG). Die Frage muß folglich dahin gestellt werden, ob die Art und Weise der Bürgerbeteiligung, wie sie im atomrechtlichen Genehmigungsverfahren vorgesehen ist, rechtsstaatlichen Grundsätzen entspricht. Ein Mindestmaß an Beteiligung betroffener Bürger entspricht zwingenden rechtsstaatlichen Erfordernissen[1]. Dazu zählt ein Mindestmaß an rechtlichem Ge-

[50] Vgl. dazu BVerwG, DVBl. 1980, 1010 m. w. N.; a. A. für die sogenannte egoistische Verbandsklage Faber, Die Verbandsklage im Verwaltungsprozeß, S. 56; ablehnende Anmerkung von Hoppe, DVBl. 1973, 463.

[51] Eine Verbandsbeteiligung muß daher nicht erst noch eingeführt werden, wie dies offenbar Winters, DÖV 1978, 265 (276) glaubt.

[1] Vgl. Kopp, BayVBl. 1980, 97 (100); Degenhart, Kernenergierecht, S. 223; Blümel in: Lukes V, S. 231.

hör und an Verfahrensgerechtigkeit, damit der Bürger nicht durch die Verwaltungsentscheidung überrascht wird. Dem hat die AtVfV mit ihren vorverlagerten Einwendungsmöglichkeiten Rechnung getragen. Einwendungsbefugnisse und Teilnahme an einem Anhörungsverfahren entsprechen einem derartigen rechtsstaatlich gebotenen Mindestmaß einer Beteiligung bei der Bewältigung von Exekutivaufgaben. Je größer die Beeinträchtigung des Bürgers durch die Verwaltungsentscheidung sein kann, um so extensiver müssen seine Beteiligungsmöglichkeiten ausgestaltet sein. Ein echtes Entscheidungsrecht räumt die AtVfV den Bürgern nicht ein. Diese liefern der Genehmigungsbehörde mit ihren Einwendungen lediglich den Entscheidungsstoff, der in der Exekutiventscheidung mit einzubeziehen ist. Die Einwendungsbefugnisse der AtVfV kommen letzlich einem bloßen Anhörungsrecht[2] gleich.

Die Ausübung von Exekutivaufgaben durch Bürger, also unmittelbaren Entscheidungsbefugnissen im Bereich der Verwaltung ist der Bundes- und auch der Landesverfassung fremd. Die LVerf NW kennt in Art. 68 die Institute des Volksbegehrens und des Volksentscheids. Durch diese Instrumentarien übt das Volk jedoch keine Verwaltung, sondern Rechtsprechung aus. Im übrigen gilt, daß die Staatsaufgaben durch besondere Organe ausgeübt werden (Art. 20 Abs. 2 S. 2 GG). Eine fehlende unmittelbare Entscheidungsbefugnis des Bürgers im atomrechtlichen Genehmigungsverfahren ist daher systemimmanent und entspricht gerade dem rechtsstaatlichen Gebot der Gewaltenteilung, also der Durchführung staatlicher Aufgaben durch besondere Organe[3].

Soweit die Einwendungsbefugnisse nach der AtVfV von den möglicherweise durch das Atomkraftwerk Betroffenen wahrgenommen werden, wird dem rechtsstaatlichen Grundsatz entsprochen, daß den durch eine Verwaltungsentscheidung Betroffenen schon im Verwaltungsverfahren rechtliches Gehör zu gewähren ist[4]. Das Argument, die Behörde solle durch eine Vielzahl von Einwendungen in einen bestmöglichen Erkenntnisstand versetzt werden, steht im Vordergrund, soweit die Einwendungsbefugnis als ein „Jedermannrecht" begründet werden soll; eine „Betroffenen"-Partizipation entspricht aber in erster Linie rechtsstaatlichen Geboten und dient der Gewährung rechtlichen Gehörs.

b) Rechtsprechung und Exekutive

Das Problem der Gewaltenteilung wird im atomrechtlichen Verfahren aktuell, sobald die dritte Gewalt, die Judikative, auf den Plan ge-

[2] De Witt, DVBl. 1980, 1006 (1008).

[3] Im Ergebnis auch Knöpfle, DVBl. 1974, 707 (713); Dagtoglou, DVBl. 1972, 712 (717); Bartlsperger, VVDStRL Bd. 33, S. 220 (238); Blümel in: Lukes V, S. 233 und in: Festschrift für Ernst Forsthoff, 1972, 9 (25).

[4] Vgl. auch Bender in: Lukes V, S. 238; Blümel in: Lukes V, S. 229.

rufen wird. Bekanntlich kann keine atomrechtliche Teilgenehmigung mehr ergehen, ohne daß diese angefochten und einer richterlichen Überprüfung unterzogen wird. Umweltschutz und Reaktorbau werden mittlerweile massiv durch die Verwaltungsgerichte (mit-)bestimmt[5].

Daß Verwaltungsentscheidungen durch Verwaltungsgerichte überprüft werden, dient zunächst der behördlichen Kontrolle und ist durch die Rechtsweggarantie des Art. 19 Abs. 4 GG rechtsstaatlich geboten. Dies gilt augenscheinlich um so mehr, da aufgrund der Vielzahl unbestimmter Rechtsbegriffe der Atomgesetze ein Großteil der Verantwortung vom Gesetzgeber auf die Exekutive übertragen worden ist; die Einschaltung der Gerichte dient somit einer rechtsstaatlichen Begrenzung und *Kontrolle der zweiten Gewalt*[6].

Daß von dieser Rechtsschutzmöglichkeit vielleicht teilweise extensiv Gebrauch gemacht wird, mag Kraftwerksbetreiber und Behörden zur Verzweiflung bringen, hält sich aber im Rahmen der vom Grundgesetz geforderten und von den Prozeßordnungen ausgestalteten Rechtswegeröffnung. Eine vom Verfassungsgeber ungewollte und nicht vorhergesehene Gefahr eines Verstoßes gegen den Grundsatz der Gewaltenteilung ist darin nicht zu erkennen. Möglicherweise hat die massive Anrufung der Gerichte auf seiten der Genehmigungsbehörde zur Folge, daß eine gewisse Resignation eintritt, da in jedem Fall das Gericht bei jeder Teilgenehmigung das letzte Wort hat. Darin die Gefahr zu sehen, daß die Behörden sich bei ihren Entscheidungen nicht mehr so viel Mühe geben[7], scheint mangels Beispielen aus der Praxis zu weit hergeholt.

Die *Gefahr eines Verstoßes gegen das Gewaltenteilungsprinzip* tritt jedoch zutage, wenn sich die Gerichte über den ihnen zugewiesenen Bereich der Rechtsprechung aufschwingen und ihrerseits aktiv Umweltschutz betreiben. Gerade im Bereich des vorläufigen Rechtsschutzes kommt diese Gefahr zum tragen. Da die Behörden gewöhnlich[8] die Teilgenehmigungen für sofort vollziehbar erklären[9], spielt das Verfahren

---

[5] Vgl. die Bedenken bei Kopp, BayVBl. 1980, 97 (103, 104); Fischerhof in: Lukes III, S. 29; Lauer in: Lukes III, S. 47. Ossenbühl, DVBl. 1978, 1 meint ironisch, die Genehmigung von Kraftwerken bedürfe der „gerichtlichen Bestätigung".

[6] Vgl. Wagner / Nobbe, NJW 1978, 1028 (1031), die aber im folgenden das Problem einer Überspannung gerichtlicher Kontrollaufgaben nicht erörtern.

[7] So Kopp, BayVBl. 1980, 97 (104); das Gegenteil nehmen Wagner / Krech, ATW 1978, 18 (21) an.

[8] Zu dieser Praxis vgl. BVerfG, DVBl. 1980, 356 (361); OVG Lüneburg, DVBl. 1978, 67; Winters, DÖV 1978, 265 (268); Listl, DVBl. 1978, 10 (11); Feldhaus, § 8 BImSchG, S. 10; de Witt in: Lukes V, S. 274. Bedenken hiergegen meldet das VG Freiburg, DÖV 1975, 611 (612, 613) an; Bedenken im Ergebnis auch bei Schmidt-Assmann, DÖV 1975, 742 (744).

[9] Das öffentliche Interesse an der sofortigen Vollziehbarkeit wird in der Regel begründet mit der Sicherung des zukünftigen Energiebedarfs, vgl. Bay VGH, DVBl. 1982, 35 (37); VG Hannover, DVBl. 1978, 74 (79); Winters, DÖV 1978, 265 (269); Listl, DVBl. 1978, 10 (11); Feldhaus, § 8 BImSchG, S. 10;

nach § 80 Abs. 5 VwGO, eingeleitet durch die von der Genehmigung betroffenen Bürger, im atomrechtlichen Verfahren eine wichtige Rolle. Das summarische Verfahren des *einstweiligen Rechtsschutzes,* bedingt durch Zeitdruck und einen nicht vollständig ausermittelten Sachverhalt, eröffnet den Gerichten einen großen Gestaltungsspielraum, der im Ergebnis dazu führen kann, daß die Gerichte Verwaltungsentscheidungen treffen. Sie erheben eigene Vorstellungen und Erkenntnisse zur Grundlage ihrer Eilentscheidung und nehmen damit häufig originäre Verwaltungsaufgaben wahr.

Zum einen widerspricht dies dem Gebot der Gewaltenteilung, zum anderen besitzen die Gerichte hierzu nicht die demokratische Legitimation[10]. Auch fehlt den Gerichten zumeist die Sachkunde, die die zuständige Spezialbehörde auf dem Gebiet des Atomrechts besitzt. Die Gerichte befinden sich in dem Dilemma, über eine Materie befinden zu müssen, die nur von Fachbehörden bzw. technischen Sachverständigen beherrscht werden kann[11]. Die Situation ist zunächst dadurch eingeleitet worden, daß der Gesetzgeber sich im wesentlichen auf die Grundsatzentscheidungen zur friedlichen Nutzung der Kernenergie und die Ausgestaltung der Entscheidungen durch unbestimmte Rechtsbegriffe beschränkt hat. Diese lückenhafte und ausfüllungsbedürftige Regelung führt zu einer erheblichen Verlagerung der Detailentscheidungen auf die Exekutive und schließlich zu deren Überprüfung durch die Verwaltungsgerichte[12]. In anderen Rechtsbereichen wirkt einer mangelnden Bestimmtheit gesetzlicher Normen ein wirksamer Ausgleichsmechanismus entgegen: die im Laufe vieler Jahre vorgenommene Konkretisierung unbestimmter Rechtsbegriffe durch eine Verfestigung der höchstrichterlichen Rechtsprechung und der damit bewirkten Vorhersehbarkeit instanzgerichtlicher Entscheidungen. Dieser Ausgleichsfaktor kommt bei der Konkretisierung der unbestimmten atomrechtlichen Normen nicht zum tragen[13]. Dazu mangelt es einerseits den Gerichten an der erforderlichen wissenschaftlich-technischen Sachkunde, andererseits

---

Fischerhof in: Lukes III, S. 24. Bedenken hiergegen vom VG Freiburg, DÖV 1975, 611 (612, 613).

[10] Zur Kritik vgl. Kopp, BayVBl. 1980, 97 (103, 104); Lange, DVBl. 1975, 130 (136); in dieser Richtung auch Lukes, NJW 1978, 241 (245) und Listl, DVBl. 1978, 10; für den Bereich des Baurechts auch von Heyl / Prätorius in: Hoffmann-Riem, S. 268, die vor einer Entwicklung vom Rechtsstaat zum Rechtswegestaat warnen.

[11] Ossenbühl, DVBl. 1978, 1 (2, 3) stellt sehr instruktiv einige entscheidungsrelevante technische Fragen zusammen, an deren Beantwortung sich die Gerichte versucht haben.

[12] Dieser Verlagerungseffekt wird auch angesprochen vom BVerfG, DVBl. 1979, 45 (49) und auf ein Regelungsdefizit durch den Gesetzgeber zurückgeführt; ferner Lukes, NJW 1978, 241 (244); Listl, DVBl. 1978, 10; Lange, DVBl. 1975, 130 (136).

[13] Vgl. Lukes, NJW 1978, 241 (244); dies verkennt Listl, DVBl. 1978, 10 (17).

kann sich in Anbetracht der rapiden Entwicklung der Atomtechnik im Verlauf mehrerer Jahre keine Verfestigung der Rechtsprechung herausbilden. Von einer verfestigten atomrechtlichen Rechtsprechung zu reden, hieße gleichzeitig deren Veralterung zu implizieren.

Bei der Überprüfung technischer Detailfragen haben sich die Gerichte zu vergegenwärtigen, daß es nicht ihre Aufgabe ist, zum letztendlichen Entscheidungsträger zu avancieren[14]. Oft genug wird die klare Dreiteilung der Gewalten hierdurch verwischt[15]. Diese Gefahr wird durch die Notwendigkeit verstärkt, *Gutachter* für die Entscheidungsfindung heranzuziehen[16]; ein atomrechtliches Gerichtsverfahren kommt ohne Gutachter in der Regel nicht aus[17]. Die Tatsache, daß das Gericht die Möglichkeit hat, den technischen Sachverhalt in allen seinen Einzelheiten gutachterlich aufbereiten zu lassen, birgt die Gefahr in sich, daß über die eigentlichen Judikativaufgaben hinausgeschossen wird. Das Gericht ist zwar mangels eigenen hinreichenden Sachverstands auf Gutachter angewiesen; wegen dieses Hilfsmittels ist es den Gerichten auch nicht verwehrt, atomrechtliche Verwaltungsentscheidungen und die in ihnen getroffenen Prognosen zu überprüfen[18]. Die gutachterliche Inanspruchnahme darf aber nicht in extensiver Weise dazu führen, daß der gesamte wissenschaftlich-technische Sachverhalt bis ins einzelne überprüft wird. Zum einen besitzen die Gerichte dazu mangels hinreichender Sachnähe gar nicht die notwendige Kompetenz; eine ausgelotete technische Sachprüfung überfordert die dritte Gewalt[19] und muß zu Fehlentscheidungen und zu einem Unmut unter den originär zur Beurteilung der anstehenden technischen Fragen berufenen Naturwissenschaftler führen. Die sicherheitstechnischen Anforderungen der Gerichte an den Atomanlagenbau werden dann zwangsläufig immer unvorhersehbarer[20]. Der durch eine Verfahrensstufung intendierten Verfahrensklarheit würde eine durch Unvorhersehbarkeit gerichtlicher Ent-

---

[14] Zur Kritik vgl. Lauer in: Lukes III, S. 47; Degenhart, Kernenergierecht, S. 244; Bender, DÖV 1980, 633 (638), der eine Behebung des Regelungsdefizits durch den Gesetzgeber fordert; vgl. BVerfG, DVBl. 1979, 45 (48) zur fehlenden politischen Kompetenz der Gerichte zum Schnellen Brutreaktor.

[15] Vgl. dazu Ossenbühl, DÖV 1981, 1.

[16] Zum Gutachterproblem vgl. Wagner, DÖV 1980, 269 (273).

[17] Vgl. BVerfG, JZ 1978, 269 (271); OVG Lüneburg, DVBl. 1982, 32 (34); OVG Münster, DVBl. 1978, 62 (63); VG Hannover, DVBl. 1978, 74 (78, 79); Breuer, DVBl. 1978, 829 (832, 837); Schwarze, DÖV 1973, 700 (705); Lukes, NJW 1973, 1209 (1211); Fischerhof in: Lukes III, S. 26; Ossenbühl, DVBl. 1978, 1 (9) spricht von „Sachverständigenprozessen".

[18] Vgl. Winters, DÖV 1978, 265 (269).

[19] Vgl. Ossenbühl, DVBl. 1978, 1 (4); Listl, DVBl. 1978, 10; ferner die Bedenken von Fischerhof in: Lukes III, S. 26, 30; im Ergebnis auch Schmidt-Assmann, DÖV 1975, 742 (744) und Bender, DÖV 1976, 584 (585).

[20] Lukes, NJW 1978, 241, 242.

scheidungen bewirkte Rechtsunsicherheit genau entgegenwirken und die durch die Verfahrensstufung erzielten Verbesserungen wieder zunichte machen. Ferner würde das Gericht letztlich seine Entscheidung an die Stelle der Exekutive setzen und gegen das Gewaltenteilungsprinzip verstoßen[21].

Die Gerichte müssen sich daher auf ihre *eigentliche Kontrollfunktion*, die Rechtmäßigkeitsprüfung, besinnen. Eine eigene technische Überprüfung geht über das Amtsermittlungsprinzip hinaus und greift in Exekutivbereiche ein. Neben der Sachverhaltsaufklärung und der Überprüfung des Verfahrensablaufs ist den Gerichten insbesondere die Aufgabe zugewiesen, die erforderlichen Gutachten auf ihre Einsichtigkeit, Schlüssigkeit und daraufhin abzuklopfen, ob sie gesicherte Erkenntnisse oder bloße Vermutungen beinhalten[22], um so die richtige Anwendung atomrechtlicher Normen zu kontrollieren[23]. Die Gerichte sind also nicht etwa verpflichtet, von der Richtigkeit der Gutachten auszugehen[24]; eine Bindung an die Aussagen und Prognosen der Fachleute würde die richterliche Unabhängigkeit in Frage stellen. Andererseits dürfen die Gerichte ihre Entscheidungen auch nicht auf eigene subjektive Werturteile stützen[25]. Angesichts der oft divergierenden Gutachten wird eine wichtige Aufgabe richterlicher Betätigung darin liegen, die Gutachten auf ihre Logik und Plausibilität zu überprüfen[26]. Dabei kommt es insbesondere darauf an, den neuesten bzw. zur Zeit herrschenden Stand von Wissenschaft und Technik i. S. d. § 7 Abs. 2 Nr. 3 AtG zu ermitteln. Hierzu müssen die Gerichte die Bandbreite wissenschaftlicher Erkenntnisse abstecken und prüfen, ob sich die streitige Teilgenehmigung innerhalb dieser Bandbreite bewegt[27]. Es unterliegt der vollen richterlichen Kontrolle, ob sich die eingeholten Gutachten ihrerseits innerhalb der genannten Bandbreite bewegen oder mittlerweile überholt sind[28]. Im Ergebnis läßt es sich aufgrund der Kompliziertheit der Materie dennoch

---

[21] Vgl. Wagner, DÖV 1980, 269 (273); Bedenken auch von Fischerhof in: Lukes III, S. 30 und vom BVerfG, DÖV 1982, 816 (819).

[22] Vgl. Wagner, DÖV 1980, 269 (273); Bender, NJW 1979, 1425 (1431); das BVerfG, DVBl. 1979, 45 (49) läßt die Grenzen richterlicher Nachprüfungspflicht offen.

[23] Vgl. Breuer, DVBl. 1981, 300 (305); eine Abkehr von der Beurteilung technisch-wissenschaftlicher Streitfragen fordern auch Simon / Heußner, DVBl. 1980, 361 (364).

[24] Vgl. Breuer, DVBl. 1978, 829 (837).

[25] Vgl. Breuer, DVBl. 1978, 829 (837); Ossenbühl, DVBl. 1978, 1 (6); Winters, DÖV 1978, 265 (270).

[26] So hatte sich etwa das VG Hannover, DVBl. 1978, 74 (78) zwischen zwei gutachterlichen Prognosen zu entscheiden.

[27] Vgl. OVG Lüneburg, DVBl. 1982, 32 (35); Bender, NJW 1979, 1425 (1431).

[28] Vgl. OVG Lüneburg, DVBl. 1982, 32 (35).

nicht vermeiden, daß derselbe technische Sachverhalt auf unterschiedliche richterliche Bewertung trifft, und zwar bezeichnenderweise nach Anhörung derselben Sachverständigen[29].

Gerade die häufige Anrufung der Gerichte auf dem Gebiet des Atomrechts und ihre dadurch immer bestimmendere Funktion gibt folglich dazu Anlaß, den Grundsatz der Gewaltenteilung ins Gedächtnis zu rufen. Dieses Problem tritt bei der Genehmigung von Atomkraftwerken trotz der Verwendung einer Vielzahl unbestimmter Rechtsbegriffe durch den Gesetzgeber und deren Anwendung durch die Verwaltung nicht so sehr zwischen diesen beiden Staatsgewalten zutage; vielmehr ergeben sich hieraus insbesondere Kompetenzprobleme zwischen der Exekutive und der rechtsprechenden Gewalt[30].

Dem Atomrecht ist auch keine Begrenzung richterlicher Kontrollmöglichkeiten immanent, wie dies etwa bei planerischen Entscheidungen der Behörden anerkannt ist, die im wesentlichen auf begrenzt nachprüfbare Prognosen beruhen. Die Ausgestaltung der atomrechtlichen Normen entspricht nicht denen der Planungsgesetze mit ihren Planzielen, Programmen und entsprechenden Beurteilungsspielräumen[31]; mit der konditional gewählten Fassung des AtG hat der Atomgesetzgeber den Gerichten die Möglichkeit einer vollen Überprüfung unbestimmter Rechtsbegriffe eröffnet. Da eine gesetzliche Einschränkung gerichtlicher Prüfungsmaßstäbe fehlt, ist eine *gerichtliche Selbstbeschränkung* angezeigt. Ein darauf gestützter Appell an die Gerichte muß daher lauten, sich auf die ihnen zugewiesenen, oben bezeichneten Aufgaben zu konzentrieren und eigene, über die Sachentscheidung hinausgehende Stellungnahmen zu unterlassen. Die Tätigkeit der Gerichte hat sich insoweit auf eine passive Funktion zu beschränken; ihre Aufgabe ist es gerade nicht, Umweltschutz aktiv mitzugestalten. Zurückhaltung in der eigenen Beurteilung technischer Detailfragen ist geboten[32].

Bürgerbeteiligung in Form von Wahrnehmung gerichtlichen Rechtsschutzes kann somit dazu führen, daß die Grenzen des Rechtsstaatsprinzips angetastet werden. Die vorgezeigten Gefahren sind ihrerseits durch das Rechtsstaatsprinzip selbst ausgelöst worden, nämlich die Gewährung von Rechtsschutz

[29] Vgl. die zitierten Urteile bei VG Hannover, DVBl. 1978, 74 (78), Ossenbühl, DVBl. 1978, 1 (3) und eingehend Albers, DVBl. 1978, 22, der dies weniger auf eine Überforderung der Gerichte als vielmehr auf unscharfe gutachterliche Formulierungen zurückführt (S. 27); ferner dazu Breuer, DVBl. 1978, 829.

[30] Vgl. Wagner / Nobbe, NJW 1978, 1028 (1030); Wagner, DVBl. 1978, 839 (841).

[31] Vgl. hierzu Ossenbühl, DVBl. 1978, 1 (6, 7).

[32] So auch Degenhart, Kernenergierecht, S. 244; zur Selbstbeschränkung der Gerichte auch Lukes, NJW 1978, 241 (245).

gegen atomrechtliche Verwaltungsentscheidungen. Über die Einhaltung des Rechtsstaatsprinzips zu wachen, ist jedoch nicht Aufgabe der Bürger; vielmehr obliegt dies den angerufenen Gerichten selbst.

Diskutiert wird aber auch die Möglichkeit, die Genehmigungsvoraussetzungen nach § 7 Abs. 2 AtG angesichts der Gefahr interpretatorischer Ausuferung durch die Gerichte mehr zu „verrechtlichen", um dadurch Kompetenzkonflikte zwischen Exekutive und Judikative möglichst gering zu halten[33]. Eine stärkere Durchnormierung des Atomrechts würde aber gleichzeitig zu einer stärkeren Bindung der Genehmigungsbehörde an starre Normen anstatt zu einer Ausrichtung an dem jeweiligen Stand von Wissenschaft und Technik führen.

2. Gestuftes Verfahren und Rechtssicherheit

Eingangs wurden die rechtsstaatlichen Auswirkungen einer Verfahrensstufung aufgezeigt, wobei insbesondere die rechtsstaatliche Gebundenheit der Behörde durch Überschaubarkeit des Verwaltungshandels betont wurde.

Aus der *Sicht des Kraftwerksbetreibers* verfolgt die Verfahrensstufung mit ihrer schrittweisen Bindungswirkung ebenfalls ein rechtsstaatliches Anliegen. Die Bindungswirkung in der oben dargestellten und von der herrschenden Meinung verstandenen Weise führt zu einer vermehrten Rechtssicherheit[34]; der Betreiber kann bei unveränderter Sach- und Rechtslage mit der Erteilung der Folgegenehmigungen rechnen.

Aus der *Sicht des Bürgers* und dem Blickwinkel der Bürgerbeteiligung bedeutet die durch die Verfahrensstufung erzeugte Rechtssicherheit ein zweischneidiges Schwert. Positiv für die Bürgerbeteiligung schlägt die durch die Stufung beabsichtigte Verfahrensklarheit zu Buche. Durch eine Aufspaltung des Entscheidungskomplexes soll die Genehmigungsmaterie für Einwender überschaubarer und damit durchsichtiger und angreifbarer werden. Verfahrensklarheit und Rechtssicherheit lassen sich für Dritte durch die Stufung allein noch nicht erreichen; vielmehr sind an die jeweilige Teilgenehmigung weitere rechtsstaatliche Anforderungen zu stellen. Eine Teilgenehmigung muß zunächst inhaltlich in ausreichendem Maße bestimmt sein, um die für eine Beteiligungsmöglichkeit Dritter erforderliche Transparenz zu erzeugen[35]. Es wirkt sich negativ auf eine Angriffs- bzw. Beteiligungsmöglichkeit aus, wenn die Teilgenehmigung und die ausgelegten Unterlagen zu wenig bestimmt und konkret sind.

---

[33] Vgl. Winters, DÖV 1978, 265 (272); in dieser Richtung auch Degenhart, Kernenergierecht, S. 244; vgl. auch die Lösungsansätze von Lukes, NJW 1978, 241 (244 ff.).

[34] Vgl. Weber, DÖV 1980, 397 (398, 399).

[35] Vgl. Ossenbühl, DÖV 1981, 1 (8); Breuer in: Lukes VI, S. 246.

Auch die *Regelungsgehalte der einzelnen Teilgenehmigungen* müssen für Dritte klar voreinander abgrenzbar sein. So etwa muß deutlich werden, inwieweit eine Folgegenehmigung neue Regelungen und inwieweit sie nur wiederholende Elemente enthält; insoweit ist zu fordern, daß der regelnde Teil der Teilgenehmigung äußerlich klar hervorgehoben wird[36].

Selbst die Gerichte haben zuweilen bei der Erforschung des Regelungsgehalts von Teilgenehmigungen Schwierigkeiten und kommen durchaus zu unterschiedlichen Beurteilungen, so etwa geschehen bei der Frage, inwieweit eine Änderungsgenehmigung eine zuvor erlassene Teilgenehmigung aufhebt[37].

Sinn und Zweck gestufter Verfahren werden ins Gegenteil verkehrt, wenn Dritten die Regelungsweiten der Teilgenehmigungen nicht klar erkennbar sind. Dann nämlich erzeugt die Verfahrensstufung eine Rechtsunsicherheit, weil Dritte durch die Reichweite der Teilentscheidungen überrollt werden und eine Undurchschaubarkeit des Regelungsgehalts im Ergebnis zu einer Konfliktverringerung zu Gunsten des Antragstellers führt[38]. Eine wirkliche Rechtssicherheit kann durch eine Verfahrensstufung für den Bürger also nur erreicht werden, wenn er die Regelungsgehalte der Teilentscheidungen inhaltlich hinreichend zu definieren vermag. Aus dem Gesichtspunkt der Rechtsklarheit sind daher rechtsstaatliche Bedenken gegen die Praxis der herrschenden Meinung anzumelden, die zum Regelungsgehalt der ersten Teilgenehmigung auch die Entscheidung der Standortfrage und das vorläufige positive Gesamturteil zählt[39]. Hierdurch entsteht auf seiten der Bürger eine erhebliche *Anfechtungslast und Rechtsunsicherheit*, da sie insbesondere den Regelungsumfang der ersten Teilgenehmigung nicht deutlich genug ausmachen können[40].

Das *positive Gesamturteil* ist in der Regel nur dem Begründungsteil der jeweiligen Teilgenehmigung zu entnehmen; dies wird allgemein für ausreichend erachtet[41]. Das positive Gesamturteil sei als notwendige

---

[36] Vgl. Schmidt-Assmann in: Festgabe BVerwG, 1978, S. 569 (578, 579); de Witt in: Lukes VI, S. 308; Degenhart, Kernenergierecht, S. 214 ff.; in dieser Richtung auch Selmer / Schulze-Osterloh, JuS 1981, 393 (395), die daher einen Konzeptvorbescheid ablehnen.

[37] Vgl. VG Koblenz, NJW 1980, 1410 ff., aufgehoben durch OVG Koblenz, NJW 1982, 197 ff.

[38] Breuer in: Lukes VI, S. 246.

[39] Vgl. oben zu § 3, 1. Abschnitt.

[40] Vgl. VGH Mannheim, NJW 1979, 2528 (2530); Soyka in: Lukes VI, S. 312; auch Büdenbender / Mutschler, Rdnr. 319 erblicken darin eine „Last“ des Betroffenen, ziehen daraus jedoch keine rechtsstaatlichen Schlüsse oder gar Bedenken.

[41] Vgl. OVG Lüneburg, DVBl. 1982, 32 (34); OVG Koblenz, NJW 1982, 197 (199); Ossenbühl, NJW 1980, 1353 (1354); Büdenbender / Mutschler, Rdnrn. 202, 203; Mutschler in: Lukes VI, S. 285.

Inzidentfeststellung eben zwingend im Regelungsgehalt der Teilgenehmigung enthalten[42]. Wenn die Praxis jedoch so verfährt, daß sich das positive Gesamturteil erst aus S. 56 der Begründung einer Teilgenehmigung ergibt[43], kann man ernsthaft nicht mehr behaupten, dem Bürger sei der Regelungsgehalt der Teilgenehmigung erkennbar. Eine solche Genehmigungspraxis überschreitet die Grenzen des Rechtsstaatsprinzips[44]. Um zu erkennen, daß das positive Gesamturteil am Regelungsgehalt teilnimmt, benötigt der Bürger erhebliche Rechtskenntnisse. Von Transparenz und Rechtssicherheit ist eine Verfahrensstufung, die nicht deutlich in der Praxis die Regelungen der Teilgenehmigung hervorhebt oder zumindest ausdrücklich über die Einbeziehung der Prognose belehrt, weit entfernt. Angesichts der aufgezeigten Bedenken muß die Behauptung, durch Einbeziehung des vorläufigen positiven Gesamturteils in den Regelungsgehalt der Teilgenehmigung werde eine effektive Rechtsschutzmöglichkeit für Dritte erreicht, da diese bereits die erste Teilgenehmigung mit Bedenken gegen den späteren Betrieb des Atomkraftwerks angreifen können[45], wie eine Farce wirken.

Minder schwere Kritik aus dem Gedanken des Rechtsstaatsprinzips muß sich die herrschende Meinung gefallen lassen, soweit sie auch eine *Standortentscheidung* in der ersten Teilgenehmigung sieht, auch wenn dies nicht durch die Teilgenehmigung ausdrücklich ausgesprochen wird. Auch einem Laien ist einsichtig, daß mit dem „ersten Spatenstich"[46] hinsichtlich des Standorts vollendete Tatsachen geschaffen werden. Die Standortwirkung wird man zwar nicht gerade als für einen Laien evident bezeichnen können[47], wohl aber wird in der Praxis ein Einwender schon gegen die erste Teilgenehmigung seine Standortbedenken vorbringen, da die Verlegung des Standorts in der Regel zu seinem Hauptanliegen zählt[48]. Im Normalfall ergibt sich die Standortentscheidung nicht erst aus den Gründen, sondern — wenn auch mittelbar — sogar aus dem Tenor selbst[49]. Gestattet die Behörde etwa das Aus-

---

[42] Mutschler in: Lukes VI, S. 284, 285.

[43] Vgl. im Fall des OVG Koblenz, NJW 1982, 197 (199).

[44] Auch Degenhart, Kernenergierecht, S. 219 fordert eine ausdrückliche Hervorhebung der Konzeptentscheidung im Sinne einer Rechtklarheit.

[45] So OVG Koblenz, NJW 1982, 197 (198); Ossenbühl, NJW 1980, 1353 (1357).

[46] Ossenbühl, NJW 1980, 1353 (1356).

[47] So aber wohl Ossenbühl, NJW 1980, 1353 (1355).

[48] Kein Wunder also, wenn die Lösung der Standortfrage als eines der heißesten Probleme des Kraftwerksbaus für die nächsten Jahrzehnte bezeichnet wird; vgl. Blümel, DVBl. 1977, 301 (306) m. w. N.; Wagner / Nobbe, ET 1978, 694 sprechen von „Schlüsselproblem"; ähnlich Listl, DVBl. 1978, 10 (11).

[49] Vgl. Büdenbender / Mutschler, Rdnr. 210.

heben der Baugrube und das Errichten der Fundamente, so hat sie aus Bestimmtheitsgründen im Tenor des Bescheids den Ort exakt zu benennen, an dem die gestatteten Bauabschnitte ausgeführt werden dürfen. Im allgemeinen wird einem Laien einleuchten, daß die Behörde mit diesem Tenor auch eine verbindliche Standortentscheidung getroffen hat. Das erforderliche Maß an Rechtssicherheit für Drittbeteiligte kann aber nur dadurch erreicht werden, daß die erste Teilgenehmigung eine klare und ausdrückliche Aussage über die Standortfrage trifft[50]; ferner ist zu fordern, daß das vorläufige positive Gesamturteil als ein Regelungsfaktor des Bescheids gekennzeichnet und hervorgehoben wird. Die regelnden Teile des Bescheids müssen für Dritte erkennbar von den wiederholenden und begründenden Teilaussagen abgegrenzt werden[51].

Bei sachgerechter Handhabung bietet die Aufspaltung des Genehmigungsstoffs in mehrere Teilakte dem Bürger ein Mehr an Rechtssicherheit durch Transparenz und Rechtsklarheit. Andererseits bedeutet sie auch eine gewisse Erschwerung[52] der Rechtswahrnehmung, da der Bürger möglicherweise gegen mehrere Teilakte vorgehen muß, von ihm also eine erhöhte Aktivität zur Wahrnehmung seiner Rechte verlangt wird. Auch aus diesem Grunde ist es notwendig, daß die Regelungsgegenstände der Einzelakte deutlich erkennbar sind; nur dann ist die aufgezeigte Rechtsschutzerschwerung rechtsstaatlich vertretbar[53].

Es obliegt daher der Genehmigungsbehörde, das Instrument der Verfahrensstufung sinnvoll, das heißt an den Grundsätzen von Rechtssicherheit und inhaltlicher Bestimmtheit orientiert einzusetzen, um das Verfahren für Dritte nachvollziehbar, berechenbar und nachprüfbar zu gestalten[54].

Für den Bürger besteht aber auch eine Rechtssicherheit im negativen Sinne. Die dem Grundsatz der Rechtssicherheit entsprechende Bindungswirkung gegenüber dem Antragsteller verbietet es der Behörde, ohne Änderung der Sach- oder Rechtslage auf Betreiben der Bürger von ihrem Standpunkt abzuweichen.

---

[50] Degenhart, Kernenergierecht, S. 219 fordert aus Gründen der Rechtsklarheit, die Standortentscheidung unbedingt ausdrücklich zu treffen.

[51] Auch Ossenbühl, NJW 1980, 1353 (1354) erkennt an, daß durch eine Zweiteilung in Tenor und Gründe die Ermittlung des Regelungsgehalts erleichtert wird.

[52] Vgl. auch Blümel in: Festschrift für Ernst Forsthoff, 1972, 9 (28).

[53] Vgl. OVG Lüneburg, DVBl. 1980, 1010 (1011).

[54] Vgl. auch die Forderungen von Degenhart, Kernenergierecht, S. 215, 218, 219.

3. Präklusion und Rechtsstaatsprinzip

Was den Gesichtspunkt der Präklusion angeht, so ergeben sich gemessen am Rechtsstaatsprinzip zwei Ansatzpunkte: Einerseits ist zu fragen, ob die von der herrschenden Meinung verstandene Präklusionswirkung dem Grundsatz der Rechtssicherheit entspricht; andererseits kann eine Vereinbarkeit mit dem Gebot rechtsstaatlicher Rechtsschutzgewährung zweifelhaft sein.

a) Rechtssicherheit

Da sich Inhalt und Umfang der Präklusionswirkung nicht den einschlägigen Gesetzesnormen entnehmen lassen, liegt hier *für den Einwender* ein großer Unsicherheitsfaktor verborgen. Weder ist ersichtlich, daß das vorläufige positive Gesamturteil an der materiellen Präklusion teilnimmt, noch ist die Präklusion in ihrer materiellen Tragweite für Einwender ohne weiteres erkennbar[55].

Die Präklusion bietet *für den Antragsteller* ein hohes Maß an Rechtssicherheit; für den Bürger ist sie der eigentliche Unsicherheitsfaktor bei seinem Vorgehen gegen eine atomrechtliche Teilgenehmigung. Gerade an der materiellen Präklusion scheitern viele Drittanfechtungsklagen im Atomrecht. Schutz vor derartigen, den Bürger sicherlich überraschenden Entscheidungen könnte eine Vorschrift der AtVfV bieten, die der Behörde aufgibt, in ihrer Bekanntmachung nach § 5 Abs. 1 Nr. 2 AtVfV ausdrücklich auf die Gefahr einer materiellen Präklusion hinzuweisen und diese zu erläutern. Dadurch könnte ein erhöhtes Maß an Rechtssicherheit, Rechtsklarheit und damit Vorhersehbarkeit gerichtlicher Entscheidungen für den Bürger geschaffen werden.

In der gegenwärtigen Form ihrer Handhabung stößt die materielle Präklusion wegen der Unvorhersehbarkeit ihrer Existenz für den Bürger und erst recht wegen der Unvorhersehbarkeit ihres Umfangs auf erhebliche rechtsstaatliche Bedenken[56]. Diese Bedenken kann man nicht mit dem Argument einer Waffengleichheit zerstreuen und argumentieren, das Mehr an Rechtsschutz auf seiten des Bürgers durch die vorgezogenen Einwendungsrechte müsse zum Schutz des Antragstellers durch

---

[55] Wenn Breuer in: Lukes VI, S. 260 die Präklusionsregelungen als „klar" charakterisiert, so kann er damit — und selbst das stößt auf Bedenken — allenfalls eine Eindeutigkeit für den sachkundigen Juristen, nicht aber für den Einwender meinen.

[56] Vgl. auch Ule, BB 1979, 1009 (1012); Papier, NJW 1980, 313 (321); zustimmend Redeker, NJW 1980, 1593 (1598). Bender in: Lukes V, S. 241 hält die AtVfV in ihrer Gesamtheit Betroffenen gegenüber nicht für verständlich genug.

eine materielle Präklusion ausgeglichen werden[57]. Abgesehen davon, ob — wie noch zu erörtern ist — die Einwendungsbefugnisse tatsächlich ein Mehr an Rechtsschutz gewähren, ist für eine wirksame Wahrnehmung der Einwendungsrechte eine Aufklärung der Bürger über Reichweite und Wirkung ihrer Rechte erforderlich. Über eine wesentliche Begrenzung dieser Rechte, nämlich die Präklusionswirkung, läßt das Gesetz den Bürger jedoch im Unklaren. Von einem Mehr an Rechtsschutz kann man folglich also allenfalls erst dann sprechen, wenn das Einwendungsrecht mangels Kenntnis der materiellen Präklusion kein stumpfes Schwert mehr ist, sondern in Einschätzung der Präklusionsgefahren wirksamer und bewußter eingesetzt werden kann. Vom Grundsatz läßt sich daher festhalten, daß aus rechtsstaatlichen Gründen der Rechtssicherheit und Vorhersehbarkeit eine materielle Präklusion nur sachgerecht sein kann, wenn Umfang und Wirkungen auch für die Betroffenen hinreichend erkennbar sind[58]. Dazu reicht eine „Belehrung" über den Einwendungsausschuß, wie sie gegenwärtig vorgeschrieben ist, nicht aus. In der Praxis wird lediglich der Wortlaut des § 7 Abs. 1 AtVfV in die Belehrung aufgenommen[59], dem sich eine materielle Präklusion jedoch nicht ohne spezielle Rechtskenntnisse entnehmen läßt[60]. Aus rechtsstaatlichen Gründen ist daher ein § 5 Abs. 1 S. 2 Nr. 2 AtVfV mit folgendem Wortlaut zu verlangen: „...; dabei ist auf die Rechtsfolgen nach § 7 Abs. 1 S. 2 unter besonderer Hervorhebung und Erläuterung des Ausschlusses für ein Klageverfahren hinzuweisen." Denkbar wäre auch, den Wortlaut des § 34 Abs. 1 S. 2 LBG zum Vorbild zu nehmen. Hierin liegt sicherlich keine Umgehung oder Aufweichung der Präklusionsregelungen[61].

b) Rechtsschutzgewährung

Die Präklusion — insbesondere in ihrer materiellen Wirkung — muß sich am Rechtsstaatsprinzip auch unter dem Blickwinkel der durch

[57] So aber BVerwG, DVBl. 1980, 1001 (1003).

[58] Vgl. Schmidt-Assmann in: Festgabe BVerwG, 1978, S. 569 (572), dieser sieht die Gefahr, daß der Bürger ansonsten von der Präklusion „überrollt" wird; vgl. auch Degenhart, Kernenergierecht, S. 73, 76; für das BImSchG Lange, DVBl. 1975, 130 (134).

[59] Vgl. Bay VGH, ET 1979, 583 (592); Papier, NJW 1980, 313 (321); Ule, BB 1979, 1009 (1012, 1013); de Witt in: Lukes VI, S. 301; als Beispiele aus der Praxis seien stellvertretend genannt die Bekanntmachung des Vorhabens der Rheinisch-Westfälisches Elektrizitätswerk AG, Essen (Kernkraftwerk Vahnum) vom 1. 10. 1976, GV. NW 1976, 346 (347) und die öffentliche Bekanntmachung betr. Antrag der Projektgesellschaft Schneller Brüter GbR, Essen (Kernkraftwerk Kalkar) vom 7. 12. 1971, GV. NW 1972, 2 (3).

[60] Das räumt auch der Bay VGH, ET 1979, 583 (592) ein, hält aber eine Belehrung durch Wiedergabe des Wortlauts der Präklusionsnorm für rechtsstaatlich ausreichend.

[61] So die Befürchtung von Breuer in: Lukes VI, S. 260, der die Präklusion für klar und im Interesse der Rechtssicherheit geboten hält.

Art. 20 Abs. 3 GG garantierten Rechtsschutzgewährung messen lassen. Das Rechtsstaatsprinzip beinhaltet auch die Gewährleistung gerichtlichen Rechtsschutzes gegenüber staatlichem Handeln. Dieser Schutz könnte durch die für den Bürger in der Regel nicht erkennbare materielle Präklusion und das mit ihr nach herrschender Meinung verbundene Abschneiden der Klagebefugnis nach § 42 Abs. 2 VwGO unangemessen eingeschränkt sein. Eine Ausformung der Rechtsschutzgarantie des Art. 20 Abs. 3 GG ist die Rechtsweggarantie des Art. 19 Abs. 4 GG. Da die Frage der Vereinbarkeit der materiellen Präklusion mit Art. 19 Abs. 4 GG höchst problematisch ist, wird ihr der folgende eigenständige Abschnitt gewidmet.

§ 7 Präklusion und Rechtsweggarantie

Die verfassungsrechtliche Diskussion über das gestufte atomrechtliche Genehmigungsverfahren spitzt sich zu auf die Frage: Ist die materielle Präklusion vereinbar mit der Rechtsweggarantie oder wird der Rechtsschutz des Bürgers unangemessen beeinträchtigt?

Über der Verfahrensstufung und ihren Auswirkungen auf die Beteiligten muß die Forderung stehen, daß der Rechtsschutz Dritter hierdurch nicht unangemessen verkürzt werden darf[1]. Andererseits kann es auch keinen Rechtsschutz Dritter um jeden Preis geben. Das atomrechtliche Verfahren bedeutet eine Gratwanderung zwischen den Rechtsgütern Dritter und dem Interesse an einer Entwicklung von Wissenschaft, Wirtschaft, Technik und Energieversorgung. Den Rechtsschutz nach Art. 19 Abs. 4 S. 1 GG überzuinterpretieren hieße, diese Entwicklung über Gebühr zu hemmen[2].

Bei der Beantwortung der gestellten Rechtsschutzfrage könnte man es sich recht einfach machen und sich auf den Standpunkt stellen, eine Verfahrensstufung bedeute keine unangemessene Rechtsbeeinträchtigung des Bürgers, weil dieser in allen Genehmigungsphasen ein Klagerecht habe[3]. Auch wenn man das Schwergewicht der Argumentation auf die Tatsache legt, daß eine Verfahrensstufung wegen der hohen Komplexität der Entscheidungsmaterie sachgerecht sei[4], kann man leicht von der einschneidenden Wirkung der materiellen Präklusion gegenüber dem Bürger ablenken.

---

[1] Vgl. Bender, DVBl. 1980, 430.

[2] In diesem Sinne Rengeling, DVBl. 1981, 323 (324).

[3] So etwa VGH Mannheim, DÖV 1975, 744 (747).

[4] So etwa BVerwG, DVBl. 1972, 678 (679); OVG Münster, DVBl. 1978, 853 (854).

Eine Betrachtung der materiellen Präklusion unter dem Gesichtspunkt einer möglichen Rechtswegverkürzung hat aber vor allem im Auge zu behalten, daß der Hauptschutzzweck[5] des AtG den Schutz von Leben und Gesundheit Dritter erfaßt. Auf die wirksame Verwirklichung dieses Schutzzwecks müssen die Beteiligungsrechte Dritter abgestimmt sein. Es ist daher zu fragen, ob die vorprozessualen Mitwirkungsrechte der Bürger, die Einwendungsbefugnisse nach § 4 ff. AtVfV, ausreichen, um den Schutz ihrer höchstpersönlichen Rechtsgüter Leben und Gesundheit zu gewährleisten. In Anbetracht der Gewichtigkeit dieser Rechtsgüter bedarf es auch weitreichender und wirksamer Mitwirkungsrechte, um präventiv eine drohende Verletzung geltend machen zu können.

Dieses grundsätzlich durch die AtVfV gewährte vorprozessuale Forum wird durch die gleichzeitig drohende materielle Präklusion stark relativiert. Die materielle Präklusion kann vor Art. 19 Abs. 4 S. 1 GG in Anbetracht der drohenden Beeinträchtigung solch überragender Rechtsgüter wie Leben und Gesundheit nur Bestand haben, wenn sie ebenfalls durch überragende Argumente bzw. Rechtsschutzinteressen gerechtfertigt ist. An die Zulässigkeit verfahrensrechtlicher Beschränkungen des Individualrechtsschutzes im Atomrecht sind daher besonders strenge Maßstäbe anzulegen[6]. Eine diesbezügliche Untersuchung kann für die Präklusionsnormen des § 7 b AtG und des § 7 Abs. 1 S. 2 AtVfV jeweils zu unterschiedlichen Ergebnissen führen.

1. Materielle Präklusion des § 7 b AtG

a) § 7 b AtG ist ein Ausfluß des Bestandskraftgedankens; soweit § 7 b AtG Einwendungen ausschließt, die schon in einem Verfahren vorgebracht waren, so spiegelt diese Vorschrift den allgemein im Prozeßrecht geltenden *Rechtskraftgedanken* wieder. Wenn über Einwendungen bereits entschieden worden ist, sollen diese nicht ein weiteres mal zum Gegenstand richterlicher Untersuchung gemacht werden. Der Rechtskraftgedanke, wie er hier zum Ausdruck kommt, geht allerdings über die klassischen Rechtskraftwirkungen hinaus. Während letztere sich inhaltlich grundsätzlich nur nach dem Entscheidungstenor richten, erfaßt § 7 b AtG die zugrunde liegenden Einwendungen selbst. § 7 b AtG bewirkt somit, daß das Gericht mit ein und derselben Einwendung nur einmal befaßt wird; ein Einwender hat kein Recht auf nochmalige sachliche Überprüfung in einem späteren Verfahren. Diese Regelung bewirkt, daß atomrechtliche Anfechtungsklagen, die nun einmal Massenverfah-

[5] Vgl. BVerfG, DVBl. 1980, 356 (358); BVerwG, DVBl. 1972, 678 (680); Knüppel, DÖV 1981, 98; Bender, DÖV 1980, 633 (635).

[6] Wolfrum, DÖV 1979, 497 (499).

ren sind, prozeßökonomisch behandelt und nicht durch wiederholte Klagebegründung unnötig in die Länge gezogen werden.

b) Soweit § 7 b AtG auch solche Einwendungen ausschließt, die nach den ausgelegten Unterlagen hätten vorgebracht werden können, ist die darin enthaltene Anordnung materieller Präklusion schon problematischer. Einwender sollen danach in einem weiteren Genehmigungsverfahren mit solchem Vorbringen ausgeschlossen sein, welches bereits objektiv nach dem Stand der Unterlagen möglich war.

Bei der Frage, ob insoweit § 7 b AtG den Rechtsschutz erschwert, könnte man argumentieren, dies sei nicht der Fall, da diese Vorschrift den Rechtsschutz gerade voraussetze[7]. Dies ist sicherlich insoweit zutreffend, als die von § 7 b AtG vorausgesetzte Unanfechtbarkeit aufgrund rechtskräftigen Richterspruchs eingetreten ist. Denn in diesem Fall hat ein Rechtsschutz gegen die betreffende Teilgenehmigung gerade stattgefunden. Daß dieser Rechtsschutz möglicherweise auf ganz bestimmte Einwendungen, das heißt die Geltendmachung von Rechtsverletzungen beschränkt war, ist jedoch kein Problem des § 7 b AtG, sondern ein vorgelagertes, von § 7 Abs. 1 S. 2 AtVfV bestimmtes Kriterium.

Möglicherweise ist die Unanfechtbarkeit i. S. d. § 7 b AtG aber infolge der materiellen Präklusion des § 7 Abs. 1 S. 2 AtVfV und dem damit verbundenen Abschneiden der Klagebefugnis eingetreten[8]. In diesem Fall stimmt der Satz, daß § 7 b AtG den Rechtsschutz gerade voraussetze, nicht mehr. Kommt die Unanfechtbarkeit auf diese Art und Weise zustande, so war ein Rechtsschutz schon von vornherein abgeschnitten. Dies ist jedoch wiederum kein Problem des § 7 b AtG, sondern wirft die Frage auf, ob die Rechtsschutzversagung durch § 7 Abs. 1 S. 2 AtVfV mit Art. 19 Abs. 4 S. 1 GG vereinbar ist.

Insgesamt setzt § 7 b AtG somit eine Unanfechtbarkeit der Teilentscheidung voraus, ordnet diese aber nicht selbständig an[9]. Materielle Präklusion und Rechtsweggarantie sind somit vornehmlich ein Problem des § 7 Abs. 1 S. 2 AtVfV, das im folgenden zu erörtern ist.

2. Materielle Präklusion des § 7 b Abs. 1 S. 2 AtVfV

Die materielle Präklusion, das Abschneiden des gemäß § 42 Abs. 2 VwGO zur Geltendmachung einer eigenen Rechtsverletzung erforderlichen Sachvortrags, führt über § 7 Abs. 1 S. 2 AtVfV zu der Besonder-

[7] So Ipsen, DVBl. 1980, 146 (152).
[8] Dies ist durchaus möglich und üblich, vgl. Ipsen, DVBl. 1980, 146 (150).
[9] Vgl. auch Selmer / Schulze-Osterloh, JuS 1981, 393 (402).

heit, daß der Rechtsweg ausgeschlossen wird, bevor der anzufechtende Verwaltungsakt wirksam geworden ist. Bereits im Vorstadium zum Erlaß einer Teilgenehmigung, in welchem die Genehmigungsbehörde Einwendungen prüft und sich Abwägungsmaterial verschafft, schließt § 7 Abs. 1 S. 2 AtVfV eine erst später aktuell werdende Klagebefugnis aus. Eine Anfechtungsmöglichkeit wird also schon vor Erlaß der Teilgenehmigung versagt. Fraglich ist, ob eine so verstandene Präklusion mit der Rechtsweggarantie des Art. 19 Abs. 4 S. 1 GG[10] vereinbar ist.

Von seinem Wortlaut setzt Art. 19 Abs. 4 S. 1 GG zunächst eine mögliche Rechtsverletzung — also den Erlaß des Hoheitsakts — voraus[11] und knüpft hieran die Rechtsweggarantie. Danach könnte es sich verbieten, den Rechtsweg von vornherein zu beschneiden, was etwa durch einen Erst-recht-Schluß zu begründen wäre. Die Frage stellt sich um so mehr, da aus einer Nichtbeteiligung des Einwenders kein konkludenter freiwilliger Rechtsschutzverzicht gefolgert werden kann[12]. Zunächst spricht einiges dafür, daß Art. 19 Abs. 4 S. 1 GG einen prinzipiellen Rechtsschutz nach Erlaß des Hoheitsakts gewähren will. Es ist zu bedenken, daß der Einwender im atomrechtlichen Genehmigungsverfahren vor Erlaß der beantragten Teilgenehmigung das mögliche Ausmaß der Genehmigung nur den Antragsunterlagen und -plänen entnehmen kann[13]. Zweifellos würde ein Abwarten des Einwenders bis zum Erlaß der Teilgenehmigung dessen mögliche Rechtsbeeinträchtigungen schärfer erkennbar werden lassen. Bedenken und Einwendungen lassen sich gegenüber einem konkreten Bescheid besser und klarer vorbringen als gegenüber einem noch zur Entscheidung stehenden Komplex. Aus diesem Gesichtspunkt ist die Rechtsweggarantie des Art. 19 Abs. 4 S. 1 GG voll ausgefüllt, wenn grundsätzlich die Anfechtungsmöglichkeit auch noch für den Zeitpunkt des Erlasses der Teilgenehmigung erhalten bleibt.

Das atomrechtliche Genehmigungsverfahren stellt aber eine Besonderheit dar, weil nicht nur ein Hoheitsträger und eine Privatperson daran beteiligt sind, so wie Art. 19 Abs. 4 S. 1 GG vom Wortlaut auch nur das zweipolige Verhältnis Bürger — Staat betrifft. Das atomrechtliche Genehmigungsverfahren ist geprägt durch ein *Dreiecksverhältnis*[14]

---

[10] Insgesamt werden auf Art. 19 Abs. 4 S. 1 GG die Haupteinwände gegen die materielle Präklusion gestützt, vgl. Schulze-Osterloh, JuS 1981, 464.

[11] So auch Papier, NJW 1980, 313 (318); Zuck, BB 1963, 671 (672).

[12] Vgl. Ipsen, DVBl. 1980, 146 (153).

[13] Vgl. dazu Ipsen, DVBl. 1980, 146 (152); Papier, NJW 1980, 313 (318); Wolfrum, DÖV 1979, 497 (500).

[14] Ipsen, DVBl. 1980, 146 (153) spricht von einem trigonalen Verwaltungsrechtsverhältnis; eine Berücksichtigung dieser Besonderheit vermißt man in der Argumentation von Zuck, BB 1963, 671 (672).

zwischen Staat, Antragsteller und Einwendern. Insbesondere im Verhältnis des Antragstellers zu den Einwendern muß ein Interessenausgleich gefunden werden. Dem Interesse des Antragstellers an einem beschleunigten Verfahren und einer Überschaubarkeit seines Investitionsrisikos stehen die Interessen der Einwender am Schutz ihrer Rechtsgüter (Leben, Gesundheit, Eigentum etc.) gegenüber. Nur wenn die materielle Präklusion des § 7 Abs. 1 S. 2 AtVfV einen *gerechten Interessenausgleich* herbeizuführen vermag, steht sie mit Art. 19 Abs. 4 S. 1 GG in Einklang. Diese Vorschrift läßt es nicht genügen, daß überhaupt die Möglichkeit und das Recht, die Gerichte anzurufen, in einer mehr oder weniger theoretischen Form besteht. Eine Rechtsweggarantie setzt auch voraus, daß im Einzelfall der Anspruch auf eine Rechtskontrolle verwirklicht werden kann, oder zumindest das Beschreiten des Rechtswegs dem Bürger nicht unzumutbar erschwert wird[15]. Nicht jede Rechtswegerschwerung bedeutet per se einen Verstoß gegen Art. 19 Abs. 4 GG — man denke an die Verfassungsmäßigkeit von Klagefristen[16] —; ein Verstoß liegt nur vor, wenn die Erschwerung unzumutbar ist[17]. Der Begriff der Zumutbarkeit ist daher im folgenden insbesondere durch Vornahme einer Interessenabwägung auszufüllen.

a) Standpunkt der herrschenden Meinung

Die herrschende Meinung[18] hält die materielle Präklusion des § 7 Abs. 1 S. 2 AtVfV für *verfassungsmäßig* und sieht hierin keine unzulässige oder unverhältnismäßige Beeinträchtigung des Rechtsschutzes. Insbesondere das BVerwG[19] hat sich hier durch eine ausführliche Begründung hervorgetan.

---

[15] Vgl. Simon / Heußner, DVBl. 1980, 361; Degenhart, Kernenergierecht, S. 73.

[16] Vgl. BVerfGE 9, 194 (199, 200), E 27, 297 (310) und neuestens bestätigt in NJW 1982, 2425 (2426); Papier, NJW 1980, 313 (314); Ule, BB 1979, 1009 (1012); Zuck, BB 1963, 671 (672).

[17] Mutschler, ET 1980, 164 (171).

[18] BVerfG, DÖV 1982, 816 (818); BVerwG, DVBl. 1980, 1001 (1003, 1004) mit Zustimmung von Rengeling, DVBl. 1981, 323 (326); OVG Koblenz, DÖV 1979, 525 (526); Bay VGH, ET 1979, 583 (591); VG Freiburg, DVBl. 1976, 804 (806); Mutschler, ET 1980, 164 (171); Redeker, NJW 1980, 1593 (1598); Ipsen, DVBl. 1980, 146 (153); Sellner, Immissionsschutzrecht und Industrieanlagen, Rdnrn. 368, 370; Degenhart, Kernenergierecht, S. 72; Breuer in: Lukes VI, S. 259, 260; Hansmann in: Lukes VI, S. 274; diese Ansicht wird als herrschende Meinung auch bezeichnet von Schulze-Osterloh, JuS 1981, 464; Winters, DÖV 1980, 305 (306); Wolfrum, DÖV 1979, 497 (499). Die Ansichten beziehen sich zum großen Teil noch auf § 3 Abs. 1 AtAnlV.

[19] BVerwG, DVBl. 1980, 1001 ff.

aa) Der Kernsatz lautet wohl, daß die materielle Präklusion gerechtfertigt sei in Anbetracht des *„Mehr an Rechtsschutz“*[20], der durch die vorverlagerte Beteiligungsmöglichkeit der AtVfV dem Einwender gewährt werde[21]. In dem Einwendungsrecht wird die Möglichkeit einer frühzeitigen Einflußnahme Dritter auf das Genehmigungsverfahren erblickt[22]. Darin liege ein Beteiligungs- und Anhörungsrecht, das einem vorgezogenen Rechtsschutz gleich komme. Daraus wird gefolgert, daß es daher auf der anderen Seite gerechtfertigt sei, durch materielle Präklusion einen Teil der Rechtsschutzmöglichkeiten abzuschneiden.

Auch in der Einbeziehung des vorläufigen positiven Gesamturteils in den Regelungsgehalt der ersten Teilgenehmigung erblickt man eine Vorverlagerung des Rechtsschutzes. Als drittbegünstigend wird die Möglichkeit angeführt, daß bereits gegen die erste Teilgenehmigung mit Bedenken gegen den späteren Betrieb des Atomkraftwerks vorgegangen werden könne[23].

bb) Auch die wirksame Wahrnehmung der Einwendungsrechte wird nicht für unmöglich oder unzumutbar gehalten. Diese Rechtswahrnehmung verlange vom Einwender keine unzumutbaren Anstrengungen; diesem werde lediglich eine *Substantiierung seiner Einwendungen* aufgegeben[24]. Das BVerwG führt dazu aus, daß eine Einwendung bereits dann hinreichend substantiiert sei, wenn der Einwender das gefährdete Rechtsgut bezeichnet und Tatsachen darlegt, die die Art und Weise der befürchteten Beeinträchtigung erkennen lassen. So wird beispielsweise vom Kläger nicht nur verlangt darzulegen, daß er eine Überschreitung der Dosisgrenzwerte und dadurch eine Gesundheitsgefährdung befürchte; vielmehr müsse dieser ausführen, aus welchem Grund er eine derartig nennenswerte Strahlenexposition befürchte[25]. Diese Anforderungen stellen danach keine unangemessene Erschwerung des Rechtswegzugangs dar, da aufgrund der ausgelegten Unterlagen ein hinreichender Informationsstand der Einwender gewährleistet sei[26].

Teilweise kommt zum Ausdruck, daß die Anforderungen an das Einwendungsverfahren eher als zu niedrig eingestuft und damit im Ergeb-

---

[20] BVerwG, DVBl. 1980, 1001 (1003).

[21] So wohl auch OVG Lüneburg, DVBl. 1981, 644 (645).

[22] So auch Mutschler, ET 1980, 164 (171) und Redeker, NJW 1980, 1593 (1597).

[23] Vgl. OVG Koblenz, NJW 1982, 197 (199); Ossenbühl, NJW 1980, 1353 (1355, 1357).

[24] BVerwG, DVBl. 1980, 1001 (1005); Ipsen, DVBl. 1980, 146 (153).

[25] Vgl. BVerwG, DVBl. 1981, 405 (407); zustimmend Rengeling, DVBl. 1981, 323 (325).

[26] BVerwG, DVBl. 1980, 1001 (1005); Ipsen, DVBl. 1980, 146 (153); Mutschler, ET 1980, 164 (171); Redeker, NJW 1980, 1593 (1598).

nis die Anfechtungsmöglichkeiten durch Dritte für zu einfach gehalten werden[27].

cc) Ferner wird zugunsten einer materiellen Präklusion ausgeführt, diese bewirke einen *angemessenen Interessenausgleich* zwischen Behörde, Antragsteller und Einwendern[28].

(1) Durch den infolge der drohenden Präklusion entstehenden Einwendungszwang erhalte die *Genehmigungsbehörde* die erforderliche Anzahl von Einwendungen, Bedenken und Anregungen, die ihr einen bestmöglichen Überblick über die Entscheidungsmaterie verschaffe. Hierdurch wiederum soll eine größtmögliche Gewähr für die Richtigkeit der zu treffenden Entscheidung herbeigeführt werden[29].

(2) Eine materielle Präklusion und die damit verbundene schrittweise Bestandskraft und schrittweise Verfestigung des Gesamtprojekts führt — wie bereits im 1. Kapitel dargelegt — zu einem größeren Investitionsschutz auf seiten des *Kraftwerksbetreibers;* sein Risiko wird schrittweise kalkulierbarer. Die materielle Präklusion wird als das notwendige und angemessene Mittel zur Herbeiführung eines gerechten Interessenausgleichs zwischen Antragsteller und Einwendern angesehen. Die unbekannte und unüberschaubare Anzahl der Betroffenen und potentiellen Einwender gilt als unkalukulierbarer Risikofaktor für den Antragsteller[30]. Der Gesichtspunkt des Investitionsschutzes erfordere es, daß der Antragsteller frühzeitig von den Personen der Einwender und ihren Einwendungen erfahre[31]; auch für ihn dürfe es aus rechtsstaatlichen Gründen keine Überraschungsentscheidung geben, weshalb der Einwendungsstoff zuvor einer Kontrolle durch die Verwaltungsbehörde unterzogen werden müsse[32]. Der Schutz des Antragstellers wiederum rechtfertige eine materielle Präklusion und damit eine Ausnahme von dem Grundsatz des Art. 19 Abs. 4 S. 1 GG, daß Rechtsschutz noch nach Erlaß einer Teilgenehmigung möglich sein muß[33].

---

[27] So wohl BVerwG, DVBl. 1980, 1001 (1005) und Ossenbühl, DÖV 1980, 313, 314; wohl auch Rengeling, DVBl. 1981, 323 (324), der von einer Ausuferung und Überstrapazierung der Rechtsweggarantie spricht.

[28] Vgl. Rengeling, DVBl. 1981, 323 (327).

[29] Vgl. BVerwG, DVBl. 1980, 1001 (1003); ähnlich auch BVerfG, DÖV 1982, 816 (819).

[30] So auch Mutschler, ET 1980, 164 (172); dieser spricht von einem Bestandsschutzdefizit durch Massenverfahren. Vgl. auch die Fragestellungen bei Papier, NJW 1980, 313 (319).

[31] So auch Mutschler, ET 1980, 164 (172).

[32] Mutschler, ET 1980, 164 (172).

[33] Vgl. Ipsen, DVBl. 1980, 146 (153).

Die materielle Präklusion wird somit gewissermaßen als *Druckmittel* eingesetzt, um Betroffene zu einer frühzeitigen Abgabe ihrer Einwendungen zu veranlassen[34]. Auf der anderen Seite sei die materielle Präklusion auch ein Ausgleich für die Gewährung frühzeitiger Einflußmöglichkeiten Dritter auf das Genehmigungsverfahren[35]. Einer frühzeitigen Einflußmöglichkeit Dritter soll zum Ausgleich zugunsten des Antragstellers die materielle Präklusion und die durch sie bewirkte schrittweise Absicherung der Bestandskraft der Teilgenehmigungen entgegenwirken.

Nicht zuletzt werden auch wirtschaftliche Argumente der Sicherung und Förderung der Investitionsbereitschaft der Versorgungsunternehmen ins Feld geführt[36].

(3) Auch der Standpunkt der *Drittbetroffenen*, insbesondere der Schutz des Grundrechts aus Art. 2 Abs. 2 GG und das Interesse an der Verwirklichung des Hauptschutzzwecks des AtG aus § 1 Nr. 2 wird von den Befürwortern der materiellen Präklusion in die Abwägung mit einbezogen. Zunächst wird richtig gesehen, daß es zur Gewährleistung eines angemessenen und wirksamen Grundrechtsschutzes der Einräumung besonderer Abwehrrechte bedarf[37]. Die AtVfV mit samt ihrer Einwendungs- und Präklusionsregelung wird dabei als dem Grundrechtsschutz dienend bezeichnet. Dies werde gerade durch die Gewährung einer *frühzeitigen Einflußmöglichkeit* auf das Genehmigungsverfahren, also mit einer Vorverlagerung des Rechtsschutzes im behördlichen Genehmigungsverfahren verwirklicht[38].

dd) Von dem Standpunkt der Befürworter der materiellen Präklusion beeinträchtigt diese den Zugang zum Rechtsweg auch deshalb nicht unverhältnismäßig, weil die Präklusion *angemessen begrenzt* sei[39].

ee) Schließlich wird argumentiert, der Eintritt der materiellen Präklusion erfolge für den Einwender auch *nicht überraschend* bzw. unvorhergesehen[40]. Hierbei verweist man auf das Auslegungsverfahren der

---

[34] In dieser Richtung auch Büdenbender / Mutschler, Rdnr. 305.

[35] Vgl. BVerwG, DVBl. 1980, 1001 (1004); OVG Lüneburg, DVBl. 1981, 644 (649).

[36] So etwa Mutschler, ET 1980, 164 (172).

[37] Vgl. BVerwG, DVBl. 1980, 1001 (1003).

[38] Vgl. BVerfG, DVBl. 1980, 356 (359); Mutschler, ET 1980, 164 (168); im Ergebnis auch BVerfG, DÖV 1982, 816 (819); ähnlich Breuer, DVBl. 1978, 829 (836), der die Gefahrenabwehr im Atomrecht für maximal vorverlagert hält.

[39] Vgl. BVerwG, DVBl. 1980, 1001 (1004, 1005); Hansmann in: Lukes VI, S. 274.

[40] Vgl. BVerwG, DVBl. 1980, 1001 (1005, 1006); ähnlich BVerfG, DÖV 1982, 816 (820).

AtVfV und den Inhalt der Bekanntmachung nach § 5 Abs. 1 Nr. 2 AtVfV. Danach hat die Genehmigungsbehörde auf die Rechtsfolgen des § 7 Abs. 1 S. 2 AtVfV aufmerksam zu machen. In der Regel erfolgt dies durch Zitierung des Gesetzeswortlauts[41]. Mit diesem Hinweis jedenfalls werde der Einwender hinreichend auf die drohende Präklusion vorbereitet.

b) Kritik und Stellungnahme

Die soeben dargestellte herrschende Ansicht zur Verfassungsmäßigkeit der materiellen Präklusion des § 7 Abs. 1 S. 2 AtVfV kann nicht unwidersprochen bleiben. Insbesondere in der Literatur erheben sich gegen die Befürworter der materiellen Präklusion gewichtige Stimmen[42]. Es wird aufzuzeigen sein, daß die Argumente der herrschenden Meinung in vielen Punkten nicht nur wenig überzeugend, sondern sogar widerlegbar sind.

aa) Im Raum steht das Argument, die Einwendungsbefugnisse der AtVfV gewähren ein Mehr an Rechtsschutz. Das BVerwG in seiner mehrfach schon zitierten Entscheidung bezeichnet die Befugnisse der Einwender nach der AtVfV als Beteiligungs- und Anhörungsrechte.

Unter den Oberbegriff des Rechtsschutzes fallen sicherlich auch die bloßen Anhörungsrechte[43]. Ein Rechtsschutz, der der Garantie des Art. 19 Abs. 4 S. 1 GG entsprechen soll, darf sich aber nicht in bloßen Anhörungsrechten erschöpfen. Anhörungsrechte sind in der Regel in einem Vorstadium zur Konfliktbewältigung angesiedelt, was sich etwa auch aus § 28 VwVfV ergibt. Im Rahmen einer Anhörung können aktive Mitwirkungs- oder Gestaltungsrechte nicht geltend gemacht werden. Der Angehörte hat lediglich die Möglichkeit, seine Meinung kundzutun; auf Beweiserhebungen[44], Akteneinsicht[45] und andere Einflußmöglichkeiten hat er keinen Anspruch. Eben dies trifft auch auf das Anhörungsverfahren nach der AtVfV zu, das im Kern ein *bloßes Anhörungsrecht*[46] gewährt. Man kann daher nicht von „Mit"-wirkung oder gar Mitbestimmung des Einwenders sprechen, da eine Mitwirkung begrifflich eine wenn nicht gleichberechtigte, so doch zumindest partielle Einflußnahme und Entscheidungsbefugnis voraussetzt.

---

[41] Vgl. BVerfG, DÖV 1982, 816 (820); de Witt in: Lukes VI, S. 301.

[42] Vgl. de Witt, DVBl. 1980, 1006 m. w. N.

[43] Diese sind eine denkbare Form vorverlagerten Rechtsschutzes; vgl. de Witt, DVBl. 1981, 649 (650).

[44] Vgl. Mutschler, ET 1978, 505 (507); de Witt in: Lukes V, S. 273.

[45] Zum Akteneinsichtsrecht im Genehmigungsverfahren vgl. oben zu § 4, 2 c).

[46] De Witt, DVBl. 1980, 1006 (1007); hiervon geht offenbar auch Ossenbühl, DÖV 1981, 1 (3) aus.

Angesichts der Rechtsweggarantie des Art. 19 Abs. 4 S. 1 GG ist es unschädlich, daß das Einwendungsverfahren im Kern ein Anhörungsverfahren ist, es sei denn, daß dieses Recht ganz oder teilweise *an die Stelle des gerichtlichen Rechtsschutzes* tritt. Gleiches gilt für den Fall, daß das Einwendungsverfahren mit seiner materiellen Präklusionswirkung den Zugang zum Verwaltungsgericht unangemessen einschränkt. Soweit das BVerwG sagen will, mit der materiellen Präklusion werde dem Bürger lediglich zum Ausgleich ein Recht dafür entzogen, daß ihm ja schließlich mit den Einwendungsbefugnissen ein vorverlagerter Rechtsschutz gewährt werde, muß dies als unzutreffend bezeichnet werden. Mit der Klagebefugnis wird dem Bürger durch die materielle Präklusion das Recht abgeschnitten, eine mögliche Rechtsverletzung durch ein unabhängiges Organ der Rechtspflege überprüfen zu lassen. Im Prozeß hat er das Recht, Beweiserhebungen zu beantragen. Auch § 86 VwGO mit seinem Amtsermittlungsgrundsatz kommt dem Rechtsschutzsuchenden entgegen; der Bürger ist als Kläger nicht verpflichtet, sich selbst sachkundig zu machen, um in der Sache obsiegen zu können. Die entscheidungserheblichen Tatsachen hat das Gericht von sich aus zu ermitteln. Hingegen werden im Einwendungsverfahren zugunsten des Bürgers ausschließlich die Tatsachen berücksichtigt bzw. zur Kenntnis genommen, die auch im Wege der Einwendung vorgetragen worden sind. Beweiserhebungen können gegenüber der Genehmigungsbehörde nicht beantragt werden.

Auch ist diese kein objektives und unvoreingenommenes Entscheidungsorgan[47]. Hierbei ist die bereits angesprochene *Verflechtung* zwischen Antragsteller und Genehmigungsbehörde und ihr beiderseitiges Interesse an der Förderung der Kernenergie zu berücksichtigen. Auch ist zu bedenken, daß Antragsteller und Behörde schon mit Beginn einer Standortplanung in ständiger Konversation mit gegenseitigen Absprachen stehen, so daß sich die Behörde von Anfang an subjektiv — wenn auch möglicherweise nur unterschwellig — gegenüber dem Antragsteller gebunden fühlen mag; zumindest aber setzt sie sich aus der Sicht Dritter diesem Verdacht aus.

Auch hat der Einwender vor Erlaß der Teilgenehmigung nicht den *Informations- und Erkenntnisstand,* den er als Kläger nach Erlaß der Teilgenehmigung bei Wahrnehmung des repressiven Rechtsschutzes besäße[48]. Im Einwendungsverfahren muß er den ausgelegten Unterlagen, die — wie oben gesehen — mit Schwächen und dem Vorwurf

[47] Simon / Heußner, DVBl. 1980, 361 (363) sprechen von den jeweils subjektiven Interessen und grundsätzlichen Standpunkten aller Beteiligten.

[48] Vgl. Papier, NJW 1980, 313 (318); Wolfrum, DÖV 1979, 497 (500, 501); in diesem Sinne auch Lange, DVBl. 1975, 130 (133); dagegen Redeker, NJW 1980, 1593 (1598).

der Unvollständigkeit behaftet sind, hypothetisch die möglichen späteren Auswirkungen des zur Genehmigung anstehenden Abschnitts entnehmen. Der in dieser Weise behinderte präventive Rechtsschutz verlangt dem Bürger somit mehr ab als ein repressiver Rechtsschutz, bei dem der Bürger die konkret erlassene Teilgenehmigung und damit das genaue Ausmaß der behördlichen Entscheidung vor Augen hätte und angreifen könnte. Nichts einzuwenden wäre gegen die Gewährung zusätzlichen vorbeugenden Rechtsschtuzes neben einer späteren Klagemöglichkeit; nicht zu billigen ist jedoch eine Verfahrensregelung, die vom Bürger bereits im Genehmigungsverfahren ohne Kenntnis der konkreten Teilgenehmigung ein vollständiges Vorbringen abverlangt, um sich einen repressiven Rechtsschutz offenzuhalten.

Insgesamt ist die Gewährung vorgezogener Einwendungsrechte daher *kein Ausgleich* für einen durch den Eintritt materieller Präklusion entzogenen Rechtsschutz.

Widerspruchslos kann auch nicht die Behauptung hingenommen werden, die Einbeziehung des vorläufigen positiven Gesamturteils in den Regelungsgehalt der Teilgenehmigungen bedeute eine Vorverlagerung effektiven Rechtsschutzes. Richtig ist, daß Dritte auf dem Klagewege bereits gegen die erste Teilgenehmigung Bedenken gegen den Betrieb des Atomkraftwerks vortragen können. Dies als eine besondere Errungenschaft effektiven Rechtsschutzes und als eine besondere Bevorzugung Dritter verkaufen zu wollen, heißt jedoch, Augenwischerei zu betreiben. Die Eröffnung des Rechtsschutzes gegen das vorläufige positive Gesamturteil ist nichts anderes als die verfassungsmäßig durch Art. 19 Abs. 4 S. 1 GG *gebotene Kehrseite* seiner Einbeziehung in den Regelungsgehalt der Teilgenehmigung. Die Verfassung gebietet, Rechtsschutz gegen belastende Verwaltungsakte zu gewähren. Nichts anderes und nur dieses erfolgt bei der Befürwortung der Klagemöglichkeit drittbelasteter Personen gegen den Inhalt des vorläufigen positiven Gesamturteils.

bb) Auch soweit die herrschende Meinung argumentiert, jedermann sei es unbenommen, gegen eine atomrechtliche Teilgenehmigung den Rechtsweg zu beschreiten, er müsse sich lediglich am Einwendungsverfahren beteiligen, ist Kritik angebracht. Die Kritik hat bereits am *Einwendungsbegriff* anzusetzen.

Wenn das BVerwG vom Einwender verlangt, das seiner Ansicht nach gefährdete Rechtsgut zu bezeichnen, so ist hiergegen nichts einzuwenden. Als gefährdete Rechtsgüter kommen hauptsächlich Leben, Gesundheit und Eigentum in Betracht; dies zu erkennen, dürfte dem Einwender keine sonderlichen Schwierigkeiten bereiten. Anders verhält es sich mit der Forderung des BVerwG, zur Substantiierung der Einwendung sei die Darlegung der befürchteten Beeinträchtigungen notwendig. Das setzt die Kenntnis des Einwenders von den möglichen Auswirkungen der Kernenergie voraus, was zu verlangen oder zu unterstellen unrealistisch[49] ist. Es kann auch nicht ernsthaft behauptet werden, der Einwender könne sich zur Substantiierung seines Vorbringens einen hinreichenden Kenntnis- und Informationsstand durch Einblick in die ausgelegten Unterlagen verschaffen[50]. Zum einen sind die Unterlagen für das Studium eines Laien zu umfangreich und schwierig, als daß sich ein Laie innerhalb von zwei Monaten ohne vorherige Sachkenntnisse in die komplexe atomrechtliche Materie einarbeiten und aus den gewonnen Erkenntnissen Einwendungen formulieren könnte. Durch die Verwendung unbestimmter Rechtsbegriffe hat der Gesetzgeber des AtG den Fachbehörden eine große Auslegungs- und Entscheidungskompetenz übertragen. Zur Ausfüllung dieser Rechtsbegriffe ist ein enormes Maß an wissenschaftlich-technischer Sachkunde erforderlich. Vielfach ist dies nur unter Herbeiziehung von Sachverständigen möglich; das gilt sowohl für den Bereich der Exekutive und erst recht für die Legislative[51]. Für die Teilnahme des Einwenders am Genehmigungsverfahren kann nichts anderes gelten. Um in wirksamer Weise von ihrem Einwendungsrecht Gebrauch machen zu können, müßten Dritte erhebliche finanzielle Mittel für die Inanspruchnahme eines Sachverständigen aufbringen[52]. Zwar ist es unserem Rechtsschutzsystem nicht unbekannt, daß der Rechtsschutzsuchende zuvor einen Geldbetrag aufzubringen hat; man denke nur an den Prozeßkostenvorschuß im Zivilprozeß, ohne den eine Klage an den Beklagten gar nicht zugestellt wird. Dem Verwaltungsprozeß ist diese Voraussetzung bereits unbekannt, wie insgesamt der Verwaltungsprozeß — auch und insbesondere durch das Amtsermittlungsprinzip — dem Rechtsschutzsuchenden mehr entgegenkommt. Die hohen Kosten für einen Sachverständigen muten in Anbetracht dessen als eine erhebliche Rechtsschutzverkürzung an.

Allgemein läßt sich der Satz aufstellen, daß zu hohe Anforderungen an das Einwendungsverfahren den Rechtsschutz unzulässig verkürzen[53]. Die Tatsache, daß wirksame Einwendungen und damit der Erhalt wirk-

---

[49] Vgl. de Witt, DVBl. 1980, 1006 (1007) und in: Lukes V, S. 276.

[50] Vgl. zur Kritik de Witt, DVBl. 1980, 1006 (1007) und in: Lukes VI, S. 300, 301; Zweifel auch beim BVerfG, DÖV 1982, 816 (820).

[51] Vgl. Wagner, DÖV 1980, 269 (271) und oben zu § 6, 1 b).

[52] Das sieht auch das BVerfG, DÖV 1982, 816 (820); dies räumt auch der Bay VGH, ET 1979, 583 (592) mittelbar ein; nach Mutschler, ET 1978, 505 (507) ist es allgemeine Praxis, daß Einwender im Erörterungstermin im Beistand von Sachverständigen erscheinen.

[53] Vgl. Baumann, BayVBl. 1979, 726, 727.

samer Klagemöglichkeiten durch Vermeidung materieller Präklusion nur unter Zuhilfenahme kostspieliger Sachverständiger möglich ist, stellt eine derartige gegen Art. 19 Abs. 4 S. 1 GG verstoßende Rechtswegerschwerung dar. Aus dem Blickwinkel des Demokratieprinzips konnte die Ausgestaltung des Genehmigungsverfahrens und der Drittbeteiligung noch als ausreichend bezeichnet werden. Gemessen an der Rechtsweggarantie des Art. 19 Abs. 4 S. 1 GG muß man sich jedoch tatsächlich fragen, ob die Einwendungsrechte der Bürger wegen der Schwierigkeit und Komplexität der Genehmigungsmaterie wirklich mehr als nur symbolische[54] Bedeutung haben. Das Manko, welches durch die materielle Präklusion entsteht, vermögen sie jedenfalls nicht auszugleichen.

Des weiteren ist zu berücksichtigen, daß die vom Antragsteller gefertigten und für das Einwendungsverfahren *ausgelegten Unterlagen* die möglichen Risiken als harmlos darstellen werden[55] oder gar verschleiern. Dies ist dem Antragsteller nicht zu verdenken, da ein erhebliches Kostenrisiko auf dem Spiel steht, und er daher bemüht sein wird, die Unterlagen freizuhalten von hervorstechenden Angriffspunkten. Auch hier zeigt sich wiederum die Schwäche des Einwendungsverfahrens gegenüber dem im Klageverfahren herrschenden Amtsermittlungsgrundsatz. Gerade mit Blick auf den Amtsermittlungsgrundsatz des Verwaltungsprozesses verlangt das Einwendungsverfahren für eine effektive Teilnahme vom Bürger mehr, als dies bei sofortiger Beschreitung des Klagewegs der Fall wäre. Nicht nur, daß eine in der oben beschriebenen Weise erforderliche Substantiierung der Einwendungen verlangt wird — hinzu kommt verschlechternd, daß eine nachfolgende Klage sich zur Begründung ausschließlich auf die erhobenen Einwendungen stützen darf. Das Gericht ist daran gehindert, seine Ermittlungen über die geltend gemachten Einwendungen hinausreichen zu lassen. Der Einwender ist daher gezwungen, alle ihm zur Zeit möglichen oder unmöglich, wahrscheinlich oder unwahrscheinlich vorkommenden Einwendungen vorzutragen, um sich einen größtmöglichen Argumentationsspielraum vor Gericht offenzuhalten. Ob ein solches Vorgehen noch mit dem von Art. 19 Abs. 4 S. 1 GG garantierten Rechtsschutz in Einklang steht, mag nachdrücklich bezweifelt werden.

cc) Die herrschende Meinung versucht, die durch das Einwendungsverfahren eingetretene Rechtsschutzverkürzung mit der Begründung zu halten, daß nur so ein *angemessener Interessenausgleich* zwischen

---

[54] Vgl. Ossenbühl, DÖV 1981, 1 (8), der allerdings mit diesen Bedenken nicht die materielle Präklusion angreifen will.

[55] Vgl. de Witt, DVBl. 1980, 1006 (1007).

der Genehmigungsbehörde, dem Antragsteller und Einwendern erreicht werde.

(1) Daß die Genehmigungsbehörde durch den durch die materielle Präklusion verursachten Einwendungszwang in einen bestmöglichen Erkenntnisstand versetzt werde, ist zur Rechtfertigung der materiellen Präklusion ein zu schwaches Argument. Einerseits wird nur der rechtskundige Einwender dem § 7 Abs. 1 S. 2 AtVfV die Anordnung einer materiellen Präklusion entnehmen können. Andererseits ist kaum vorstellbar, daß ohne die im Hintergrund drohende materielle Präklusion die Zahl und Qualität der Einwendungen merklich zurückgehen würde. Das Interesse der Betroffenen, sich im Genehmigungsverfahren Gehör zu verschaffen, und ihre Anliegen bei einer Entscheidung berücksichtigt zu wissen, ist und bleibt von gleichem Rang. Kein Einwender würde bewußt ein Prozeßrisiko eingehen, wenn er die Chance sieht, daß bereits im Vorverfahren seine Anliegen Beachtung finden[56].

Die materielle Präklusion erweist sich daher im Ergebnis als eine *unangemessene Sanktion*[57], die über das Ziel, eine möglichst große Beteiligung zwecks Optimierung des behördlichen Erkenntnisstandes zu erreichen, weit hinausschießt.

Im übrigen kommen auch andere Großprojekte wie Fernstraßen- oder Flugplatzbau ohne den Druck materieller Präklusion aus. Daß es den Behörden mangels ausreichender Bürgerbeteiligung in diesen Rechtsbereichen an hinreichendem Tatsachenstoff fehlt, davon war ersichtlich noch nie die Rede. Mit dem Argument, einen bestmöglichen behördlichen Erkenntnisstand erreichen zu wollen, läßt sich die materielle Präklusion im Atomrecht daher nicht rechtfertigen.

(2) Auch die Argumente der herrschenden Meinung, mit denen sie versucht, den Investitionsschutz des Antragstellers zu begründen und eine frühzeitige Einflußmöglichkeit der Einwender auszugleichen, vermögen nicht zu überzeugen. Die Argumentation dreht sich dabei im Kreise, wenn eine frühzeitige Beteiligung der Einwender den Antragsteller über die Anzahl der Einwender und die Reichweite der Einwendungen informieren und dem Investitionsschutz des Antragstellers dienen soll, auf der anderen Seite jedoch gerade wegen der Einräumung einer frühzeitigen Beteiligung der Rechtsschutz der Einwender durch eine materielle Präklusion beschnitten wird. Hierin liegt ein *doppelter Schutz des Antragstellers,* nicht aber die Herbeiführung eines Interessenausgleichs und schon gar nicht die Schaffung einer Waffengleichheit.

---

[56] In diesem Sinne auch Wolfrum, DÖV 1979, 497 (501).

[57] Papier, NJW 1980, 313 (319) spricht von rigoroser Sanktionierung.

Die frühzeitige Kenntnis des Antragstellers von den Einwendern und ihren Einwendungen dient seinem Investitionsschutz, begünstigt ihn also, weil er sein Vorhaben besser kalkulieren und möglicherweise geänderten Umständen anpassen kann. Hinzu kommt ein weiterer Vorteil, den der Antragsteller durch den Eintritt der materiellen Präklusion erhält; sein Vorhaben verfestigt sich schrittweise durch schrittweise Bestandskraft und den Ausschluß von Einwendern. Wenn also argumentiert wird, die frühzeitige Beteiligungsmöglichkeit Dritter müsse zugunsten des Antragstellers durch die Schaffung einer materiellen Präklusion ausgeglichen werden, so wird übersehen, daß die frühzeitige Beteiligung selbst bereits dem Antragsteller zugute kommt; frühzeitige Kenntnis und materielle Präklusion vergrößern den Schutz des Antragstellers in zweifacher Weise. Hinzu kommt ein dritter Gesichtspunkt, der die Gewichtung zugunsten des Antragstellers und zulasten Dritter weiter verschiebt. Der Betreiber des Kraftwerks ist am gesamten Verfahren beteiligt[58] und in ständiger Konversation mit der Genehmigungsbehörde, angefangen vom Planungsstadium bis hin zur Erteilung der Betriebsgenehmigung. Insgesamt sind daher die verfahrensrechtlichen Gewichte zugunsten des Antragstellers und damit ungleich verteilt.

Weiterhin spricht gegen die Begründung der herrschenden Meinung, daß beim *Bau anderer Großprojekte* — z. B. Flughäfen — ebenfalls von Privaten Milliardeninvestitionen getätigt werden, dennoch ohne eine materielle Präklusion gearbeitet wird. Auch in diesen Verfahren bestehen Einwendungsrechte Dritter — wenn auch in der Regel beschränkt auf die Betroffenen — in gleichem Umfang und gleicher Qualität wie im atomrechtlichen Genehmigungsverfahren. Ein sachlicher Grund für eine Ungleichbehandlung dieser Materien ist aus investitionsschutzrechtlichen Gründen nicht ersichtlich.

Auch wird gegen das Investitionsschutzargument vorgebracht, daß immerhin *eine einzige Einwendung* mit nachfolgendem Klageverfahren theoretisch ausreichen könnte, um den Weiterbau eines Atomkraftwerks zu blockieren. Der Ausschluß anderer Einwender mittels materieller Präklusion wirke sich daher nicht mehr entscheidend auf den Fortgang des Großvorhabens aus[59]. Eine echte Beschleunigung des Verfahrens, verbunden mit einem investitionsschützenden Effekt läßt sich durch den Ausschluß von Einwendern in spürbarer Weise so lange nicht erreichen, als noch Einwendungs- und Klageverfahren anhängig bleiben.

Schließlich muß dem mit der materiellen Präklusion bezweckten Investitionsschutzeffekt entgegengehalten werden, daß auch die *Anord-*

[58] Vgl. auch Ossenbühl, DVBl. 1981, 65 (68); de Witt, DVBl. 1980, 1006 (1008).

[59] So Papier, NJW 1980, 313 (320).

nung der sofortigen Vollziehung gemäß § 80 Abs. 2 Nr. 4 VwGO ausreichen kann, um eine Verfahrensbeschleunigung zu erzielen[60]. Nach der bisherigen Gerichtspraxis kann der Antragsteller darauf vertrauen, daß die von den Behörden in der Regel tatsächlich angeordnete sofortige Vollziehung auch gerichtlich wegen des Allgemeininteresses an einer gesicherten Energieversorgung bestätigt wird. Ein echter Baustop und Investitionsschaden läßt sich auf diese Weise gewöhnlich abwenden, so daß der materiellen Präklusion insoweit keine herausragende Bedeutung mehr zukommen kann.

(3) Die verfahrensrechtliche Gewichtsverteilung zugunsten des Antragstellers kann allenfalls dann gerechtfertigt sein, wenn seinem Investitionsschutz tatsächlich die bevorzugte Gewährleistung zukommen muß. Bisher ist aus der Kritik der *Schutzzweck des AtG* ausgespart worden. Hieraus können sich weitere Gesichtspunkte ergeben.

Der Hauptzweck des AtG ist gemäß § 1 Nr. 2 AtG der Schutz von Leben und Gesundheit Dritter; der Schutz der Investitionen des Antragstellers ist in § 1 AtG ausdrücklich nicht erwähnt. § 1 Nr. 1 AtG hebt aber als Gesetzeszweck auch die Nutzung der Kernenergie und deren Förderung zu friedlichen Zwecken hervor. Hieraus ist mittelbar auch der Investitionsschutz des Antragstellers abzuleiten. Die friedliche Nutzung der Kernenergie ist nur möglich, wenn der Bau von Atomkraftwerken gefördert wird. Das wiederum setzt voraus, daß der Bau eines Atomkraftwerks nicht durch allzu große und unkalkulierbare finanzielle Risiken von vornherein unzumutbar und damit unmöglich gemacht wird. Wenn sich also aus § 1 Nr. 1 AtG mittelbar der Investitionsschutz des Betreibers ableiten läßt, so folgt daraus nicht zwingend eine Priorität, wie sie von der herrschenden Meinung und ihrem Verständnis des § 7 Abs. 1 S. 2 AtVfV im Ergebnis erreicht wird. Dabei soll nicht unterstellt werden, daß die herrschende Meinung den Investitionsschutz des Antragstellers tatsächlich höher bewerten will als den Schutz von Leben und Gesundheit Dritter vor den Gefahren der Kernenergie. Eine derartige Rangordnung wird jedoch tatsächlich durch die oben angesprochenen Kriterien geschaffen, die allesamt zugunsten des Antragstellers sprechen: seine frühzeitige Kenntnis von Einwendern und Einwendungen, die materielle Präklusion und das ständige Mitwirken des Antragstellers am gesamten Planungs- und Genehmigungsverfahren.

Eine solche Gewichtung aber wird einem vom AtG in erster Linie bezweckten Grundrechtsschutz der Betroffenen aus Art. 2 Abs. 2 S. 1 GG nicht gerecht[61].

---

[60] Vgl. Papier, NJW 1980, 313 (320).

[61] Im Ergebnis auch de Witt, DVBl. 1980, 1006 (1008).

Das AtG und die Ausgestaltung des Genehmigungsverfahrens dienen der *Bewältigung einer Grundrechtskollision*. Diese Kollision spiegelt sich in § 1 Nr. 1 und 2 AtG wieder; gegeneinander abzuwägen sind der Schutzzweck aus § 1 Nr. 2 AtG und der Förderungszweck aus § 1 Nr. 1 AtG, die zueinander in einem Spannungsverhältnis[62] stehen. Dem Schutzzweck aus § 1 Nr. 2 AtG entspricht das Grundrecht Dritter aus Art. 2 Abs. 2 S. 1 GG auf Schutz des Lebens und der Gesundheit. Aus der Sicht des Kraftwerksbetreibers bedeutet die Normierung des Förderungszwecks aus § 1 Nr. 1 AtG ebenfalls eine grundrechtliche Gewährleistung. Seine Betätigung ist wissenschaftlich-technisch-wirtschaftlicher Art. Dem Grundrecht Dritter aus Art. 2 Abs. 2 S. 1 GG sind daher folgende Grundrechte des Betreibers entgegenzuhalten: die Freiheit von Forschung und Wissenschaft aus Art. 5 Abs. 3 S. 1 GG[63] durch Weitererprobung und Weiterentwicklung der Kernenergie; die Freiheit der Berufswahl und Berufsausübung aus Art. 12 Abs. 1 GG[64] durch Errichtung und Betrieb von Kernkraftwerken; der Schutz des Eigentums aus Art. 14 Abs. 1 GG[65], soweit Anlagen bereits errichtet worden sind — also Dispositions- und Investitionsschutz — und schließlich die allgemeine Handlungsfreiheit und wirtschaftliche Betätigungsfreiheit aus Art. 2 Abs. 1 GG[66] als Auffangtatbestand. Da Kernkraftwerke in der Regel von juristischen Personen des Privatrechts betrieben werden, ist nachzutragen, daß die genannten Grundrechte auf juristische Personen gemäß Art. 19 Abs. 3 GG anwendbar sind.

Eine *Abwägung* der Rechte des Kraftwerksbetreibers mit den Grundrechten Dritter aus Art. 2 Abs. 2 S. 1 GG kann nicht zu einem pauschalen Ergebnis führen, etwa dazu, daß der Betrieb und Bau von Atomkraftwerken von vornherein zu unterlassen sei. Eine Abwägung muß von dem Begriff der notwendigen Schadensvorsorge aus § 7 Abs. 2 Nr. 3 AtG ausgehen. Soweit die erforderliche Schadensvorsorge getroffen ist, das sogenannte Restrisiko[67] also auf ein verfassungsmäßig notwendiges Minimum zurückgedrängt ist, steht einer Grundrechtsaus-

---

[62] Wagner, DÖV 1980, 269 (275); ähnlich Simon / Heußner, DVBl. 1980, 361 (362); OVG Lüneburg, DÖV 1978, 289 (292); Schmieder in: Lukes V, S. 186; de Witt in: Lukes VI, S. 304.

[63] Vgl. Wagner, DÖV 1980, 269; Bender, DÖV 1980, 633 (635).

[64] Vgl. Knüppel, DÖV 1981, 19 (20); Breuer, DVBl. 1981, 300 (306).

[65] Vgl. Knüppel, DÖV 1981, 19 (20); Breuer, DVBl. 1981, 300 (306); Bender, DÖV 1980, 633 (635); Büdenbender / Mutschler, Rdnr. 176; Mutschler in: Lukes VI, S. 282.

[66] Vgl. Knüppel, DÖV 1981, 19 (20); Wagner, DÖV 1980, 269.

[67] Dieses findet nach BVerfG, DVBl. 1979, 45 (51) seine Grenzen an der Unzulänglichkeit menschlichen Erkenntnisvermögens und den Regeln der praktischen Vernunft; dazu ferner OVG Lüneburg, DVBl. 1982, 32 (33); VG Würzburg, NJW 1977, 1649 (1650); Breuer, DVBl. 1978, 829 (835); Winters, DÖV 1978, 265 (271).

übung des Kraftwerksbetreibers grundsätzlich nichts entgegen[68]. Zunächst muß aber gelten, daß dem Grundrecht auf Leben und körperliche Unversehrtheit Dritter wegen seines besonderen Stellenwerts innerhalb der Grundrechte der absolute Vorrang einzuräumen ist[69]; dies bedeutet also, daß der Förderungszweck des § 1 Nr. 1 AtG grundsätzlich hinter dem Schutzzweck des § 1 Nr. 2 AtG zurückzutreten hat[70]. Soweit die Tätigkeit des Kraftwerksbetreibers lebens- oder gesundheitsbedrohend ist, also das hinnehmbare Restrisiko überschreitet, hat sie den Grundrechten Dritter zu weichen[71]. Daß der Gesetzgeber einen Restschaden nicht hinnehmen will, ergibt sich daraus, daß das AtG dem Zitiergebot des Art. 19 Abs. 1 S. 2 GG nicht nachgekommen ist, somit also gewiß die Grundrechte der Bürger aus Art. 2 Abs. 2 S. 1 GG nicht einschränken soll[72]. Mithin ist in Anbetracht der hohen und teilweise noch unerforschten Gefahren durch die Nutzung der Kernenergie dem Grundrecht aus Art. 2 Abs. 2 S. 1 GG absoluter Vorrang zu gewähren.

Die gewonnenen Erkenntnisse aus einer Grundrechtsabwägung aber vermögen allein noch kein abschließendes Urteil über die von der herrschenden Meinung vertretene materielle Präklusion des § 7 Abs. 1 S. 2 AtVfV zu begründen. Weiterhin zu bedenken ist, daß angesichts der Fülle unbestimmter Rechtsbegriffe des AtG dem Verfahrensrecht für einen wirksamen Grundrechtsschutz Dritter besondere Bedeutung zukommt[73]. Das Genehmigungsverfahren muß also so ausgestaltet sein, daß der Vorrang des Art. 2 Abs. 2 S. 1 GG vor den Grundrechten des Betreibers angemessen berücksichtigt ist. Die einem modernen Grundrechtsverständnis entspringende Erkenntnis, daß effektiver Grundrechtsschutz im atomrechtlichen Genehmigungsverfahren nur durch

[68] Vgl. Kramer, NJW 1981, 260 (262); Wagner, DÖV 1980, 269; ansonsten hat Art. 2 Abs. 2 S. 1 GG unbedingten Vorrang, vgl. BVerfG, DVBl. 1980, 356 (358).

[69] Vgl. OVG Lüneburg, DÖV 1978, 289 (292); Kramer, NJW 1981, 260 (262); Knüppel, DÖV 1981, 19 (20); Bender, DÖV 1980, 633 (635).

[70] Vgl. BVerfG, DVBl. 1980, 356 (358); BVerwG, DVBl. 1972, 678 (680); OVG Koblenz, NJW 1982, 197 (199); OVG Lüneburg, DVBl. 1978, 67 (68); VGH Mannheim, DVBl. 1976, 538 (541); VG Hannover, DVBl. 1978, 74 (75); VG Würzburg, NJW 1977, 1649 (1650); VG Freiburg, DÖV 1975, 611 (613); Knüppel, DÖV 1981, 19; Ossenbühl, DVBl. 1980, 803 (805); Bender, DÖV 1980, 633 (635); Wagner / Nobbe, NJW 1978, 1028 (1029); Wagner, DVBl. 1978, 839 (841); Breuer, DVBl. 1978, 829 (836). Schwarze, DÖV 1973, 700 hält diese Erkenntnis in ihrer materiellen Bedeutung zu Recht für kaum zu überschätzen; Lukes, NJW 1973, 1209 (1210) hielt das Verhältnis beider Zwecke noch für problematisch; offengelassen von Lecheler, ZRP 1977, 241 (243).

[71] Wagner, DÖV 1980, 269 (274) hebt hervor, daß Art. 2 Abs. 2 S. 1 GG keinen absoluten Schutz vor jedem noch so entfernt liegenden denkbaren Risiko bieten könne, da dies zur Abschaffung jeglicher Technik führe; ähnlich OVG Lüneburg, ET 1979, 284 (293) und Breuer, DVBl. 1978, 829 (834, 836).

[72] Vgl. BVerfG, DVBl. 1979, 45 (50); OVG Lüneburg, ET 1979, 284 (293).

[73] Vgl. Winters, DÖV 1980, 305.

eine den Art. 2 Abs. 2 S. 1 GG besonders berücksichtigende Verfahrensgestaltung zu erreichen ist[74], muß dazu führen, daß bei der Anwendung und Auslegung atomrechtlicher Genehmigungs- und Verfahrensvorschriften die Geltendmachung des Grundrechts aus Art. 2 Abs. 2 S. 1 GG sichergestellt ist[75]. Dieses Grundrecht ist nicht nur ein passives Abwehrrecht, sondern erfordert auch aktive Schutzmaßnahmen seitens des Staates[76]. Diese müssen durch Vorschriften des materiellen Atomrechts als auch und insbesondere durch das Verfahrensrecht gewährleistet werden.

Wenn auch eine tatsächliche Beeinträchtigung Dritter erst mit dem Betrieb des Atomkraftwerks eintreten kann, so dient doch das AtG und das atomrechtliche Genehmigungsverfahren einem *präventiven Grundrechtsschutz* und einer präventiven Gefahrenabwehr, so daß Bedenken gegen den späteren Betrieb des Atomkraftwerks bereits im Verfahren zur Genehmigung einzelner Errichtungsphasen zu berücksichtigen und darauf gestützte Klageerhebungen möglich sind[77]; denn bereits in den Errichtungsgenehmigungen wird das spätere Betriebsrisiko entscheidend angelegt[78].

Der Eintritt einer materiellen Präklusion durch § 7 Abs. 1 S. 2 AtVfV kann aber im Ergebnis dazu führen, daß ein Dritter verspätet erkennt, daß ihm von dem Atomkraftwerk Gefahren für Leben oder Gesundheit drohen. Er kann dann zwar seine Einwände gegenüber der Behörde vortragen, doch ist diese weder verpflichtet, die Einwände entgegenzunehmen, geschweige denn zu erörtern oder gar zu beachten. Die Behörde kann zwar im Rahmen ihrer Verpflichtung zur Amtsermittlung die verspätet vorgetragenen Einwendungen noch verarbeiten — insoweit ist der Grundsatz der materiellen Präklusion begrenzt (s. o.) —, doch ist die Behörde hierzu nicht verpflichtet. Erst recht kann der Einwender die Beachtung seines Grundrechts aus Art. 2 Abs. 2 S. 1 GG nicht auf dem Rechtsweg erzwingen.

---

[74] Vgl. BVerfG, DVBl. 1980, 356 (358, 360); OVG Lüneburg, DVBl. 1981, 648; Simon / Heußner, DVBl. 1980, 361 (362); im Ergebnis auch Kimminich in: Lukes V, S. 268.

[75] Vgl. BVerfG, DVBl. 1980, 356 (360); OVG Lüneburg, DVBl. 1981, 648; Simon / Heußner, DVBl. 1980, 361 (363); Wagner / Nobbe, DVBl. 1978, 1028 (1032). Alle gelangen jedoch zu der Erkenntnis, daß das atomrechtliche Genehmigungsverfahren diesen Anforderungen entspreche.

[76] Vgl. BVerfG, DVBl. 1980, 356 (358); Wagner / Nobbe, NJW 1978, 1028 (1032); im Ergebnis OVG Münster, DVBl. 1978, 62 (64, 65).

[77] Vgl. BVerwG, DVBl. 1972, 678 (679); Bay VGH, ET 1979, 583 (586); OVG Lüneburg, DVBl. 1978, 67 (68); VG Hannover, DVBl. 1978, 74; VG Würzburg, NJW 1977, 1649 (1650); VG Freiburg, DVBl. 1976, 804 und DÖV 1975, 611; Winters, DÖV 1980, 305; Wagner, DÖV 1980, 269 (270); so wohl auch BVerfG, DVBl. 1980, 356 (1. Leitsatz), Winters, DÖV 1978, 265 (269) und OVG Münster, DVBl. 1978, 62 (63).

[78] Vgl. Degenhart, Kernenergierecht, S. 66, 67.

Wenn aber eine wirksame Grundrechtswahrnehmung auch die *Bereitstellung wirksamer Verfahrensrechte* voraussetzt, dann gilt dies um so mehr, je gewichtiger das angetastete Grundrecht einzustufen ist. Aufgrund seines überragenden Gewichts verdient das Grundrecht aus Art. 2 Abs. 2 S. 1 GG eine besondere Beachtung durch das Verfahrensrecht; dies muß auch für die Ausgestaltung des Rechtsschutzverfahrens gelten[79].

Solchen Prämissen wird eine materielle Präklusion nicht gerecht, die im Ergebnis dazu führt, daß dem Investitionsschutz des Antragstellers ein größerer Schutz eingeräumt wird als den Rechtsgütern Dritter aus Art. 2 Abs. 2 S. 1 GG. Eine materielle Präklusion, die die gerichtliche Geltendmachung des Grundrechts aus Art. 2 Abs. 2 S. 1 GG verhindert, verstößt gegen dieses Grundrecht und gleichzeitig gegen die Rechtsweggarantie des Art. 19 Abs. 4 S. 1 GG.

Hiergegen läßt sich nicht einwenden, dem Verfahrensrecht sei ein Ausschluß der Rechtsverfolgung — unabhängig von der Qualität des bedrohten Rechtsguts — nicht fremd. Zu denken wäre an die Widerspruchsfrist des § 70 VwGO oder die Klagefrist des § 74 VwGO. Mit der materiellen Präklusion des Einwendungsverfahrens allenfalls vergleichbar ist der Ausschluß des Rechtswegs durch Versäumung der Widerspruchsfrist. Angesichts des § 68 Abs. 1 S. 2 Nr. 1 VwGO findet im atomrechtlichen Genehmigungsverfahren kein Widerspruchsverfahren statt. Das Einwendungsverfahren aber kann das Widerspruchsverfahren nicht ersetzen, da eine Einwendung im Gegensatz zum Widerspruch ein qualifiziertes bzw. substantiiertes Vorbringen erfordert, und eine Überprüfung durch die Behörde nur insoweit stattfindet, als Einwendungen erhoben wurden, während im Widerspruchsverfahren eine vollständige Überprüfung des Verwaltungsakts erfolgt.

Widerspruchs- und Klagefristen erfüllen verfassungsmäßig gebotene Zwecke der Rechtssicherheit, der Ordnung des Verfahrens und des rationellen Einsatzes der rechtsprechenden Organe; der Ausschluß der Klage durch materielle Präklusion dient in erster Linie dem Investitionsschutz des Kraftwerksbetreibers. Die Gründe, die für eine Unbedenklichkeit von Widerspruchs- und Klagefristen gelten, lassen sich daher nicht auf die materielle Präklusion übertragen. Eine Abwägung zwischen dem Investitionsschutz und den Rechten Dritter vermag eine materielle Präklusion jedenfalls nicht zu rechtfertigen, soweit es auf seiten der Drittbetroffenen um die Wahrnehmung des Grundrechts aus Art. 2 Abs. 2 S. 1 GG geht. Die Berufung auf dieses Recht im Klagewege darf nicht durch materielle Präklusion gemäß § 7 Abs. 1 S. 2

---

[79] Simon / Heußner, DVBl. 1980, 361 (363).

AtVfV abgeschnitten werden. Hier bildet vielmehr allein die Klagefrist des § 74 Abs. 1 S. 2 VwGO eine Zugangsschranke. Die materielle Präklusion des § 7 Abs. 1 S. 2 AtVfV ist somit nur dann mit Art. 19 Abs. 4 S. 1 GG vereinbar, wenn eine Berufung auf Art. 2 Abs. 2 S. 1 GG im Klagewege möglich bleibt. Nur ein solches Verfahren entspricht dem überragenden Schutzzweck dieses Grundrechts und damit auch dem Schutzzweck des § 1 Nr. 2 AtG.

Der Ausschluß von Einwendern für das Klageverfahren findet allerdings selbstverständlich aus verwaltungsprozessualen Gründen auch bei einer Berufung auf Art. 2 Abs. 2 S. 1 GG statt, da eine Klage zulässigerweise gemäß § 42 Abs. 2 VwGO nur erheben kann, wer im möglichen Einwirkungsbereich des Atomkraftwerks lebt.

Selbst wenn bei der vorgeschlagenen Handhabung der materiellen Präklusion die Anzahl der zulässigen, das heißt nicht präkludierten Klagen wachsen sollte, wäre dies allein kein überzeugendes Gegenargument. Gründe der *Prozeß- und Verfahrensökonomie* haben hinter der Gewährleistung effektiven Grundrechtsschutzes zurückzutreten. Das gleiche gilt für das wirtschaftliche Interesse des Kraftwerksbetreibers; im übrigen kann ein Baustopp durch das Instrument der Anordnung der sofortigen Vollziehbarkeit nach § 80 Abs. 2 Ziff. 4 VwGO verhindert werden. Der absolute Vorrang des Art. 2 Abs. 2 S. 1 GG mit der notwendigen Folgerung, daß diesem Grundrecht auch ein wirksamer verfahrensmäßiger Schutz zukommen muß, machte es untragbar, wenn eine hierauf gestützte verspätete aber berechtigte Einwendung aufgrund materieller Präklusion für das gesamte weitere Verfahren ausgeschlossen und damit eine Gefahr geschaffen würde, die § 1 Nr. 2 AtG gerade verhindern soll. In Verbindung mit der Rechtsweggarantie des Art. 19 Abs. 4 S. 1 GG und dem Grundrecht aus Art. 2 Abs. 2 S. 1 GG erfordert es der Hauptschutzzweck des AtG, daß die Einleitung einer objektiven, das heißt gerichtlichen Schutzzweckkontrolle durch in diesem Grundrecht möglicherweise betroffene Dritte nicht durch schwer zu durchschauende Formalia — wie die ordnungsgemäße Erhebung von Einwendungen — vereitelt wird.

dd) Einige Worte seien auch zu dem Argument der herrschenden Meinung angebracht, die materielle Präklusion verkürze den Rechtsweg nicht unangemessen, weil sie selbst angemessen begrenzt sei.

Die bereits in § 3, 2. Abschnitt behandelten Präklusionsgrenzen sind keine Einrichtungen, die besonders zum Schutz der Einwender hervorgehoben werden können. Vielmehr sind diese Grenzen der Präklusion selbst und der Natur des gestuften Verwaltungsverfahrens immanent. Eine Präklusion kann naturgemäß nur so weit gehen, als die eingereichten Unterlagen dies inhaltlich zulassen. Soweit neue wissenschaftliche Erkenntnisse eine neue Beteiligung am Einwendungsverfahren eröffnen, liegt dies im Sinn und Zweck des gestuften Verfahrens begründet; der Verfahrensablauf soll gerade an den neuesten wissenschaftlich-technischen Erkenntnisstand angepaßt werden können. Eine Begrenzung der Präklusion durch § 17 AtG entspricht allgemeinen gefestigten und zudem tragenden Grundsätzen des Allgemeinen Verwaltungsrechts. Soweit eine Nichtigkeitsklage gemäß § 43 Abs. 2 S. 2 VwGO durch materielle Präklusion ausgeschlossen wäre, läge darin sogar ein Verstoß gegen Art. 19 Abs. 4 S. 1 GG[80], so daß die genannte Präklusionsgrenze bereits ihrerseits durch Art. 19 Abs. 4 S. 1 GG vorgegeben ist. Was schließlich die Möglichkeit der Wiedereinsetzung gemäß § 32 VwVfG und der Beachtung verspäteter Einwendungen nach dem Grundsatz der Amtsermittlung gemäß § 24 Abs. 1 S. 1 VwVfG betrifft, so handelt es sich dabei ebenfalls um Grundsätze und Institute des Allgemeinen Verwaltungsrechts, die nicht speziell auf einen Interessenausgleich zugunsten der Einwender infolge materieller Präklusion zugeschnitten sind.

ee) Schließlich bedarf noch die Begründung der herrschenden Meinung einer kurzen Erwiderung, die materielle Präklusion sei für die Einwender infolge der Belehrung nach § 5 Abs. 1 S. 2 Nr. 2 AtVfV hinreichend erkennbar. Hierzu ist bereits in § 6, 3 a Stellung bezogen worden. Wiederholend und ergänzend läßt sich dazu anmerken, daß eine dem Gesetzeswortlaut entsprechende, das heißt ihn wiedergebende Belehrung über den Eintritt des Einwendungsausschlusses nicht hinreichend auch den Eintritt und schon gar nicht den Umfang einer materiellen Präklusion erkennen läßt[81]. Dazu sind weitgehende Rechtskenntnisse des Einwenders erforderlich, die gerade nicht unterstellt werden können. Mit Hilfe der gesetzlich vorgesehenen Belehrung läßt sich die materielle Präklusion nicht legitimieren.

ff) Somit bleibt festzuhalten, daß die Argumente der herrschenden Meinung, mit denen sie eine materielle Präklusion des § 7 Abs. 1 S. 2 AtVfV zu begründen sucht, aus rechtsstaatlichen Gründen abzulehnen sind. Eine so verstandene materielle Präklusion ist mit Art. 19 Abs. 4 S. 1 GG nicht vereinbar; sie führt vielmehr zu einer *ungerechtfertigten Verkürzung des Rechtsschutzes*[82]. Durch die materielle Präklusion wird dem Bürger auf der Seite des Rechtsschutzes mehr genommen als ihm „zum Ausgleich“ durch das Einwendungsverfahren gewährt wird. Im Ergebnis führt die materielle Präklusion mehr zu einer reibungslosen Verfahrensabwicklung[83] zugunsten des Antragstellers und der Genehmigungsbehörde als zu einem Ausgleich für die Gewährung verfahrensmäßiger Anhörungsrechte. Ein wirklicher Interessenausgleich könnte nur durch ein kontradiktorisches Einwendungsverfahren[84], nicht aber

---

[80] So auch BVerwG, DVBl. 1980, 1009.

[81] Vgl. de Witt, DVBl. 1980, 1006 (1007) und in: Lukes VI, S. 301.

[82] Vgl. de Witt, DVBl. 1980, 1006 (1008) und in: Lukes VI, S. 301; Papier, NJW 1980, 313 (321); Wolfrum, DÖV 1979, 497 (502); Ule, BB 1979, 1009 (1012, 1013); Zuck, BB 1963, 671 (672) zu § 17 Abs. 2 GewO a. F.

[83] Vgl. die Warnung von Simon / Heußner, DVBl. 1980, 361 (362) unter Bezugnahme auf eine Entscheidung des BVerfG.

[84] De Witt, DVBl. 1980, 1006 (1008).

durch die Gewährung bloßer Anhörungsrechte geschaffen werden. Die überragende Bedeutung des Grundrechts aus Art. 2 Abs. 2 S. 1 GG wird von der herrschenden Meinung nicht ausreichend gewürdigt. Dieses Grundrecht steht einer restriktiven Handhabung der Klagebefugnis durch materielle Präklusion des § 7 Abs. 1 S. 2 AtVfV entgegen[85].

[85] Vgl. Winters, DÖV 1980, 305 (306), der anregt, die materielle Präklusion neu zu überdenken und gleichzeitig von seiner bisher vertretenen Ansicht abrückt aus: Atom- und Strahlenschutzrecht, S. 87. Papier, NJW 1980, 313 (321) geht auf Art. 2 Abs. 2 S. 1 GG nicht ein, hebt dafür den Eigentumsschutz der Nachbarn hervor, ohne aber die sich dann aufdrängende Abwägung mit dem Grundrecht des Antragstellers aus Art. 14 GG vorzunehmen.

Drittes Kapitel

Alternative Verfahrens- und Beteiligungsmöglichkeiten

§ 8 Gestaltung des Planungsverfahrens

1. Planung und Bürgerbeteiligung

In der gegenwärtigen Form des Planungsverfahrens findet eine Bürgerbeteiligung im Sinne eines Mitspracherechts nicht statt. Erst recht kann der Bürger in diesem Entwicklungsstadium Bedenken gegen das Vorhaben nicht im Klagewege artikulieren und durchsetzen. Nach den *Landesplanungsgesetzen* sind lediglich die von den Vorhaben berührten öffentlichen Planungsträger zu beteiligen[1]. Die bestehende Gesetzeslage des Raumordnungsgesetzes und der Landesplanungsgesetze mit dem Ausschluß einer Bürgerbeteiligung wird damit gerechtfertigt, daß Raumordnungspläne keinen nach außen wirkenden Regelungsgehalt gegenüber Dritten besitzen und damit keine unmittelbaren Rechtswirkungen gegenüber dem Bürger entfalten; daher sei weder eine Bürgerbeteiligung am Planungsverfahren, noch die Einräumung einer Klagemöglichkeit geboten[2]. Die Planung eines Atomkraftwerks, die weitestgehend eine Standortplanung ist, wird hauptsächlich durch die Vorgaben des Kraftwerksbetreibers selbst beeinflußt und bestimmt[3]. Die Öffentlichkeit hingegen hat keine Möglichkeit, im Raumordnungsverfahren alternative Standorte vorzutragen. Der Kraftwerksbetreiber selbst wird dem Landesplaner eine Auswahl möglicher Standorte unterbreiten. Behördenintern, das heißt ohne Bürgerbeteiligung, wohl aber unter ständiger Kommunikation mit dem Betreiber erfolgt eine schrittweise Abschichtung der Standortmöglichkeiten bis hin zur konkreten Standortwahl.

---

[1] Vgl. zur Lage in den einzelnen Bundesländern Zoubek, Das Raumordnungsverfahren, S. 13 ff.

[2] Blümel, DVBl. 1977, 301 (317, 318); Degenhart, Kernenergierecht, S. 206, 207.

[3] Vgl. Rengeling, JZ 1977, 542 (546); Blümel, DVBl. 1977, 301 (308) und in: Lukes III, S. 37; Gross in: Lukes III, S. 59; Lukes / Vollmer / Mahlmann, S. 40.

Im späteren Genehmigungsverfahren werden möglicherweise von Bürgern Gesichtspunkte gegen den gewählten Standort vorgetragen, die im behördeninternen Planungsverfahren übersehen oder falsch gewichtet worden sind. Hierdurch tritt nicht selten ein Mangel an vorausschauender Planung zutage[4]. Eine rechtzeitige *Bürgerbeteiligung im Planungsstadium* wäre zwar zusätzlich zeitintensiv — obwohl dieses Bedenken wiederum abgeschwächt wird, wenn man andererseits bedenkt, daß die Behörde ohnehin die erforderlichen Informationen über die zu berücksichtigenden privaten Belange sammeln muß[5] —; eine rechtzeitige Bürgerbeteiligung würde aber möglicherweise zu einem teilweisen Abbau der Reibungspunkte, sicherlich aber zu besseren Erkenntnissen auf seiten der Behörde im Planungsstadium führen[6]. Eine vernünftige Planungspolitik erfordert eine frühzeitige Ermittlung und Abwägung aller öffentlichen und privaten Belange.

Vordergründig scheint die in § 2 a Abs. 6 BBauG vorgesehene Beteiligung der Bürger an der Bauleitplanung die hier geforderte frühzeitige Partizipationsmöglichkeit zu bieten[7]. Es darf jedoch nicht übersehen werden, daß die Gemeinden bei der Aufstellung ihrer Bauleitpläne an die Vorgaben der Raumordnungs- und Landespläne gebunden sind. Die Gemeinden können daher nicht selbständig von der Entscheidung des Landesplaners abweichen; letztere erging jedoch ohne eine gesetzlich vorgesehene Partizipation der Bürger. Folglich wird der Bürger durch die bindenden Vorgaben des Landesplaners vor vollendete Tatsachen gestellt[8].

Durch seinen Ausschluß aus dem Landesplanungsverfahren drohen dem Bürger nach der gegenwärtigen Rechtslage Nachteile bei der Verfolgung seiner Rechte und Interessen[9]. Ohne seine Mitwirkung werden Standorte für Kraftwerksvorhaben festgelegt. Dies geschieht — soweit vorhanden — durch *Landesentwicklungspläne* der Bundesländer[10], die in der Regel im Zusammenwirken mit dem Antragsteller ausgearbeitet werden[11], oder aber durch den Antragsteller selbst, indem dieser einen

[4] So auch Rengeling, JZ 1977, 542 (546).

[5] So allgemein zum Verfahren der Entscheidungsfindung Schmidt, VVDStRL Bd. 33, S. 183 (202).

[6] Vgl. Depenbrock, DVBl. 1978, 17 (19); Henneke, Raumplanerische Verfahren und Umweltschutz, S. 58.

[7] So jedenfalls Wiedemann in: Lukes V, S. 260.

[8] Redeker, NJW 1980, 1593 (1596); im Ergebnis auch Knöpfle, DVBl. 1974, 707 (710).

[9] Vgl. Weber, DÖV 1980, 397 (405); im Ergebnis auch Depenbrock, DVBl. 1978, 17 (21) und Blümel in: Lukes V, S. 236; Redeker, NJW 1980, 1593 (1596) hält dieses Beteiligungsdefizit für verfassungsrechtlich kaum tragbar.

[10] Dies gilt nur für die Bundesländer, die tatsächlich die Festlegung von Gebieten für flächenintensive Großvorhaben in ihre Landesentwicklungsprogramme aufgenommen haben; vgl. § 35 S. 2 lit. d) LEPRO NW. Zur Entwicklung der Gesetzeslage in den Bundesländern vgl. Blümel, DVBl. 1977, 301 (310 ff.).

[11] Vgl. insoweit auch die Forderung von Blümel in: Lukes III, S. 38.

Standort auswählt und diesen mit dem Antrag auf einen Vorbescheid oder eine erste Teilgenehmigung der Genehmigungsbehörde unterbreitet. Theoretisch besteht zwar die Möglichkeit, daß ein Drittbetroffener die erste Teilgenehmigung mit begründeten Einwendungen gegen den Standort zu Fall bringt. Bei einer frühzeitigen Beteiligung dieses Betroffenen wäre es möglicherweise aber infolge Standortverlegung gar nicht erst zu einem Prozeß gekommen. Eine weitere Gefahr mangelnder Bürgerbeteiligung im Planungsstadium liegt darin, daß sich die Genehmigungsbehörde selbst in eine Unflexibilität hineinsteuert. Wenn sie sich planerisch auf einen bestimmten Standort festgelegt hat und ihre und die Interessen des Antragstellers auf diesen Standort hin koordiniert hat, wird sie sich schwer tun, von ihrer Entscheidung abzuweichen und umzudenken. Mit ihrer Planungsentscheidung hat die Behörde vor allem die Interessen der Anlieger des Planungsgebiets zu beachten. Eine möglichst umfassende Beteiligung der möglichen Betroffenen würde hier zu einer besseren Erfüllung der Aufgaben der Planungsbehörde führen[12].

Gegen eine drohende Rechtsschutzbenachteiligung der Betroffenen mangels eines Beteiligungs- oder Einwendungsrechts im Planungsverfahren könnte man zwar argumentieren, daß eine Rechtsschutzmöglichkeit erst dann rechtsstaatlich zu fordern sei, wenn eine Beeinträchtigung rechtlich geschützter Interessen und Positionen drohe, und sich auf den Standpunkt stellen, daß durch den Planungsvorgang allein noch keine Rechtsbeeinträchtigung stattfindet. Das würde vordergründig den Ausschluß des Bürgers aus dem Planungsverfahren rechtfertigen. Auch kann anzuführen sein. daß die Planungsbehörden, die als oberste Landesbehörden politische Behörden sind, ihre Legitimation aus den Landtagswahlen ableiten und der Bürger daher am Planungsvorgang bereits mittelbar durch die Wahlen beteiligt ist[13].

Andererseits ist eben nicht zu übersehen, daß durch den Planungsvorgang hinsichtlich der Standortfrage eine gewisse *Präjudizierung*[14] und Voreingenommenheit der zuständigen Behörden für das nachfolgende Genehmigungsverfahren eintreten kann. Eine derartige Voreingenommenheit mag auf behördlicher Seite nicht unbedingt ins Bewußtsein treten; nicht zu leugnen ist aber das psychologische Moment, daß

[12] Dazu allgemein Kopp, BayVBl. 1980, 97 (101); in diesem Sinne wohl auch Rengeling, JZ 1977, 542 (546).

[13] In diesem Sinne wohl Degenhart, Kernenergierecht, S. 207, der eine Partizipation Dritter mangels Legitimationsdefizits ablehnt.

[14] Weber, DÖV 1980, 397 (405); so wohl auch Steinberg, ZRP 1982, 113 (117, 118). Auch Blümel, DVBl. 1977, 301 (317) gesteht eine gewisse Vorwirkung oder mittelbare Wirkung der Planung für den Betroffenen zu; deutlicher in: Lukes V, S. 236 und in: Festschrift für Ernst Forsthoff, 1972, 9 (29).

man kritische Bürgereinwände um so weniger in die eigenen Überlegungen einzubeziehen bereit ist, je weiter der eigene Entscheidungsbildungsprozeß bereits vorangeschritten ist. Die Einflußchancen Dritter sinken umgekehrt proportional mit zunehmender Entscheidungsreife der Verwaltungsangelegenheit[15]. Dieses Phänomen könnte man auch mit dem rechtssoziologischen Begriff der „selektiven Aufmerksamkeit“[16], also der behördlichen Aufmerksamkeit nur für die im eigenen Ressort getroffenen und zu treffenden Entscheidungen erklären, sofern man diesen Begriff vom behördeninternen Bereich auf den Bereich außerhalb der Verwaltung ausdehnt. Im übertragenen Sinne bedeutet dies, daß die zuständige Behörde intern eine Auswahl zwischen verschiedenen Entscheidungsalternativen trifft, was dazu führt, daß in einem späteren Stadium Dritte mit Alternativvorschlägen nicht mehr durchzudringen vermögen. Je weiter im konkreten Fall also das Standortplanungsverfahren vorangeschritten ist, um so weniger haben die erst im Genehmigungsverfahren vorgebrachten Standorteinwendungen eine Chance, eine erneute, mit voller Bereitschaft vorgenommene Neuüberprüfung der Standortvorgabe zu erreichen. Aufgrund dessen ist eine frühzeitige Bürgerbeteiligung wünschenswert[17].

Diese fände in einem Stadium statt, in dem die Standortentscheidung wesentlich vorprogrammiert wird. Der Bürger könnte am Verfahren teilnehmen, bevor über die Standortfrage befunden wird. Damit entfiele auch das allgemeine Unbehagen und die damit verbundene Frustration, daß im Einwendungsverfahren zum Erlaß der ersten Teilgenehmigung faktisch bereits über den Standort ohne vorherige Bürgerbeteiligung entschieden worden sei; eine Beteiligung im Planungsverfahren verhilft daher der Behördenentscheidung zu größerer Akzeptanz[18].

Eine *Verbesserung der Standortvorsorgeplanung* kann durch eine Änderung des Raumordnungsgesetzes des Bundes und der Landesplanungsgesetze erreicht werden[19].

---

[15] Schuppert in: Hoffmann-Riem, S. 299; für den Bereich der Bürgerbeteiligung in Planungsprozessen ebenso Blümel in: Festgabe für Ernst Forsthoff, 1967, 133 (138).

[16] Hierzu Schmidt, VVDStRL Bd. 33, S. 183 (204) und DÖV 1976, 577 (580).

[17] Im Ergebnis, jedoch mit der Zielrichtung, Umweltschutzverbände zu beteiligen, auch Henneke, Raumplanerische Verfahren und Umweltschutz, S. 59.

[18] Vgl. Dagtoglou, DVBl. 1972, 712 (718); Blümel in: Lukes V, S. 236; bezogen auf eine generellere Ebene auch Schmidt, VVDStRL Bd. 33, S. 183 (194).

[19] Vgl. Winters, DÖV 1978, 265 (275) und Wiedemann in: Lukes V, S. 258, jedoch ohne konkrete Lösungsvorschläge. Ferner Blümel in: Lukes V, S. 235, der das geltende Recht nicht mehr für zeitgemäß hält; für eine frühzeitige Beteiligung der Bürger de lege ferenda auch Bender, DÖV 1976, 584 (586).

Denkbar wäre etwa die Einführung eines Auslegungsverfahrens, etwa nach dem Muster der AtVfV, jedoch ohne Präklusionsbestimmung[20]. Die Einzelauslegungen müßten in den Gemeinden der geplanten Atomkraftwerksstandorte stattfinden. Um eine bessere Bürgerbeteiligung zu gewährleisten, wäre die besondere Einrichtung von Auslegungs- und Informationsbüros an den Auslegungsorten wünschenswert. Auf diese Weise bekäme der Planer bereits präventiv die Informationen, die es ansonsten erst im Genehmigungs- und Klageverfahren zu erörtern und zu bewältigen gilt.

Einen richtigen Weg in diese Richtung hat die Landesregierung Nordrhein-Westfalen bei Aufstellung des Landesentwicklungsplans VI beschritten, als sie jedem Interessierten auf Wunsch einen Abdruck des Planentwurfs kostenlos zukommen ließ und auf diese Möglichkeit in regionalen Zeitungen hinwies[21]. All dies erfolgte jedoch ohne eine gesetzliche Pflicht und rechtliche Grundlage[22].

Wer in einer frühzeitigen Bekanntgabe eines geplanten Standorts die Gefahr sieht, daß präventiv Bürgeraktionen am geplanten Standort gegründet würden und dadurch effektiver wirken könnten[23], setzt sich dem Verdacht aus, den Bürger mit der Standortentscheidung überrollen und so seine Verteidigungsmöglichkeiten einschränken zu wollen. Eine „Geheimplanung" würde dem Antragsteller zu einem Wissens- und Erkenntnisvorsprung verhelfen, den Dritte bei der Verfolgung ihrer Anliegen innerhalb der ihnen verbleibenden Zeit nie aufholen könnten. Dies aber ist mit der Forderung nach effektivem Grundrechtsschutz nicht vereinbar.

2. Planung durch die Legislative

Denkbar ist auch die Möglichkeit, die *Entscheidung über die Standortfrage* mehr in die Hand der Legislative zu legen[24]. Der Gesetzgeber hat in Art. 74 Nr. 11 a GG und § 1 Nr. 1 AtG eine wesentliche und grundlegende Entscheidung für die friedliche Nutzung der Kernenergie ge-

---

[20] Für eine Bürgerbeteiligung im Planungsverfahren ohne Präklusion auch Depenbrock, DVBl. 1978, 17 (19).

[21] Zu diesem Vorgehen Depenbrock, DVBl. 1978, 17 (19); zu weiteren verfahrensrechtlichen Auflockerungen in der Praxis vgl. Blümel in: Lukes V, S. 235, 236.

[22] Brocke, Rechtsfragen der landesplanerischen Standortvorsorge für umweltbelastende Großvorhaben, S. 175.

[23] So Butze in: Lukes III, S. 55.

[24] So etwa Kopp, BayVBl. 1980, 97 (99); vgl. auch schon oben zu § 5, Ziff. 1 b). Vgl. ferner die Forderungen von Blümel, DVBl. 1977, 301 (309); Lecheler, ZRP 1977, 241 (245) und Listl, DVBl. 1978, 10 nach einer staatlichen Standortvorsorge.

troffen. Ansonsten hat sich die Legislative bislang damit begnügt, allgemeine Regeln über die Beschaffenheit und die Wirkungsweise von Atomkraftwerken im AtG aufzustellen. Die Entscheidung über die Art der Bauausführung und die bei jedem Kraftwerksbau politisch heiß umkämpfte Frage des Standorts hat der Gesetzgeber den Genehmigungsbehörden anheim gestellt. Das BVerfG[25] hat — wie gesehen — dieses Vorgehen als mit dem Demokratie- und Rechtsstaatsprinzip vereinbar abgesegnet. Dennoch würde möglicherweise eine Regelung der Standortfrage durch den Gesetzgeber als die politisch legitimierte Staatsgewalt auch der Standortregelung zu größerem politischen Rückhalt verhelfen[26]. Fraglich ist aber, ob ein derartiges Tätigwerden des Gesetzgebers zulässig und empfehlenswert bzw. zweckmäßig ist.

a) Bedenken rechtlicher Art

Aus dem LPlG NW und aus dem LEPRO NW läßt sich gegen die Zulässigkeit einer Standortregelung durch den Landesgesetzgeber nichts vorbringen. Auch wenn man die Aussage des BVerfG in seinem Kalkar-Urteil[27] betrachtet, wonach der Gesetzgeber mit dem AtG die notwendigen wesentlichen Entscheidungen dem *Grundsatz vom Gesetzesvorbehalt* entsprechend selbst getroffen hat, folgt daraus noch nicht, daß es dem Landesgesetzgeber verwehrt sein soll, eine Regelung hinsichtlich des Standorts zu treffen. Dies läßt sich auch nicht dem Satz entnehmen, die vom Grundgesetz vorgesehene Ordnung unter den Staatsgewalten dürfe nicht durch einen allumfassenden Parlamentsvorbehalt unterlaufen werden[28]. Zum einen bliebe der Exekutive selbst bei einer Standortregelung noch genügend Stoff und Spielraum in der Gestaltung des weiteren Genehmigungsverfahrens; zum anderen handelt es sich gerade bei der Standortfrage auch um eine wesentliche Entscheidung, da erst durch die Festlegung des Standorts der Kreis der in ihren Grundrechten möglicherweise betroffenen Personen individualisiert wird[29]. Die politische Brisanz der Standortentscheidung kann daher für ein Tätigwerden des Gesetzgebers sprechen[30]. Im übrigen sind soge-

[25] DVBl. 1980, 356 (358) und DVBl. 1979, 45 (47).

[26] So im Ergebnis Listl, DVBl. 1978, 10 (16).

[27] DVBl. 1979, 45 ff.

[28] BVerfG, DVBl. 1979, 45 (46).

[29] In dieser Richtung wohl Lecheler, ZRP 1977, 241 (245); dies wäre wohl auch im Sinne des OVG Münster, DVBl. 1978, 62 (63, 64), wonach eine Leitentscheidung um so konkreter gefaßt werden muß, je mehr der Grundrechtsschutz Betroffener infrage steht und je weitreichender der politische Konflikt ist; zustimmend Listl, DVBl. 1978, 10, mit der ausdrücklichen Forderung einer gesetzgeberischen Standortentscheidung.

[30] Ein Standort-Maßnahmegesetz wird grundsätzlich auch für möglich gehalten von Wagner, DVBl. 1978, 839 (842); auch das OVG Lüneburg, ET 1979, 284 (294) hält weitere Konkretisierungen durch den Gesetzgeber für nützlich.

nannte Maßnahme- oder Einzelfallgesetze bereits mehrfach ergangen und für rechtmäßig befunden worden. Jedenfalls läßt sich aus verfassungsrechtlicher Sicht nicht von vornherein einwenden, die Standortentscheidung sei als Detailentscheidung eine klassische Verwaltungsaufgabe, weshalb der Gesetzgeber mit einem Standortgesetz in den Kernbereich der Exekutive eingreifen würde[31].

Verfassungsrechtlich zweifelhaft wäre jedoch eine Regelung im Raumordnungsgesetz, mit der der Bund die Länder zur Aufstellung von Standortregelungen verpflichtet[32]; ein *Eingriff in die Planungshoheit der Länder* läge jedoch mit Sicherheit in einer eigenen Standortentscheidung des Bundesgesetzgebers[33]. Abgesehen davon wäre eine Bundeskompetenz unzweckmäßig, da eine Öffentlichkeitsbeteiligung vorwiegend durch die Standortnachbarn geprägt wird, eine Bundesbehörde wegen fehlender Ortsverbundenheit jedoch ungeeignet ist, die lokalen Belange richtig zu verstehen und zu würdigen[34].

Aber auch ein *Standortgesetz durch den Landesgesetzgeber* begegnet verfassungsrechtlichen Bedenken[35]. Vordergründig läßt das Argument aufhorchen, die Sicherung der künftigen Energieversorgung für die Bundesrepublik Deutschland bzw. ihrer Bundesländer und die Bewältigung der Umwelteinflüsse und strategischen Risiken durch eine Massierung von Atomkraftwerken müsse durch den unmittelbar vom Volk legitimierten Gesetzgeber erfolgen[36]. Daß aber allein der Legitimationsgedanke nicht durchgreifen kann, wurde bereits oben verdeutlicht, da alle drei Staatsgewalten gleichermaßen ihre Legitimation ohne eine zwingend erkennbare Rangfolge aus der Verfassung unmittelbar ableiten. Einer gesetzlichen Standortregelung ist aber insbesondere die

---

[31] So aber Wagner, DVBl. 1978, 839 (842); Wagner / Nobbe, ET 1978, 694 (695).

[32] Vgl. Winters, DÖV 1978, 265 (275); vgl. aber Blümel, DVBl. 1977, 301 (313 ff.), der zu einem Umdenken auffordert und eine insbesondere auf Gesichtspunkte der Landesverteidigung gestützte ungeschriebene Bundesraumordnungskompetenz herleiten will. Im Ergebnis wohl auch Listl, DVBl. 1978, 10 (16); auch Degenhart, Kernenergierecht, S. 247 befürwortet eine Standortplanung durch den Bund, hält aber eine positive gesetzliche Kompetenzzuweisung für angebracht.

[33] Auch Lecheler, ZRP 1977, 241 (245) sieht darin einen schweren Eingriff in die Raumplanung der Länder, der nicht durch die Kompetenznorm des Art. 74 Nr. 11 a GG abgedeckt werden kann; ebenso Listl, DVBl. 1978, 10 (15); zweifelnd auch Brocke, Rechtsfragen der landesplanerischen Standortvorsorge für umweltbelastende Großvorhaben, S. 88.

[34] Ähnlich Wiedemann in: Lukes V, S. 259, 260.

[35] A. A., jedoch vorwiegend gestützt auf politische Argumente und im Hinblick auf die bisher gezeigte mangelnde Koordination zwischen den Ländern, Blümel, DVBl. 1977, 301 (315).

[36] So Listl, DVBl. 1978, 10 (16).

Folge einer weiteren Kürzung des Rechtswegs für dritte Beteiligte entgegenzuhalten[37]. Die Standortfrage entzöge sich dadurch von vornherein dem Einwendungsverfahren der AtVfV. Die Möglichkeit der Betroffenen, präventiv im Verwaltungsverfahren Einwendungen gegen den Standort vorzubringen, würde hinfällig.

Der Hinweis, der übrige verwaltungsgerichtliche Rechtsschutz bliebe in vollem Umfang bestehen[38], vermag weder zu beruhigen noch zu überzeugen. Zum einen ist eine *Rechtswegverkürzung* durch eine Standortwahl per Maßnahmegesetz evident. Eine Klage vor dem Verwaltungsgericht könnte gegen die Standortwahl zulässigerweise nicht erhoben werden. Als einzig denkbare Rechtsschutzmöglichkeit[39] bliebe eine unmittelbare Anrufung des BVerfG — oder je nach Ausgestaltung des Gesetzes des jeweiligen Landesverfassungsgerichts — gegen das Maßnahmegesetz, welches Dritte in ihren Grundrechten unmittelbar betreffen kann. Der bisher bestehende Instanzenzug würde damit dem rechtsschutzsuchenden Dritten abgeschnitten[40]. Andererseits sind jeder Standortentscheidung Überlegungen und präjudizielle Entscheidungen über die Auswirkungen des Vorhabens auf die Umwelt immanent. Ein Standort wird ja gerade mit Blick auf die besonderen Umwelteinflüsse des Atomkraftwerks ausgesucht und der Anlage angepaßt. Einwendungen gegen den Standort enthalten daher zwingend Einwendungen gegen die Auswirkungen des geplanten Vorhabens. Da aber dieselben Einwendungen nicht teilbar sind — bezogen auf den Standort und die späteren Errichtungsgenehmigungen —, ist zu bedenken, ob nicht mit einer verbindlichen Standortentscheidung bereits die voraussichtlichen Umwelteinwirkungen mit gebilligt werden und daher fraglich, ob neben der Anrufung der Verfassungsgerichtsbarkeit hinsichtlich des Standorts im übrigen in vollem Umfang eine Überprüfung durch die Verwaltungsgerichtsbarkeit möglich bleibt. Die demokratisch und rechtsstaatlich gebotene Bürgerbeteiligung auch und gerade bei der Standortentscheidung läßt sich nicht ersetzen durch eine bloße Veröffentlichung des Standortplans oder durch öffentliche Aufklärungsaktionen[41] des Gesetzgebers.

---

[37] Vgl. Winters, DÖV 1978, 265 (275); Wagner, DVBl. 1978, 839 (842); Wagner / Nobbe, ET 1978, 694; Lecheler, ZRP 1977, 241 (246). Auch Blümel, DVBl. 1977, 301 (321) gibt zu bedenken, daß eine gesetzgeberische Entscheidung eine förmliche Anhörung Dritter nicht ersetzen dürfe; vgl. auch die grundsätzliche Kritik von Feldhaus, § 10 BImSchG, S. 9.

[38] Listl, DVBl. 1978, 10 (17).

[39] Ebenso Wagner / Nobbe, ET 1978, 694.

[40] Das nimmt Listl, DVBl. 1978, 10 (17) billigend in Kauf.

[41] Blümel, DVBl. 1977, 301 (321).

b) Bedenken tatsächlicher Art

Neben den geäußerten rechtlichen Bedenken an einer gesetzgeberischen Standortregelung entzünden sich auch an der Zweckmäßigkeit eines solchen Vorgehens einige Zweifel. Es spricht vieles dafür, das gesamte Genehmigungsverfahren, in das auch bisher die Standortregelung eingebunden ist, in den Händen der Genehmigungsbehörde zu belassen.

Ein Vorteil liegt zunächst darin, daß die Verwaltung das gesamte Verfahren von Anfang an in der Hand hält, quasi in das Verfahren hineinwächst und einen optimalen Informationsstand erhält. Des weiteren ist die Standortfrage nicht zu trennen von den möglichen Auswirkungen des Atomkraftwerks auf die Umwelt. Letztere möglichst gering zu halten, ist ein Anliegen, über welches die Genehmigungsbehörde mit fortschreitender Erteilung der Teilgenehmigungen zu wachen hat. Die Gesichtspunkte der Schadensvorsorge und Standortwahl aus § 7 Abs. 2 Nr. 3 und 6 AtG sind nicht scharf auseinander zu dividieren; vielfach überschneiden sich beide Anliegen[42]. Die Regelung und Überwachung beider Anliegen ist daher in einer Hand, nämlich der Hand der Exekutive zu belassen.

Selbst zwischen Standortgenehmigung und Baubeginn — ein Zeitraum, der durch gerichtliche Verfahren mehrere Jahre dauern kann — können sich die notwendigen wissenschaftlich-technischen Erkenntnisse ändern. Dies kann es erforderlich machen, daß der Entscheidungsträger schnell und flexibel reagiert. Ein *flexibles Reagieren* kann aber nicht durch den Gesetzgeber, sondern nur durch die Exekutive erfolgen. Abgesehen davon, daß der Gesetzgeber nicht über den Sachverstand einer Fachbehörde verfügt[43], wäre der Gesetzgeber nicht nur fachlich, sondern auch zeitlich überfordert[44], wenn er seine Entscheidungen angesichts des technisch-wissenschaftlichen Entwicklungsschwungs ständig neu überarbeiten müßte. Man halte sich den Fall des OVG Koblenz[45] vor Augen, in dem sich kurz nach Beginn der Bauphase die Ungeeignetheit des Standorts wegen der Bodenbeschaffung herausstellte; der geplante Reaktorstandort mußte daher um einige Meter verschoben werden. Eine schnelle und flexible Entscheidung war hier nur durch die Exekutive mittels Erlaß einer Änderungsgenehmigung denkbar.

---

[42] Vgl. OVG Lüneburg, ET 1979, 284 (285) und DVBl. 1978, 67 (69); Wagner, DVBl. 1978, 839 (842); Wagner / Nobbe, ET 1978, 694 (695).

[43] Ossenbühl, DÖV 1982, 833 (839); Wagner, DVBl. 1978, 839 (842); Wagner / Nobbe, ET 1978, 694 (695).

[44] Ossenbühl, DÖV 1982, 833 (839); Wagner, DVBl. 1978, 839 (842); Wagner / Nobbe, ET 1978, 694 (695); Lecheler, ZRP 1977, 241 (246); ähnlich Winters, DÖV 1978, 265 (275); zweifelnd auch Lukes / Vollmer / Mahlmann, S. 40.

[45] NJW 1982, 197 ff.

Eine flexible Entscheidungsmöglichkeit ist letztlich auch im Sinne eines *dynamischen Grundrechtsschutzes*[46]. Starre gesetzliche Regelungen würden einer solchen Dynamik gerade zuwiderlaufen und die Entwicklung auf dem Gebiet der Sicherheitstechnik in Verkennung des Schutzzwecks des AtG lahmlegen. Gerade die Verwendung unbestimmter Rechtsbegriffe durch den Gesetzgeber ermöglicht es der Genehmigungsbehörde, das Genehmigungsverfahren flexibler an geänderte wissenschaftlich-technische Erkenntnisse anzupassen[47]. Dieser Zweck eines gestuften Verwaltungsverfahrens wird daher entscheidend durch einen größtmöglichen Gestaltungsspielraum der Exekutive verwirklicht, die auch dynamischere Handlungsformen besitzt als der Gesetzgeber.

Für eine Standortentscheidung durch die Verwaltungsbehörden — nach vorausgehender Landesplanung, die in dem oben vorgeschlagenen Ausmaß eine Bürgerbeteiligung zuläßt und Standortalternativen ausarbeitet — spricht auch, daß der *Informationsfluß* zwischen der örtlichen Verwaltungsbehörde, an die sich der Bürger zuerst wenden wird, und der atomrechtlichen Genehmigungsbehörde schneller und unkomplizierter vonstatten geht als zwischen Zweigen zweier verschiedener Staatsgewalten. Das Instrumentarium, welches die Genehmigungsbehörde zur Verfügung hat — insbesondere das Mittel des Verwaltungsakts — bei der Vorbereitung und Durchführung der Standortplanung, Vornahme möglicher Enteignungen, Abschluß von Gebietsverträgen usw. spricht ebenfalls dafür, die Standortplanung in der Hand der Verwaltung zu belassen.

Schließlich wird gegen die Einführung von Standortgesetzen für das atomrechtliche Verfahren eingewendet, es seien keine sachlichen Gesichtspunkte erkennbar, warum ein solches Verfahren dann nicht auch für andere Großprojekte eingeführt werde[48].

Von einer gesetzgeberischen Standortentscheidung ist daher insgesamt abzuraten[49].

3. Planfeststellungsverfahren

Das Planfeststellungsverfahren an sich ist dem AtG nicht unbekannt. § 9 b AtG bestimmt, daß Sammelstellen des Bundes für radioaktive

[46] Vgl. BVerfG, DVBl. 1979, 45 (49); Winters, DÖV 1978, 265 (275); Wagner / Nobbe, NJW 1978, 1028 (1031).

[47] Vgl. BVerfG, DVBl. 1979, 45 (50); Wagner, DÖV 1980, 269 (273); Wagner / Nobbe, NJW 1978, 1028 (1031).

[48] Wagner / Nobbe, ET 1978, 694.

[49] Im Ergebnis auch Blümel in: Lukes V, S. 233 (Fußnote 73); Winters, DÖV 1978, 265 (275) sieht hierfür auch keine reellen politischen Verwirklichungschancen.

Abfälle nur mittels Planfeststellung eingerichtet werden können[50]. Es wird jedoch auch der Vorschlag geäußert, die Möglichkeiten des Planfeststellungsverfahrens für das atomrechtliche Genehmigungsverfahren zu nutzen[51]. Dies könnte derart geschehen, daß das gesamte Planungs- und Genehmigungsverfahren in einem einzigen Planfeststellungsverfahren abgehandelt wird. Auch wäre denkbar, das Planfeststellungsverfahren auf die Standortplanung zu konzentrieren.

a) Umfassende Planfeststellung

Unter einer umfassenden Planfeststellung soll der Denkansatz verstanden werden, sowohl die Wahl des Standorts als auch die Errichtung und den Betrieb des Kraftwerks durch ein einheitliches Planfeststellungsverfahren, also mit einem abschließenden Planfeststellungsbeschluß zu genehmigen. Ein atomrechtliches Planfeststellungsverfahren könnte sich an den allgemeinen Regeln der §§ 72 ff. VwVfG orientieren[52].

Vordergründig entsteht bei Anwendung dieser Regeln für Dritte der Vorteil, daß — so jedenfalls die bisher existierenden Planfeststellungsgesetze — an eine Nichtbeteiligung keine Sanktion in Form einer materiellen Präklusion geknüpft wird. Nicht verwunderlich ist es daher, daß Befürworter eines atomrechtlichen Planfeststellungsverfahrens das Institut der materiellen Präklusion aus dem herkömmlichen Verfahren auch für das Planfeststellungsverfahren nutzen wollen[53]. Nicht zu übersehen sind jedoch erhebliche Nachteile, die dieses Verfahren für die Errichtung von Atomkraftwerken nicht nur als unpraktikabel[54], sondern sogar als mit dem *Gesetzeszweck des AtG* unvereinbar erscheinen lassen. Sämtliche Vorteile eines gestuften Verwaltungsverfahrens, wie sie in § 2 dargestellt wurden, gingen verloren. Angesichts der Tatsache, daß sich der Bau eines Atomkraftwerks über viele Jahre hinzieht, würde der Behörde die Möglichkeit genommen, flexibel auf veränderte Umstände und Erkenntnisse zu reagieren. Vorteilhaft wäre ein umfassendes Planfeststellungsverfahren allein für den Antragstel-

---

[50] Vgl. hierzu OVG Lüneburg, DVBl. 1978, 67 (73); Winters, DÖV 1978, 299 (300); Scharnhoop, DVBl. 1977, 322 (324).

[51] Vgl. Winters, DÖV 1978, 265 (275); Listl, DVBl. 1978, 10 (16); Pfaffelhuber in: Lukes I, S. 13; Scheuten in: Lukes I, S. 23, 24; Blümel in: Lukes III, S. 36, 43; Butze in: Lukes III, S. 55; von Keiser in: Lukes V, S. 209 ff.; vgl. auch die Überlegungen in BT-Drucks. V/4071, S. 6; offenbar auch Ossenbühl, DVBl. 1978, 1 (7, 8). Nach Selmer / Schulze-Osterloh, JuS 1981, 393 (396) ist dieses Verfahren „noch" nicht eingeführt. Zu einer entsprechenden Kompetenz des Bundesgesetzgebers vgl. Lukes, NJW 1973, 1209 (1211); Lukes / Vollmer / Mahlmann, S. 46 ff.

[52] Vgl. von Keiser in: Lukes V, S. 210.

[53] So Lukes / Vollmer / Mahlmann, S. 56.

[54] Weber, DÖV 1980, 397.

ler. Er hätte bei Erlaß des Planfeststellungsbeschlusses gleich die Gewißheit, daß das Gesamtprojekt genehmigt ist. Gleichzeitig würden die Widerstände aus der Öffentlichkeit auf ein Verfahren konzentriert[55]. Ein einheitliches Planfeststellungsverfahren wird daher insbesondere von denjenigen gefordert, die die Sicherung der öffentlichen Energieversorgung durch Atomenergie als Sicherheitsproblem in den Vordergrund stellen, wodurch zwangsläufig das Gebot des § 1 Nr. 2 AtG in der Argumentation an Gewicht verlieren muß.

Insbesondere werden die Vorzüge der dem Planfeststellungsverfahren eigentümlichen *Entscheidungskonzentration*[56] hervorgehoben. Diese Konzentration soll nicht nur in materieller Hinsicht stattfinden und zu einer Verfahrensbeschleunigung führen, sondern gerade die behördliche Kompetenzverteilung entscheidend neuordnen. Das bisherige Nebeneinander von atomrechtlicher Genehmigungsbehörde und sonstiger, für andere mitberührte Belange zuständiger Fachbehörden soll durch eine Zuständigkeitskonzentration auf die atomrechtliche Genehmigungsbehörde beseitigt werden[57]. Diese Vorschläge erfolgen in der Absicht, dem Förderungszweck aus § 1 Nr. 1 AtG in bestmöglicher Weise gerecht zu werden[58]; der vorrangige Schutzzweck aus § 1 Nr. 2 AtG wird dabei entweder völlig ignoriert, oder aber man begnügt sich mit der Leerformel, daß eine Verfahrensänderung nicht zu einer Rechtsschutzverkürzung führen dürfe.

Gegen ein umfassendes Planfeststellungsverfahren wird aus der Intention einer *Verfahrensbeschleunigung* aber auch vorgebracht, eine wirkliche Beschleunigung des Genehmigungsverfahrens könne mittels Planfeststellung nur eintreten, wenn der Planfeststellungsbeschluß nur grundsätzliche Dinge regele, Einzelheiten der Anlage aber für spätere weitere Verfahren offenlasse[59]. Auch wird zu bedenken gegeben, daß eine Anfechtungsklage gegen den Planfeststellungsbeschluß zu einer Totalblockade des Genehmigungsverfahrens führen könne[60]. Zur Abschwächung des letztgeannten Arguments findet man Alternativvorschläge, die aus rechtsstaatlicher Sicht höchst bedenklich klingen. So wird dem Bedenken einer Totalblockade entgegnet, Planfeststellungsbeschlüsse seien in der Regel mit der Anordnung der sofortigen Vollziehung zu versehen; auch wird eine Änderung der VwGO angeregt,

---

[55] Dies gilt es nach Ansicht von Scheuten in: Lukes I, S. 23, 24 zu erreichen.

[56] Vgl. dazu § 75 Abs. 1 VwVfG; Winters, DÖV 1978, 265 (275) sieht in der Konzentrationswirkung erhebliche Vorteile, ohne diese jedoch zu nennen; insbesondere Lukes / Vollmer / Mahlmann, S. 18 ff.

[57] Vgl. Lukes / Vollmer / Mahlmann, S. 19, 34.

[58] Vgl. Lukes / Vollmer / Mahlmann, S. 21.

[59] Krolewski, Diskussionsbeitrag in: Lukes I, S. 36.

[60] Fischerhof, Diskussionsbeitrag in: Lukes I, S. 36.

wonach eine Klage gegen einen atomrechtlichen Planfeststellungsbeschluß keine aufschiebende Wirkung entfalten soll[61]. Unverständlich schließlich mutet das Argument an, es sei der Genehmigungsbehörde auch bei Einführung eines Planfeststellungsverfahrens nicht verwehrt, das Verfahren in mehrere Abschnitte aufzuteilen, um so der Gefahr einer Totalblockade zu entgehen. Dann aber liegt in dem Verlangen nach einem Planfeststellungsverfahren ein teilweiser Widerspruch begründet, wenn dieses durch Instrumente der herkömmlichen Verfahrensstufung wieder aufgeweicht werden soll.

Wie auch immer man ein umfassendes Planfeststellungsverfahren gestalten will, aus der Sicht der Drittbetroffenen hieße dies, daß bei einer Anfechtung des Planfeststellungsbeschlusses umfassend die bedrohten Rechtsgüter genannt werden müßten. Soweit jedoch eine Präklusion im Planfeststellungsverfahren nicht vorgesehen ist, tritt an die Stelle des substantiierten Vorbringens durch Einwender das Amtsermittlungsprinzip. Dies bedeutete für Dritte eher einen Vorteil.

Durchgreifend *gegen* ein umfassendes Planfeststellungsverfahren spricht jedoch der Schutzzweck des § 1 Nr. 2 AtG. Eine optimale Gewährleistung für die Sicherheit der Betroffenen kann nur erreicht werden, wenn die Genehmigungsbehörde während der Bauphase die Möglichkeit hat, lenkend in das Verfahren einzugreifen und die ständig sich weiterentwickelnden technologischen Erkenntnisse als Maßstab einbringen kann. Eine starre Einheitsgenehmigung widerspricht dem durch Art. 2 Abs. 2 S. 1 GG gebotenen flexiblen Grundrechtsschutz[62]. Die Schnellebigkeit der Industriegesellschaft zwingt gerade dazu, das Bauprojekt während der langjährigen Errichtungsphase neuesten sicherheitstechnischen Erkenntnissen anzupassen.

b) Standortplanfeststellung

Eine nähere Betrachtung verdient der Gedanke, die Wahl des Standorts des Atomkraftwerks mittels eines Planfeststellungsverfahrens mit abschließendem Standortplanfeststellungsbeschluß vorzunehmen[63]; hierdurch soll eine einheitliche umfassende Entscheidung über die Standortfrage ermöglicht werden. Damit ist gemeint, daß über den Standort nicht inzidenter mit der ersten Teilgenehmigung entschieden

---

[61] Vgl. hierzu und im weiteren die Argumentation von Lukes / Vollmer / Mahlmann, S. 57.

[62] Vgl. Ossenbühl, DVBl. 1980, 803 (807).

[63] Vgl. Weber, DÖV 1980, 397 (405); wohl auch Rengeling, JZ 1977, 542 (546, 547). Für eine Trennung von Standortplanfeststellung und Anlagengenehmigung auch Hoppe, VVDStRL Bd. 32, S. 211 (295).

wird. Diese soll nicht mehr mit Bedenken gegen den Standort angreifbar sein, wenn die Standortfrage mittels Planfeststellungsbeschlusses für alle verbindlich vorab entschieden worden ist. Das bedeutet, daß Betroffene ihre Standortbedenken durch Anfechtung des Planfeststellungsbeschlusses durchsetzen müßten. Dies ist grundsätzlich als ein *Vorteil für die Betroffenen* zu werten, da sie im herkömmlichen Planungsverfahren keine Möglichkeit haben, ihre Bedenken gegen die Standortwahl vorzubringen, geschweige denn Rechtsmittel einzulegen[64], während sie am Planfeststellungsverfahren unmittelbar beteiligt würden[65].

Nachteilige Auswirkungen auf eine Bürgerbeteiligung könnten sich allerdings aus der bei einer Planfeststellung typischen Konzentrationswirkung ergeben. Wenn man den Vorschlag einer Standortplanfeststellung ernsthaft weiterverfolgen will, muß eindeutig definiert werden, in welchem Umfang, das heißt mit welchem Inhalt der Planfeststellungsbeschluß Regelungs- und Bindungswirkungen entfaltet[66].

Wenn beispielsweise ein Standortplanfeststellungsverfahren vorgeschlagen wird, in dem zugleich „über die Grundkonzeption des Kernkraftwerks und seine künftige Umweltverträglichkeit“[67] entschieden wird, so träten weitgehend die Folgen ein, die ein umfassendes Planfeststellungsverfahren nach sich ziehen würde. Das Verfahren wäre mit einer weitgehenden Bindungswirkung ausgestattet[68] und hätte zur Folge, daß der Betroffene bereits im Standortplanfeststellungsverfahren Einwendungen nicht nur gegen den Standort, sondern auch gegen das Gesamtkonzept und die Auswirkungen des Atomkraftwerks auf die Umwelt vorbringen müßte. Wenn des weiteren gleichzeitig vorgeschlagen wird, das Genehmigungsverfahren in der bisherigen gestuften Form zu belassen[69], drängt sich die Frage auf, ob der Betroffene hierfür aufgrund der weit veranschlagten Bindungswirkung des Planfeststellungsbeschlusses überhaupt noch einen wirksamen Einwendungsspielraum hat; denn eine Einwendung ist nicht teilbar, sondern entweder im Planfeststellungsverfahren oder im nachfolgenden Genehmigungsverfahren vorzubringen.

---

[64] Das sieht auch Weber, DÖV 1980, 397 (405).

[65] Vgl. Butze in: Lukes III, S. 57.

[66] Auch Lecheler, ZRP 1977, 241 (245) sieht Schwierigkeiten bei der Abgrenzung von Planfeststellung und nachfolgender Anlagengenehmigung.

[67] Weber, DÖV 1980, 397 (405); ähnlich wohl von Keiser in: Lukes V, S. 210, 211 und im Ergebnis wohl Butze in: Lukes III, S. 57.

[68] Dies hält Weber, DÖV 1980, 397 (405) für einen Vorteil, obwohl er gleichzeitig die mangelnde Beteiligungsmöglichkeit bei den bisherigen Landesplänen beklagt.

[69] Vgl. Weber, DÖV 1980, 397 (405).

In der hier vorgestellten Form bedeutet ein Standortplanfeststellungsverfahren zwar einerseits ein Mehr an Rechtsschutz für Dritte, da für diese — im Gegensatz zu einer Regelung durch die erste Teilgenehmigung — klar erkennbar wird, daß überhaupt über die Standortfrage verbindlich entschieden wird. Andererseits überwiegt der Nachteil durch die dargestellte drohende Rechtsschutzverkürzung. Eine *Rechtsschutzverbesserung* für die Betroffenen kann folglich mittels eines Standortplanfeststellungsverfahrens nur dann eingeleitet werden, wenn der Feststellungsbeschluß Bindungswirkungen lediglich hinsichtlich der Standortwahl, nicht aber hinsichtlich des Grundkonzepts und der Umweltverträglichkeit des Atomkraftwerks entfaltet.

Dieser Vorschlag braucht sich auch nicht entgegenhalten zu lassen, er führe zu einem erhöhten Arbeitsaufwand auf seiten der Genehmigungsbehörde und damit zu einer Verzögerung des Verfahrens. Zuzugeben ist, daß die Behörde bei Fassung des Planfeststellungsbeschlusses über den Standort des Atomkraftwerks die Zulässigkeit des Grundkonzepts und die Unbedenklichkeit seiner Auswirkungen geprüft und bejaht haben muß; denn Standortentscheidung und Billigung des Konzepts können wegen der Auswirkungen der Anlage auf die konkrete Umgebung nicht isoliert voneinander ergehen. Da ein Standortplanfeststellungsbeschluß mit der hier vorgeschlagenen begrenzten Regelungswirkung kein positives vorläufiges Gesamturteil mit Außenwirkung enthält, müßte die Genehmigungsbehörde vor Erteilung der ersten Teilgenehmigung ein solches Urteil — allerdings mit Außenwirkung — erneut fällen. Bereits oben unter § 3, 1. Abschnitt, 1 a), bb) ist jedoch die Ansicht vertreten worden, daß für eine erneute Gesamtprüfung nur bei Änderung der Tatsachen- oder Erkenntnislage Anlaß besteht. Übertragen auf das Standortplanfeststellungsverfahren bedeutet das, daß die Behörde grundsätzlich bei Erteilung der ersten Teilgenehmigung die im Planfeststellungsverfahren gewonnenen Erkenntnisse hinsichtlich der Genehmigungsfähigkeit des Gesamtprojekts übernehmen darf. Eine Verfahrensverschleppung tritt also nicht ein.

Mit der Einführung eines Standortplanfeststellungsverfahrens durch den Gesetzgeber ist aber in näherer Zukunft wohl nicht zu rechnen[70].

§ 9 Konzeptgenehmigung

1. Inhalt

a) Als eine weitere Alternativlösung für die Ausgestaltung des atomrechtlichen Genehmigungsverfahrens wird die Einführung und Anwendung einer sogenannten Konzeptgenehmigung diskutiert. Unter einer Konzeptgenehmigung soll in diesem Zusammenhang nicht das vorläu-

---

[70] Vgl. Breuer in: Lukes VI, S. 246; obwohl ein Standortplanfeststellungsverfahren bereits in BT-Drucks. V/4071, S. 6 ausgesprochen worden ist, ist dies noch nicht weiter in Angriff genommen worden.

fige positive Gesamturteil i. S. d. § 18 AtVfV verstanden werden, wie dies denkbar wäre und durchaus auch geschieht[1]. Das positive Gesamturteil, mit dem zwar das Grundkonzept des Atomkraftwerks gebilligt wird, zeichnet sich gerade aus durch seine Vorläufigkeit, Wandelbarkeit und Anpassungsbedürftigkeit an sich ändernde wissenschaftlich-technische Erkenntnisse. Der Begriff der Konzeptgenehmigung soll vielmehr verstanden werden im Sinne einer *Bauartzulassung oder Typengenehmigung*[2], also als eine verbindliche behördliche Genehmigung, mit der in abschließender Weise über das Grundkonzept des Atomkraftwerks entschieden wird[3]. Im Laufe der Zeit haben sich bereits mehrere Atomkraftwerkskonzepte herausgebildet, die sich durch bestimmte charakteristische Merkmale voneinander unterscheiden (z. B. THTR, Schneller Brüter etc.). Man könnte also daran denken, die diversen Konzepte einer einmaligen grundlegenden Prüfung zu unterziehen, um sie dann als genehmigungsfähige Alternativkonzepte den Betreibern zur Wahl zu stellen[4].

Eine derartige — vom jeweiligen Standort unabhängige — Konzeptgenehmigung[5] ist zwar vom Atomgesetzgeber nicht ausdrücklich angesprochen worden; die gesetzliche Konzeption einer Teilgenehmigungspraxis schließt aber nicht von vornherein den Erlaß einer umfassenden Konzeptgenehmigung aus[6]. Man könnte auch den gesetzgeberischen Willen dahin deuten, daß eine Konzeptgenehmigung möglich sein soll; schließlich hat der Gesetzgeber, bzw. auf seine Veranlassung der Verordnungsgeber in § 18 AtVfV mit dem vorläufigen positiven Gesamturteil eine vorgreifliche verbindliche Konzeptentscheidung vorgesehen[7]. Eine denkbare Auslegung kann zu dem Ergebnis führen, daß eine Konzeptgenehmigung mit der Folge einer Verfahrensbeschleunigung durchaus gesetzgeberischen Motiven entspricht. Immerhin ist zu bedenken, daß das AtG ursprünglich nur die Einheitsgenehmigung kannte[8]. Eine stärkere Konzentration des Verfahrens unter Beibehaltung der Verfahrensstufung kann so aussehen, daß man künftig nur zwischen *vier*

---

[1] Vgl. etwa OVG Lüneburg, DVBl. 1981, 644 (647); de Witt, DVBl. 1981, 649 (651); Büdenbender / Mutschler, Rdnr. 35.

[2] Vgl. Schmieder in: Lukes V, S. 178.

[3] Das OVG Lüneburg, DVBl. 1982, 32 vermischt daher die Begriffe Konzept und Gesamturteil, wenn es die Konzeptgenehmigung für ausfüllungsbedürftig hält.

[4] In diesem Sinne vgl. Schmieder in: Lukes V, S. 169 und von Pierer in: Lukes V, S. 199.

[5] So ausdrücklich vorgeschlagen von Weber, DÖV 1980, 397 (398); Wagner / Nobbe, ET 1978, 694 (696).

[6] Vgl. OVG Lüneburg, DVBl. 1980, 1012 (1013) und wohl auch DVBl. 1982, 32.

[7] Daraus schließt Weber, DÖV 1980, 397 (398), daß eine Konzeptgenehmigung der gesetzgeberischen Motivation entspreche.

[8] Vgl. Ossenbühl, DÖV 1981, 1 (8).

Genehmigungsphasen unterscheidet: Standort-, Konzept-, Errichtungs- und Betriebsgenehmigung[9].

Quasi als ein Minus zur Bauartzulassung kann die Genehmigung einzelner Bauteile angesehen werden, die als sogenannte *Komponentengenehmigung* diskutiert und vorgeschlagen wird[10]; dabei soll bereits der Herstellungsvorgang einer Genehmigungspflicht unterzogen werden. Da nicht nur bezüglich der Gesamtanlage, sondern erst recht hinsichtlich einzelner Teile des Atomkraftwerks eine Standardisierung denkbar ist, soll eine Komponentengenehmigung für eine Vielzahl von Herstellungs- und Verwendungsvorgängen gelten.

Teilweise wird vorgeschlagen, eine Typisierung von Kraftwerkskonzepten durch gesetzgeberischen Akt vorzunehmen[11]. Auch das Instrument der Rechtsverordnung wird in diesem Zusammenhang[12], zumindest aber zum Zwecke der Ergänzung[13] genannt. Dadurch könnte der Gesetz- bzw. Verordnungsgeber die Genehmigungsvoraussetzungen und damit auch die sicherheitstechnischen Anforderungen durch eine normative Zulassung von Kraftwerkstypen verrechtlichen.

b) Eine Konzept- oder Komponentengenehmigung ist theoretisch auch denkbar in Form eines *Konzept- oder Komponentenvorbescheids*[14]. Während der Konzeptvorbescheid eine vorgreifliche Klärung der Genehmigungsfähigkeit des Gesamtkonzepts herbeiführen würde, beträfe der Komponentenvorbescheid die Zulässigkeit des Einbaus eines bestimmten Anlagenteils in einen bestimmten Reaktortyp. Allgemein werden jedoch die Institute solcher Vorbescheide für ungeeignet gehalten[15], jedenfalls soweit mit ihrer Verwendung eine Verfahrensbeschleunigung oder -konzentration beabsichtigt ist.

Der *standortabhängige* Konzept- oder Komponentenvorbescheid bringt schon deshalb keine Verfahrensbeschleunigung mit sich, weil er

---

[9] Vorschlag von Weber, DÖV 1980, 397 (398).

[10] Vgl. Schmieder in: Lukes V, S. 179, 180; Blickle in: Lukes V, S. 194.

[11] Vgl. Wagner, DVBl. 1978, 839 (842); Listl, DVBl. 1978, 10 (12); von Keiser in: Lukes V, S. 213; Schmieder in: Lukes V, S. 185.

[12] So von Pierer in: Lukes V, S. 205; Degenhart, Kernenergierecht, S. 244.

[13] So von Keiser in: Lukes V, S. 213.

[14] Vgl. Selmer / Schulze-Osterloh, JuS 1981, 393 (395) mit Argumenten gegen die Einführung eines Konzeptvorbescheids; Büdenbender / Mutschler, Rdnrn. 31, 211; Schmieder in: Lukes V, S. 171, 174; Breuer in: Lukes VI, S. 244; Winters, Atom- und Strahlenschutzrecht, S. 20; Fischerhof, AtG, § 7 a, Rdnrn. 1, 5, 6; Feldhaus, § 9 BImSchG, S. 6.

[15] Allein Scharnhoop, Diskussionsbeitrag in: Lukes V, S. 217 plädiert dafür, den Vorbescheid detaillierter zu regeln, anstatt neue zusätzliche Genehmigungsarten einführen zu wollen.

wie eine Teilgenehmigung von Dritten angefochten werden kann. Daneben wäre ein Verwaltungsmehraufwand zu verzeichnen, da sowohl zur Erteilung des Vorbescheids als auch vor Erlaß einer späteren Teilgenehmigung ein förmliches Verwaltungsverfahren stattfinden müßte[16]. Ferner kann ein solcher Vorbescheid nur eine einmalige, also konkret anlagenbezogene Entscheidung sein[17], während die oben angesprochene Bauartzulassung für eine beliebige Anzahl von Fällen gelten könnte.

Auch ein *standortunabhängiger* Vorbescheid kann Beschleunigungsbestrebungen nicht dienlich sein. Dieser erginge ohne einen konkreten Anlagenbezug, also ohne eine örtliche Fixierung. Das aber bedeutet, daß mangels einer örtlichen Individualisierbarkeit der möglichen Drittbetroffenen ein standortunabhängiger Vorbescheid diesen gegenüber keine Bindungswirkungen entfalten kann[18]. Eine danach erteilte — notwendigerweise standortbezogene — Teilgenehmigung kann deshalb von Betroffenen auch mit Bedenken gegen das Konzept angefochten werden, weil dieses ihnen gegenüber nicht verbindlich durch Vorbescheid festgestellt worden ist.

Vorbescheide der genannten Art können schließlich gleich wie ein vorläufiges positives Gesamturteil auch nur vorläufigen Charakter haben und müßten im Laufe der folgenden Genehmigungsabschnitte ständig angepaßt werden. Ein Konzeptvorbescheid würde daher zu keiner durchgreifenden Änderung gegenüber dem bisherigen Verfahren führen und soll daher nicht weiter vertieft werden.

2. Stellungnahme

a) Der Vorschlag einer umfassenden standortbezogenen Konzeptgenehmigung verdient sicherlich Zustimmung aus der *Sicht des Kraftwerksbetreibers.* Zu seinen Gunsten würde eine umfassende Bindungswirkung hinsichtlich des Anlagenkonzepts gleich zu Beginn der Bauphase erreicht und damit ein optimaler Investitionsschutz geboten. Diese Bindungswirkung erstreckt sich bei einer standortbezogenen Konzeptgenehmigung auch auf Dritte, da der Kreis der möglichen Betroffenen durch den örtlichen Bezug individualisierbar ist, und die Bauartzulassung auf der Grundlage der drittschützenden Norm des § 7 Abs. 2 Nr. 3 AtG ergeht. Damit geht zugunsten des Antragstellers auch eine Verfahrensbeschleunigung einher.

---

[16] Vgl. Blickle in: Lukes V, S. 191, 192; Winters, Atom- und Strahlenschutzrecht, S. 20.

[17] Vgl. Blickle in: Lukes V, S. 191; Schmieder in: Lukes V, S. 184; Winters, Atom- und Strahlenschutzrecht, S. 21.

[18] Vgl. Blickle in: Lukes V, S. 193; Winters, Atom- und Strahlenschutzrecht, S. 21; Feldhaus, § 9 BImSchG, S. 6 lehnt einen standortunabhängigen Konzeptvorbescheid ab.

Hingegen kann eine gnerelle, das heißt standortunabhängige Bauartzulassung dem Investitionsschutz des Antragstellers nicht dienlich sein; diese ist kein Verwaltungsakt mit Drittwirkung, da Dritte durch eine generelle Zulassung noch nicht betroffen sein können[19]. Eine Drittbindung tritt in diesem Fall nicht ein, so daß Dritte mit Konzeptbedenken noch gegen eine im folgenden erteilte Errichtungsgenehmigung klagen können[20].

Die gleichen Argumente müssen für und gegen eine Komponentengenehmigung gelten.

Als für den Antragsteller nachteilig wird die Tatsache angeführt, daß dieser bei Beantragung einer umfassenden Konzeptgenehmigung das volle Kostenrisiko für die Durchführung der Detailplanung zu tragen habe[21].

b) Aus *behördlicher Sicht* wäre positiv ein Effekt der Verfahrenskonzentration und -beschleunigung zu beobachten[22]. Die einmalige Entscheidung über das Gesamtkonzept erspart eine ständige weitere Anpassung und Fortschreibung, wie sie bislang notwendig ist. Da wie gesehen nur noch vier Teilgenehmigungen zu erlassen wären, könnte das Verwaltungsverfahren zur Genehmigung eines Atomkraftwerks schneller und letztlich mit weniger Verwaltungsaufwand erledigt werden.

Diese Erkenntnisse gelten allerdings wiederum nur für die Erteilung einer standortgebundenen Bauartzulassung, da nur diese Bindungswirkungen gegenüber Dritten entfaltet. Eine wirkliche Verfahrensbeschleunigung kann aus behördlicher Sicht jedoch nur eintreten, wenn nach einmaliger Prüfung des Anlagenkonzepts eine Konzeptgenehmigung für eine Vielzahl von Anlagen erteilt werden könnte. Diese Möglichkeit ist zwar theoretisch denkbar, wegen der fehlenden Außenwirkung gegenüber Dritten mangels Standortbezugs jedoch für die Behörde aus dem Aspekt der Verfahrensbeschleunigung uninteressant.

c) Vordergründig bietet die Konzeptgenehmigung auch einen Vorteil für *Drittbeteiligte.* Die Erschwerungen, die das gestufte Verfahren für den Rechtsschutz Dritter mit sich bringt, würden mit einer Verminderung der Anzahl der — anzufechtenden — Teilgenehmigungen geringer. Auch könnten die Schwierigkeiten, die sich für Dritte durch die Ver-

---

[19] Vgl. von Pierer in: Lukes V, S. 203; abzulehnen daher Schmieder in: Lukes V, S. 183, der generell eine Drittwirkung bejaht.

[20] Vgl. Blickle in: Lukes V, S. 196.

[21] So Breuer in: Lukes VI, S. 245; vgl. auch Sellner, NJW 1975, 801 (807).

[22] Vgl. dazu Schmieder in: Lukes V, S. 169, 179; Blickle in: Lukes V, S. 191, 194.

fahrensstufung in Bezug auf Rechtssicherheit und Rechtsklarheit ergeben, weitgehend verringert werden[23]. Die Schwierigkeiten für Dritte zu erkennen, daß der Regelungsgehalt einer Teilentscheidung auch das vorläufige positive Gesamturteil mit umfaßt, wurden aufgezeigt. Eine klare Konzeptgenehmigung würde den Erlaß eines vorläufigen positiven Gesamturteils entbehrlich machen und die mit ihm verbundenen rechtlichen Probleme für Dritte beseitigen.

Diese Vorteile sind jedoch gemessen am Schutzzweck des § 1 Nr. 2 AtG vordergründiger Natur. Der Gesetzgeber ist von der ursprünglichen Einheitsgenehmigung gerade deshalb zur Teilgenehmigungspraxis übergegangen, um technische Fortschritte während des Kraftwerksbaus auffangen zu können[24]. Was aber für die Einheitsgenehmigung gilt, muß auch Anwendung finden auf die Konzeptgenehmigung, die einer Einheitsgenehmigung sehr nahe kommt.

Zunächst gilt allgemein der Satz, daß eine Standardisierung der Anlagengenehmigung nicht auf Kosten des Schutzzwecks aus § 1 Nr. 2 AtG gehen darf[25]. Wegen ihrer Außenwirkung auf Dritte kann eine Kollision nur bei Erlaß einer standortbezogenen Konzeptgenehmigung auftreten. Sinn und Zweck des gestuften Genehmigungsverfahrens mit der Möglichkeit, einem fortschreitenden Stand von Wissenschaft und Technik Rechnung zu tragen, würden durch Einführung einer solchen Konzeptgenehmigung aber unterlaufen. Eine starre Einheitsgenehmigung kann die Forderung nach einem dynamischen Grundrechtsschutz durch ständige Anpassung des Konzepts nicht erfüllen[26]. Im Hinblick auf die sich ständig entwickelnde und verbessernde Sicherheitstechnik ist eine Konzeptgenehmigung, die technische Einzelheiten von Anfang an festschreibt, abzulehnen[27].

Abzulehnen ist auch der Vorschlag, die Bauartzulassung nur zu erteilen, wenn sich der Genehmigungsgegenstand bereits technisch bewährt habe; soweit sich Sicherheitsfragen noch in einer dynamischen Entwicklung befinden, solle eine Bauartzulassung hingegen ausscheiden[28]. Diese Lösungsmöglichkeit birgt die erhebliche Schwäche in sich, daß die unbestimmten Rechtsbegriffe des § 7 Abs. 2 Nr. 3 AtG durch

---

[23] Insoweit auch Winters, DÖV 1978, 265 (274).

[24] Vgl. Ossenbühl, DÖV 1981, 1 (8).

[25] Dies sehen auch Blickle in: Lukes V, S. 191 und Schmieder in: Lukes V, S. 185, 186, die aber eine Standardisierung befürworten.

[26] Vgl. Ossenbühl, DVBl. 1980, 803 (807); auch BVerfG, DVBl. 1979, 45 (49).

[27] Auch Breuer in: Lukes VI, S. 246 hält die Ballung des Genehmigungsstoffs auf der ersten Stufe für systemwidrig. Aus den gleichen Gründen abzulehnen ist daher auch die Forderung, das Konzept durch Rechtsverordnung, also starre Regeln, normativ festzulegen; vgl. insoweit Bender, DÖV 1980, 633 (638).

[28] So von Pierer in: Lukes V, S. 202, 203.

den noch unbestimmteren Terminus der „technischen Bewährtheit und voraussichtlichen Unwandelbarkeit" ersetzt wird.

Nicht weiter erörtert zu werden braucht der Vorschlag, die Bauartzulassung wegen der technischen Weiterentwicklung angemessen zu befristen[29]. Eine Befristung kann nur infrage kommen bei einer standortunabhängigen Konzeptgenehmigung. Diese aber kann — wie gesehen — mangels Drittwirkung nicht zu einer Grundrechtskollision führen.

aa) Infolge der ausgedehnten Drittbeteiligung am Genehmigungsverfahren und infolge der Anzahl der Drittanfechtungsklagen könnte der Antragsteller geneigt sein, das Genehmigungsverfahren zu seinen Gunsten zu gestalten und damit zu einer Ausweichstrategie[30] zu greifen. Der Antragsteller könnte, was ihm durch das AtG ausdrücklich nicht verwehrt ist, eine *Einheitsgenehmigung* oder Vollgenehmigung beantragen[31]. Aus den dargelegten Gründen widerspricht eine Einheitsgenehmigung jedoch dem Sinn und Zweck der durch das AtG eingeführten Verfahrensstufung und insbesondere dem Schutzzweck aus § 1 Nr. 2 AtG. Wenn schon nicht ausdrücklich erfolgt, so sollte es der Genehmigungsbehörde jedoch aus der ratio legis verwehrt sein, einem Antrag auf Erlaß einer Einheitsgenehmigung stattzugeben. Da die Erteilung einer Einheitsgenehmigung einem effektiven Grundrechtsschutz Dritter gerade zuwiderläuft, werden diese hierdurch in ihrem Grundrecht aus Art. 2 Abs. 2 S. 1 GG betroffen. Daraus folgt, daß einer Drittanfechtungsklage gegen eine Einheitsgenehmigung allein aus dem Grund, daß der Gegenstand der Anfechtungsklage eine Einheitsgenehmigung ist, der Erfolg beschert sein sollte. Allgemein gilt der Grundsatz, daß der an die Behörde gerichtete Antrag auch den Umfang der behördlichen Entscheidung bestimmt; die Behörde darf also grundsätzlich nicht hinter dem Antrag mit ihrer Entscheidung zurückbleiben[32]. Von diesem Grundsatz ist aus Gründen eines effektiven Grundrechtsschutzes abzuweichen, um wegen der Länge des atomrechtlichen Genehmigungs- und Bauverfahrens den fortschreitenden Stand von Wissenschaft und Technik ständig einarbeiten zu können. Daher ist es gerechtfertigt, ja durch Art. 2 Abs. 2 S. 1 GG geboten, daß die Genehmigungsbehörde auf die Beantragung einer Vollgenehmigung nur eine Teilgenehmigung erteilt[33], wobei der Umfang der Teilgenehmigung ebenso im pflichtgemäßen Ermessen zu stehen hat wie das Ob ihrer Erteilung.

---

[29] So von Pierer in: Lukes V, S. 203; Schmieder in: Lukes V, S. 185, 186.

[30] Ossenbühl, DÖV 1981, 1 (8).

[31] Dies befürchtet Ossenbühl, DÖV 1981, 1 (8).

[32] Vgl. Büdenbender / Mutschler, Rdnr. 24; Feldhaus, § 8 BImSchG, S. 5.

[33] A. A. Büdenbender / Mutschler, Rdnr. 24, obwohl auch diese zugeben, daß erst eine spätere Detailfestlegung die Berücksichtigung neuer Erkenntnisse ermöglicht, vgl. Rdnr. 182.

Nach der hier vertretenen Ansicht geht die *verfahrensrechtliche Wirkung des Grundrechts* aus Art. 2 Abs. 2 S. 1 GG daher soweit, daß es der Genehmigungsbehörde ausnahmsweise gestattet ist, hinter dem gestellten Antrag zurückzubleiben, um in der Entwicklung befindliche grundrechtsrelevante Tatsachen im weiteren Verfahren einarbeiten zu können. Dies hat den weiteren Vorteil, daß — wie oben gesehen — eine schrittweise Einarbeitung die Behörde nicht zu einer Beseitigung der bereits erteilten Genehmigung mit der Entschädigungsfolge des § 18 AtG zwingt. Vielmehr bietet das gestufte Verfahren mit der laufenden Anpassungsfähigkeit des vorläufigen positiven Gesamturteils auch eine die Allgemeinheit finanziell am wenigsten belastende Handhabe.

Gleiches muß bei der gegenwärtigen Gesetzeslage für die Beantragung und den Erlaß einer Konzeptgenehmigung in dem oben dargestellten Sinn gelten, da die technische Wandelbarkeit sich gerade und insbesondere auf das Konzept der Anlage bezieht.

bb) Eine andere Möglichkeit des Antragstellers, schnell eine umfassende und verbindliche Entscheidung zu erlangen, kann darin bestehen, daß dieser mit Beantragung der ersten Teilgenehmigung die vollständigen Unterlagen einreicht, die einen Aufschluß über das Atomkraftwerk bis hin zur letzten Schraube geben. In diesem Fall kommt das vorläufige positive Gesamturteil — eine Billigung der Anlage durch die Behörde unterstellt — einem *endgültigen Gesamturteil* und damit einer Konzeptgenehmigung sehr nahe[34]. Der einzige Unterschied besteht darin, daß eine Konzeptgenehmigung die Anlage festschreibt, während das Gesamturteil vorläufiger Natur ist; vom Inhalt bestünde ansonsten kein Unterschied. Jedenfalls könnte der Antragsteller mit Einreichung der vollständigen Unterlagen bereits zu Anfang eine weitgehende Bindungswirkung erreichen[35]. Dritte würden dazu gezwungen, bereits im Verfahren zur ersten Teilgenehmigung sämtliche Einwände gegen die Errichtung und den Betrieb vorzubringen, um nicht für das weitere Verfahren präkludiert zu werden. Die Anfechtungslast Dritter stiege ins immense.

Grundsätzlich ist gegen ein solches Vorgehen des Antragstellers aus der Sicht des AtG und der AtVfV nichts einzuwenden. Ein effektiver Grundrechtsschutz Dritter würde grundsätzlich nicht vereitelt, da das vorläufige Gesamturteil — und sei es noch so umfassend und detailliert — begrenzt ist durch Tatsachenänderung und Änderungen wissen-

---

[34] Vgl. Ossenbühl, NJW 1980, 1353 (1357) und die schon oben unter § 3, 1. Abschnitt, 1 b), cc) geäußerten Bedenken.

[35] Vgl. Ossenbühl, NJW 1980, 1353 (1358), der dieses Vorgehen billigt; in dieser Hinsicht auch Lukes / Vollmer / Mahlmann, S. 58.

schaftlich-technischer Erkenntnisse. Aus dem Gesichtspunkt der Präklusion und Rechtsweggarantie sollte jedoch die Genehmigungsbehörde geneigt sein, sich nicht gleich vor Erlaß der ersten Teilgenehmigung auf sämtliche Details festzulegen. Auch ist es ihr vom praktischen und psychologischen Vorgehen leichter, die Details im Laufe des Genehmigungsverfahrens mit den jeweils neuesten Erkenntnissen festzuschreiben, als mit jedem Genehmigungsabschnitt von bereits getroffenen Urteilen wieder abzurücken[36], was im übrigen nur gegen Entschädigung möglich und damit eine unzumutbare Belastung des Staatshaushalts wäre.

d) Nicht nur die auf einem Entscheidungsermessen der Genehmigungsbehörde beruhende Konzeptgenehmigung, sondern auch eine Typisierung der Kraftwerkskonzepte *durch den Gesetzgeber* ist abzulehnen.

Zunächst wäre zugunsten einer gesetzlichen Typisierung festzuhalten, daß dadurch die Reibungspunkte und Kompetenzkonflikte zwischen Exekutive und Judikative[37] vermindert werden könnten. Diese Konflikte finden ihren Ursprung gerade in der offenen gesetzlichen Fassung der Sicherheitsanforderungen, insbesondere des § 7 Abs. 2 Nr. 3 AtG. Hingegen würde die gesetzliche Festschreibung der Konzepte gleichzeitig zwangsläufig auch eine Typisierung der Sicherheitseinrichtungen bedeuten und damit die Grenzen zwischen Verwaltungshandeln und gerichtlicher Kontrolle klarer festlegen[38].

Einer derartigen Verrechtlichung sind jedoch zumindest die gleichen Bedenken entgegenzuhalten, die bereits gegen eine gesetzgeberische Standortentscheidung vorgebracht worden sind[39]. Die Gesichtspunkte einer mangelnden Dynamik gesetzgeberischer Entscheidungsfähigkeit und damit eine Verfehlung des atomgesetzlichen Schutzzwecks[40] greifen ebenso durch, wie das Argument, daß eine gesetzgeberische Entscheidung mangels Einwendungsverfahrens und Klagemöglichkeit zu einer weiteren Rechtsschutzverkürzung auf seiten der Drittbetroffenen führt[41]. Auch bestehen hier wiederum Zweifel an der hinreichenden fachlichen Kompetenz des Gesetzgebers, derartige technische Detailregelungen zu treffen, abgesehen davon, daß ein solches Verfahren zu zeitaufwendig

---

[36] In dieser Richtung wohl auch Ossenbühl, DVBl. 1980, 803 (807).

[37] Vgl. oben § 6, 1 b).

[38] Vgl. Winters, DÖV 1978, 265 (274).

[39] Vgl. oben § 8, 2.

[40] Vgl. Winters, DÖV 1978, 265 (274, 275); Breuer, DVBl. 1978, 829 (838); Wagner, DVBl. 1978, 839 (843); im Ergebnis Schwarze, DÖV 1973, 700 (703).

[41] Vgl. Wagner, DVBl. 1978, 839 (842).

und damit für eine gesetzgeberische Körperschaft praktisch undurchführbar wäre[42].

Das Argument einer Verfahrensbeschleunigung, welches durchaus auf eine exekutive standortbezogene Typenentscheidung zutraf, muß hier in sein Gegenteil verkehrt werden. Zum einen ist der gesetzgeberische Prozeß per se zu langsam und unbeweglich, zum anderen müßten wegen der rapiden technischen Entwicklung auf dem Bereich des Atomrechts ständige gesetzliche Typenänderungen in einem langwierigen Gesetzgebungsverfahren erfolgen[43]. Darüber hinaus dürfte es dem Gesetzgeber ganz erhebliche Schwierigkeiten bereiten, konkrete sicherheitstechnische Anforderungen an den Anlagenbau und an die Verhaltensweisen der am Entstehen und Betrieb der Anlage beschäftigten Personen durch juristische Tatbestände auszudrücken[44].

Schließlich begegnet eine gesetzgeberische Bauartzulassung auch erheblichen *verfassungsrechtlichen Bedenken* aus dem Gesichtspunkt der Gewaltenteilung. Wenn gegen eine legislative Standortfestlegung noch nicht zwingend ein Übergriff in Kompetenzen der Verwaltung eingewendet werden konnte, so gilt aber dieses Argument im Falle einer Konzeptentscheidung um so mehr. Die Regelungen von Detailfragen, wie sie für eine Typenbeschreibung unerläßlich sind, gehören zum Kernbereich exekutiver Tätigkeit[45]. Dem Gesetzgeber ist es daher grundsätzlich verwehrt, diesen Kompetenzbereich zu seinen Gunsten zu beschneiden. Etwas anderes würde gelten, wenn es sich bei den genannten Detailregelungen um grundrechtsrelevante wesentliche Entscheidungen handelte; doch ist dies nach der absolut herrschenden Meinung — wie bereits mehrfach gesehen — nicht der Fall.

Die Gesichtspunkte fehlender Flexibilität und Sachkunde greifen nicht — zumindest nicht in dem Ausmaß — gegen eine Typisierung von Konzepten oder technischen Einzelfragen durch den Verordnungsgeber[46] durch. Als solcher könnten etwa der Bundesforschungsminister, -wirtschafts-, -innen-[47] und -umwelt- oder -arbeitsminister, eventuell im jeweiligen Zusammenwirken, durch das AtG ermächtigt werden. Auch eine Delegation der Verordnungsermächtigung auf die Landesgesetz-

[42] Vgl. Wagner, DVBl. 1978, 839 (842); Wagner / Nobbe, ET 1978, 694 (695); Lukes, NJW 1978, 241 (245).

[43] Vgl. Wagner, DVBl. 1978, 839 (843); Wagner / Nobbe, ET 1978, 694 (695); Winters, DÖV 1978, 265 (276).

[44] Vgl. Lukes, NJW 1978, 241 (245).

[45] Wagner, DVBl. 1978, 839 (842); Wagner / Nobbe, ET 1978, 694 (695).

[46] Vgl. dazu auch Degenhart, Kernenergierecht, S. 244; Lukes, NJW 1978, 241 (243).

[47] Lukes, NJW 1978, 241 (246).

geber wäre denkbar mit der Folge, daß die jetzigen Genehmigungsbehörden die technischen Standards im Verordnungswege festschreiben. Da eine bundesweite Vereinheitlichung auf dem kerntechnischen Sicherheitssektor jedoch wünschenswert ist, ist ein Bundesminister als Verordnungsgeber prädestiniert. Dieser könnte im Verordnungswege bei veränderten wissenschaftlich-technischen Erkenntnissen flexibler reagieren, als dies den gesetzgeberischen Körperschaften möglich ist, obwohl auch nicht übersehen werden darf, daß der Prozeß der Verordnungsgebung erhebliche Zeit in Anspruch nehmen kann[48].

Das Argument eines Legitimationsdefizits vermag jedenfalls gegen eine vermehrte Tätigkeit des Verordnungsgebers nicht Platz zu greifen, so wie es oben unter § 6 einer politischen Rechtsprechung entgegengehalten werden mußte. Als vorteilhaft wäre auch die Verminderung von Kompetenzkonflikten zwischen der Zweiten und Dritten Gewalt zu verzeichnen.

Auch eine Verfahrensbeschleunigung könnte nicht von der Hand gewiesen werden, doch ginge diese auf Kosten der Bürgerbeteiligung. Dritte haben auf das Zustandekommen von Konzeptregelungen auf dem Verordnungswege keinen Einfluß; ein Anhörungsverfahren findet nicht statt, so daß das Einschalten des Verordnungsgebers eine bisher existente Beteiligungsmöglichkeit abschneiden würde. Während im herkömmlichen Genehmigungsverfahren die technischen Details nach vorherigem förmlichen Verfahren von der Genehmigungsbehörde originär festgelegt bzw. überprüft werden, bedeutete die angesprochene Verordnungslösung, daß ein Anhörungsverfahren insoweit sinnlos und uneffektiv würde, da die Genehmigungsbehörde die auf dem Verordnungswege vorgegebenen Daten ohnehin anzuwenden hätte. Erst recht wird die Chance gering, daß ein Gericht inzidenter eine Verordnungsregelung für rechtswidrig erklärt, da die Überprüfung technischer Details durch die hierzu nicht ausgerüstete Dritte Gewalt gerade infolge der Rechtsverordnung weitgehend ausgeschaltet und überflüssig gemacht werden soll.

Betont man die Gewährung effektiven Grundrechtsschutzes durch entsprechende Verfahrensausgestaltung, so kommt man zwangsläufig auf die herkömmliche Verfahrensstufung und Kompetenzverteilung zurück. Die erforderliche Flexibilität, sicherheitstechnische Ausgestaltungen an die jeweiligen örtlichen Verhältnisse anzupassen, besitzt nur die Genehmigungsbehörde. Auf dem Verordnungswege kann zwar eine Standardisierung technischer Anlagen, nicht aber eine Berücksichtigung örtlicher[49] Verhältnisse erreicht werden.

---

[48] Lukes, NJW 1978, 241 (243).

[49] Auch Lukes, NJW 1973, 1209 (1210) betont die Notwendigkeit einer regio-

Insgesamt sollte daher von einer starren Fixierung von Anlagenteilen oder gar Gesamtkonzepten abgesehen werden. Im Laufe der Zeit haben sich ohnehin Konzepte herausgebildet, die von den zuständigen Behörden bereits mehrfach überprüft und genehmigt worden sind. Eine entsprechende Rechtsverordnung könnte daher wahrscheinlich lediglich feststellend beinhalten, was sich bereits in der Genehmigungspraxis etabliert hat.

§ 10 Verbandsklage im Atomrecht?

Die Erörterung der Bürgerbeteiligungsproblematik im atomrechtlichen Verfahren kann sich nicht auf das Stadium des verwaltungsrechtlichen Genehmigungsverfahrens beschränken, ohne dabei eine wichtige Problematik auszuklammern. Da nahezu jede atomrechtliche Genehmigung von dritter Seite angefochten wird, spielt der Beteiligungsaspekt auch in das verwaltungsgerichtliche Verfahren hinein. Die Beteiligungsmöglichkeiten des einzelnen Klägers im Verwaltungsprozeß sind unter dem Gesichtspunkt der Präklusion und Rechtsweggarantie gewürdigt worden. Eine weitere Diskussion entzündet sich an der Frage, ob die Erhebung atomrechtlicher Anfechtungsklagen auch Umweltschutzverbänden und Bürgervereinigungen zugebilligt werden soll.

In der Diskussion um die Einführung einer Verbandsklage werden herkömmlich zwei Spielarten unterschieden: die *egoistische* und die ideelle oder *altruistische* Verbandsklage[1]. Erstere bedeutet eine Bündelung von individuellen Rechten und Belangen Betroffener; diese Form wird vor allem verkörpert durch die örtlichen Bürgerinitiativen, die ihrerseits die ortsbezogenen Interessen der in ihnen organisierten Nachbarn des Kernkraftwerksgeländes vertreten. Eine altruistische Klage hingegen kann nur den Zweck einer objektiven Rechtskontrolle verfolgen; anstatt individueller Belange werden neben objektiven Rechtsverletzungen bzw. Verletzungen fremder Rechte auch grundsätzliche, das heißt umweltpolitische Bedenken gegen die Nutzung der Kernenergie vorgebracht.

Bereits oben unter dem Stichwort „Demokratieprinzip“ wurde deutlich gemacht, daß eine Verbandsklage wegen fehlender Klagebefugnis gemäß § 42 Abs. 2 VwGO, also mangels eines subjektiv-öffentlichen Rechts eines Verbands im Bereich des Umweltschutzes, nach der gegen-

---

nalen Beziehung zwischen Standort und Verwaltung und lehnt daher eine reine Bundesverwaltung für das Atomrecht ab.

[1] Zur Terminologie vgl. Rehbinder, ZRP 1976, 157 (158); Redeker, ZRP 1976, 163, 164; Bender, DÖV 1976, 584; Faber, Die Verbandsklage im Verwaltungsprozeß, S. 23, 37.

wärtigen Gesetzeslage nicht in Betracht kommt. Offenbar ist mit einer positivrechtlichen Normierung der Verbandsklagebefugnis in nächster Zeit auch nicht zu rechnen[2]. Um so offener ist daher die Diskussion um die Einführung einer Verbandsklage. Der Kreis der ablehnenden Stimmen kann für sich wohl das Attribut „herrschend"[3] in Anspruch nehmen, doch kann das Problem als solches längst nicht als entschieden oder abgeschlossen gelten[4].

Eine umfassende Behandlung des Problems müßte den Rahmen dieser Arbeit sprengen, was der Umfang der dazu bereits erschienenen Publikationen hinreichend verdeutlicht. Dennoch ist in der gebotenen Kürze eine kritische Darstellung des Streitstandes erforderlich, um den Aspekt der Bürgerbeteiligung im gestuften atomrechtlichen Genehmigungsverfahren abzurunden.

1. Befürwortende Argumente

a) Wenn man die Stimmen in der Literatur analysiert, die sich für die Einführung einer Verbandsklage aussprechen, so schälen sich immer wieder drei *Hauptargumente* heraus[5]: Vollzugsdefizit im Umweltschutzrecht, Bündelungsfunktion und eine wirksamere Interessenvertretung Betroffener.

aa) Unter einem *Vollzugsdefizit im Umweltschutzrecht* wird ein Auseinanderklaffen zwischen den gesetzgeberischen umweltschützenden Intentionen und der tatsächlichen Verwaltungswirklichkeit verstanden. Vollzugsdefizite werden zwar auch in anderen Verwaltungsbereichen beklagt, jedoch gerade im Umweltschutzrecht für besonders schwerwiegend gehalten[6]. Hieraus kann das Bedenken erwachsen, ob die durch Art. 19 Abs. 4 S. 1 GG und § 42 Abs. 2 VwGO dem einzelnen zugestandene Rechtsschutzgewährung wirksam genug sein kann, um behördliche Versäumnisse und Fehlentscheidungen auf dem Gebiet des Umweltschutzes — insbesondere des Atomrechts — auszugleichen bzw. zu verhindern[7]. Die Praxis zumindest zeigt der individuellen Rechtswahrnehmung entgegenlaufende Tendenzen; diese ziehen sich durch das

---

[2] Davon geht wohl auch Winters, DÖV 1978, 265 (276) aus.

[3] Vgl. Knöpfle, DVBl. 1974, 707 (715); Sellner, Immissionsschutzrecht und Industrieanlagen, Rdnr. 355, m. w. N.

[4] Vgl. Ule, DVBl. 1976, 191; Sellner, Immissionsschutzrecht und Industrieanlagen, Rdnr. 355.

[5] Vgl. auch die kurze Zusammenstellung bei Rengeling, JZ 1977, 542 (545), der jedoch eine Verbandsklage ablehnt.

[6] So etwa Ule, DVBl. 1976, 191; Rehbinder, ZRP 1976, 157 (159); Bender, DÖV 1976, 584; vgl. auch Hoppe, VVDStRL Bd. 32, S. 211 (217).

[7] Ähnlich Ule, DVBl. 1976, 191; vgl. auch die Kritik an den „Schwächen" der Bürokratie von Schmidt, DÖV 1976, 577 (580).

gesamte atomrechtliche Genehmigungsverfahren hindurch, von der Auslegung der Antragsunterlagen bis hin zur Klageerhebung.

Es wurde bereits verdeutlicht, daß Anträge auf Akteneinsicht gemessen an der Anzahl der Einwender höchst selten gestellt werden. Eine Akteneinsicht kann im übrigen nur für sachkundige Personen fruchtbar sein. Hieraus ist der Schluß zu ziehen, daß eine Akteneinsicht in der Regel nur durch die Sachverständigen der insbesondere am Standort der geplanten Anlage etablierten Umweltschutz- und Bürgerverbände wahrgenommen wird. Bereits in diesem Stadium deutet sich die praktische Bedeutung und Durchführung kollektiver Interessenwahrnehmung an Stelle einer individuellen Betroffenenpartizipation an. Mögliche Erklärungen für dieses Phänomen wurden bereits genannt. Wenn die Gewährung von Akteneinsicht im atomrechtlichen Genehmigungsverfahren dem behördlichen Ermessen unterliegt, weil durch einen zu großen Andrang die Blockierung der Verwaltungstätigkeit befürchtet wird, so könnte hier durch Anerkennung einer Verbandsbeteiligung infolge der bereits herausgebildeten Beteiligungspraxis Abhilfe geschaffen und ein Akteneinsichtsanspruch geschaffen werden. Einzelnen Personen können schon aus tatsächlichen bzw. organisatorischen Gründen Rechte zugebilligt werden, die einer Masse einzuräumen mit unüberwindlichen Problemen verbunden wäre[8].

Dies allein kann noch nicht die Anerkennung einer Verbandsklage rechtfertigen, zumal eine Verbandsbeteiligung im atomrechtlichen Genehmigungsverfahren aus der AtVfV nichts entgegenzuhalten ist; es zeigt jedoch, daß in der Praxis bei der Interessen- und Rechtswahrnehmung Bürgerverbände weitgehend an die Stelle des einzelnen treten.

Die Tendenz setzt sich fort bei der Erhebung von Einwendungen gemäß § 7 Abs. 1 AtVfV. Wenn sich auch tausende von namentlich benannten Einwendern zu Wort melden, so geschieht dies doch zumeist durch Einreichung umfangreicher Namenslisten, die ihrerseits auf Verbandsinitiativen beruhen und auch von den Verbänden selbst vorgelegt werden.

Faktisch sind damit die Verbände im atomrechtlichen Massenverfahren bereits an die Stelle des einzelnen Einwenders getreten[9]. Das gilt teilweise sogar auch für das verwaltungsgerichtliche Verfahren, für das de lege lata eine Verbandsbeteiligung nicht vorgesehen ist. In der Praxis tritt zumeist als Kläger ein betroffenes Mitglied eines örtlichen Bürgerverbandes auf, macht die Verletzung eigener subjektiv-öffent-

---

[8] Mit dieser Tendenz auch Bender in: Lukes V, S. 244, jedoch nicht im Zusammenhang mit einer Verbandsbeteiligung.

[9] Ule, DVBl. 1976, 191; Rehbinder, ZRP 1976, 157 (159); ähnlich Bender, DÖV 1976, 584 (586).

licher Rechte geltend, wird aber juristisch und finanziell vom Verband unterstützt. Faktisch klagt daher der Verband durch ein — vorgeschobenes — betroffenes Mitglied. Die tatsächlichen Gegebenheiten sind ein gewichtiges Argument für die rechtliche Normierung der Verbandsklage[10], wobei einer Normierung in Anbetracht der faktischen Aufgabenwahrnehmung durch die Verbände zum Teil kaum mehr als eine Legalisierungsfunktion beigemessen werden könnte.

bb) Die sogenannte *Bündelungsfunktion,* die als Argument für die Verbandsklage vorgebracht wird, hängt mit dem Aspekt des Vollzugsdefizits eng zusammen. Das Gefühl der Machtlosigkeit des einzelnen gegenüber der Kompliziertheit der Genehmigungsmaterie weckt und steigert die Bedeutung von Organisationen mit sachkundigen Mitgliedern, denen sich der einzelne anschließt, um seine Interessen wirksamer vertreten zu wissen. Der einzelne bringt also zum Ausdruck, die Rechtswidrigkeit einer Teilgenehmigung und damit einen möglichen Vollzugsdefizit mit eigenem Intellekt und eigenen Mitteln nicht beurteilen und wirksam angreifen zu können. Mit einem Zusammenschluß zu Bürgerverbänden tritt — letztlich ausgelöst durch die Gefahr eines Vollzugsdefizits — eine Bündelungsfunktion ein: Die Interessen der Betroffenen werden durch die Verbände kanalisiert[11], das heißt gebündelt und in die richtige Richtung, also auf die möglichen Angriffspunkte der Teilgenehmigung gelenkt. Gleichzeitig wird möglicherweise durch den Verband abwegiges Vorbringen von den rechtlich relevanten Einwendern abgesondert und damit eine qualifizierte Auswahl unter den Einwendungen getroffen. Verbände könnten folglich bei verantwortungsbewußter Wahrnehmung der Klagebefugnis zu einer Entlastung der Gerichte beitragen, weil eine Konzentration auf wesentliches Vorbringen in einem Gerichtsverfahren möglich wäre[12].

cc) Mit den beiden vorgenannten Argumenten des Vollzugsdefizits und der Bündelungsfunktion hängt auch der dritte Aspekt, die *wirksamere Interessenvertretung Drittbetroffener,* eng zusammen. Die bessere Sachkunde eines Verbands, die ihn gegenüber Einzelpersonen auszeichnet, führt in der Praxis gerade zu zahlreichen Verbandsbeitritten[13]. Wenn dem Verband nicht schon sachkundige Personen angehören, so

---

[10] Vgl. Ule, DVBl. 1976, 191, welcher von „Rechtstatsachen" spricht.

[11] Lukes, NJW 1973, 1209 (1213).

[12] Dies scheint auch Lukes, NJW 1973, 1209 (1213) unter „Beteiligung repräsentierter Interessen" zu verstehen; auch Faber, Die Verbandsklage im Verwaltungsprozeß, S. 76 bemüht den Gedanken der Prozeßökonomie.

[13] Bei Wagner / Krech, ATW 1978, 18 (22) wird eine Schätzung erwähnt, wonach 2 Mill. Bürger in Initiativen zusammengeschlossen sein sollen.

hat ein Verband gegenüber dem einzelnen Einwender in der Regel bessere Möglichkeiten, die erforderlichen Gutachter zu finanzieren. Insgesamt werden die Beteiligungsmöglichkeiten einzelner über die Verbände und eine Rechtskontrolle der Verwaltung durch Verbände effektiver[14].

Überträgt man diesen Gedanken auf den Verwaltungsprozeß, so könnte eine Verbandsklage das Verfahren versachlichen, da ein qualifiziertes Vorbringen zu erwarten ist. Gleichzeitig würde eine wirksamere Interessenwahrnehmung ermöglicht und damit eine Bürgerbeteiligung aufgewertet, ohne an die Grundmauern des Demokratieprinzips zu stoßen.

Mit einer Verbesserung der Bürgerbeteiligung könnte als Effekt auch eine verbesserte Kontrolle der Verwaltung einhergehen. Verbände könnten daher mit ihrer Klage zu einer Wahrung und Überprüfung rechtsstaatlichen Verwaltungshandelns beitragen[15].

b) Die Einführung einer Verbandsklage ist auch in einer eingeschränkten Form vorstellbar, etwa so wie sie in der Schweiz praktiziert wird[16]. Es wäre denkbar, einem Verband die Klagebefugnis einzuräumen unter der Voraussetzung, daß die Mehrheit seiner Mitglieder durch die angefochtene Teilgenehmigung unmittelbar bzw. möglicherweise betroffen ist, und nach dem in der Satzung niedergelegten Vereinszweck der Schutz gerade dieser Mitgliederinteressen beabsichtigt ist[17]. Mit diesem Ansatz wäre die Einführung einer egoistischen Verbandsklage möglich, ohne das Prinzip des § 42 Abs. 2 VwGO, die Geltendmachung eigner subjektiv-öffentlicher Rechte, vollständig aufgeben zu müssen.

2. Ablehnende Argumente

a) Gegen das Pro-Argument, eine Verbandsklage wirke einem Vollzugsdefizit entgegen, wird vorgebracht, daß — jedenfalls die altruistische Form der Verbandsklage — ein Vollzugsdefizit gerade verstärke[18]. Dem wird man mit dieser Einschränkung bedingt zustimmen können; denn wenn außer den potentiell betroffenen Nachbarn sonstigen nicht örtlich gebundenen bzw. verwurzelten Verbänden eine Klagebefugnis

[14] Vgl. auch Rehbinder, ZRP 1976, 157 (159); das hält auch Bartlsperger, VVDStRL Bd. 33, S. 220 (263) für denkbar, lehnt jedoch eine Verbandsklage ab.

[15] Verbandsklage zwecks Verwaltungskontrolle fordert Rehbinder, ZRP 1976, 157 (160).

[16] Vgl. dazu Wagner / Krech, ATW 1978, 18 (20); auch Pelzer / Bischof in: Lukes V, S. 318, 319.

[17] Ähnlich Brohm, Festschrift für Ernst Forsthoff, 1972, S. 37 (50, 58), der jedoch eine gesetzliche Normierung der jeweils geschützten Gruppeninteressen verlangt.

[18] Vgl. Mutschler, ET 1978, 505 (508).

eingeräumt wird, bindet man zusätzliche personelle und sachliche Verwaltungskapazitäten[19]. Eine derartige zusätzliche Bindung der Verwaltungskraft findet bei Zulassung einer Verbandsklage aber nicht bezogen auf das Verwaltungs- sprich: Einwendungsverfahren statt. Einwendungsberechtigt nach der AtVfV ist — wie oben erörtert — „jedermann", und darunter sind auch Verbände, nicht rechtsfähige Vereine und Bürgerinitiativen zu zählen, deren Sitz sich nicht im Einflußbereich des Kraftwerksvorhabens befindet. Eine zusätzliche Bindung im oben angesprochenen Sinn kann sich daher allein auf das verwaltungsgerichtliche Verfahren beziehen[20] und nur bedeuten, daß zusätzliche Kräfte zur Führung zusätzlicher anfallender Prozesse abgestellt werden müßten.

Ob eine solche *Mehrbelastung der Verwaltung* nennenswerte Auswirkungen auf die Bereitschaft und Fähigkeit zur Gesetzesvollziehung zeitigt, mag bezweifelt werden. Zumindest kann das genannte Argument gegen die Einführung einer Verbandsklage in altruistischer Form allein nicht durchschlagend sein. Erst recht vermag es nichts Entscheidendes einer egoistischen Verbandsklage entgegenzusetzen, sofern sich alle Betroffenen freiwillig durch den Verband vertreten lassen; von einer Herbeiführung zusätzlicher Vollzugsdefizite kann in diesem Idealfall keine Rede sein. Im Gegenteil kommt der Gedanke der Bündelungsfunktion zum Tragen, wenn anstelle vieler Betroffener nur ein Verband Klage erhebt und damit Verwaltungskapazitäten gerade freisetzt. Dem Argument der Bündelungsfunktion und damit der sowohl auf exekutiver als auch judikativer Seite eintretenden Verfahrensökonomie kann mit dem Bedenken zusätzlicher Vollzugsdefizite somit nicht durchgreifend entgegengetreten werden.

Fraglich ist aber, ob sich eine Vielzahl individueller Nachbarinteressen tatsächlich durch die Erhebung einer Verbandsklage bündeln läßt. Um die Belange seiner Mitglieder wirksam wahrzunehmen, müßte der Verband im Prozeß eben die erwähnte Vielzahl von Einzelbelangen vortragen; eine derartige Bündelung läßt sich aber bereits durch das vorhandene Instrument der Klageverbindung nach § 93 VwGO bewerkstelligen[21]. Im übrigen könnte eine *echte Bündelungswirkung* und die mit ihr in Verbindung gebrachten Vorzüge nur dann effektiv werden, wenn mit Einführung der Verbandsklage im Atomrecht gleichzeitig die Individualklage für unzulässig erklärt würde[22]. Eine Individualklagebefugnis — wenn auch nur für den Bereich des Atomrechts — aus dem Verwaltungsprozeßrecht zu eliminieren, bedeutete aber einen krassen

---

19 Mutschler, ET 1978, 505 (508).

20 Diese Differenzierung nimmt Mutschler, ET 1978, 505 (508) nicht vor.

21 Vgl. auch Wagner / Krech, ATW 1978, 18 (21).

22 Vgl. Wagner / Krech, ATW 1978, 18 (21); Redeker, ZRP 1976, 163.

Verstoß gegen Art. 19 Abs. 4 S. 1 GG[23]. Eine wirkliche Bündelung kann somit nur in dem Idealfall wirksam werden, in dem sich alle Betroffenen freiwillig dem Verband anschließen und nicht daneben individuelle Klagen erhoben werden.

b) Schon stärkere Zweifel erheben sich gegenüber dem Argument, eine verbesserte Bürgerbeteiligung erfordere auch eine Verbandsklage; denn möglicherweise würde damit das verfassungsrechtlich verankerte Entscheidungs- und Kompetenzsystem angetastet[24] — zumindest, was die altruistische Verbandsklage betrifft. Hierbei können sich *Konflikte mit dem Demokratie- und Rechtsstaatsprinzip* ergeben.

Der Gesichtspunkt einer verstärkten Bürgerbeteiligung wurde bereits oben unter § 5 am Demokratieprinzip gemessen. Danach kann eine Beteiligung keine Mitbestimmung bedeuten, wenn sie nicht mit dem demokratischen Entscheidungssystem kollidieren will. Es ist jedoch unerfindlich, warum eine altruistische Verbandsklage demokratische Spielregeln infrage stellen soll. Die Erhebung einer Klage durch einen altruistisch orientierten Verband bedeutet keine Einführung einer unmittelbaren Demokratie durch die Hintertür; denn die Entscheidungskompetenzen sowohl der Behörden als auch unabhängiger Gerichte werden dadurch nicht angetastet.

Gleiches muß zunächst der Behauptung entgegengesetzt werden, die Verbandsklage könne zu einer unzulässigen Verlagerung der Entscheidungsverantwortung[25] führen; ein unmittelbarer Eingriff in das Prinzip rechtsstaatlicher Gewaltenteilung ist nicht zu erkennen, da es den Verbänden an eigener Entscheidungsbefugnis fehlt. Doch ist durchaus eine mittelbare Beeinflussung dieses Prinzips erkennbar, da altruistische Verbände eine faktische Kontrollfunktion gegenüber der Exekutive ausüben, wie sie vom Grundgesetz den Parlamenten vorbehalten ist. Verbände werden damit faktisch zum Wächter über die Rechtsstaatlichkeit und Rechtmäßigkeit des Verwaltungshandelns[26]. Diese sind aber gerade keine durch eine Mehrheitsentscheidung bzw. demokratische Wahl legitimierten Organe[27], denen eine *rechtsstaatliche Kontrollfunktion* oder gar ein „Recht zur Vormundschaft“[28] für die Allgemeinheit zuerkannt werden könnte.

---

[23] So auch Redeker, ZRP 1976, 163; Stelkens, DVBl. 1975, 137 (138).

[24] Vgl. Mutschler, ET 1978, 505 (508); Rengeling, JZ 1977, 542 (546).

[25] Rengeling, JZ 1977, 542 (546).

[26] Eine derartige objektive Rechtskontrolle fordert aber Rehbinder, ZRP 1976, 157 (160).

[27] Bedenken auch bei Knöpfle, DVBl. 1974, 707 (715).

[28] Faber, Die Verbandsklage im Verwaltungsprozeß, S. 54.

Abgesehen davon, daß eine derartige Kontrollfunktion verfassungsrechtlich verankert werden müßte, um institutionalisiert zu werden, fehlt es den Verbänden auch an einer für ein Kontrollinstitut nicht hinwegzudenkenden dauerhaften Organisation. Dieser Gedanke greift nicht nur gegenüber einer faktischen rechtsstaatlichen Aufgabenwahrnehmung durch Verbände durch, sondern muß allgemein gegenüber einer Einführung der Verbandsklagemöglichkeit vorgebracht werden[29]. Nur eine *dauerhafte Verbandsorganisation* gewährleistet eine wirksame Interessenwahrnehmung Drittbetroffener. Es wäre weder im Sinne einer ordnungsgemäßen Prozeßführung noch im Interesse der Drittbetroffenen, wenn sich während der Prozeßführung durch einen Verband die Verbandsorganisation zerschlägt und damit der Prozeß wegen ersatzlosen Wegfalls des Klägers enden müßte. Die betroffenen natürlichen Personen könnten den Prozeß weder aufgreifen, da sie nicht Rechtsnachfolger des aufgelösten Verbands sein können, noch einen Prozeß für sich selbst führen, da in der Regel mittlerweile die Klagefrist abgelaufen sein wird. Insgesamt führt die Auflösung eines prozeßführenden Verbands zu untragbaren Ergebnissen, die zudem rechtsstaatlichen Prinzipien der Rechtssicherheit und Kontinuität widersprechen.

Dem könnte man entgegenhalten, daß theoretisch bei jeder Personenmehrheit die Möglichkeit einer Auflösung — auch während des Prozesses — gegeben und immanent ist. Soweit man vergleichsweise die Handels- und Kapitalgesellschaften heranzieht, so ist bei diesen eine Kontinuität durch eine Liquidationsgesellschaft gewahrt; ähnliches gilt für den rechtsfähigen Verein. Ein für den Verwaltungsprozeß aktivlegitimierter, in der Regel nicht rechtsfähiger Verband jedoch würde bei einer Auflösung in nichts zerfallen. Im übrigen kommt hinzu, daß der Bestand solcher Verbände von vielen Unwägbarkeiten abhängt[30], so daß im Ergebnis ein Vergleich mit anderen Personenmehrheiten nicht gerechtfertigt ist.

Ein Verband ist nicht nur als objektive Kontrollinstanz der Verwaltung verfassungsrechtlich undenkbar, sondern auch als *Hüter des Allgemeinwohls* abzulehnen[31]. Hierzu sind in erster Linie die politischen Parteien berufen, indem sie Interessen von der Basis in die Parlamente hineintragen und auf diesem Wege die Verwaltung kontrollieren. Die Einschaltung von Verbänden in den Verwaltungsprozeß kann im Ergebnis zu keiner effektiveren Kontrolle der Rechtmäßigkeit und Gemeinwohlverträglichkeit des Verwaltungshandelns beitragen.

---

[29] So offenbar Schmidt-Assmann, DÖV 1975, 742 (743).

[30] Dazu schon unter § 5 Ziff. 3.

[31] Im Ergebnis auch Pietzner / Ronellenfitsch, Das Assessorexamen im Öffentlichen Recht, S. 60.

Ohne die verfassungsrechtlichen Kompetenzen zu ändern, kann eine Verbandsklage nicht zu umfassenderen Überprüfungen in rechtlicher Hinsicht führen, als dies bei der Masse der Individualklagen der Fall ist. Unter Beibehaltung des Kompetenzsystems vermag eine Verbandstätigkeit allenfalls zur öffentlichen Aufklärung und politischen Bewußtseinsbildung beizutragen, wozu es aber einer Verbandsklagebefugnis nicht bedarf.

Die Geltendmachung bis hin zur Durchsetzung politischer Interessen darf nicht mit dem Ruf nach effektivem Rechtsschutz vermengt werden[32]. Erstere ist im rein politischen, injustiziablen Raum angesiedelt. Auf die Möglichkeit, politische Interessen kundzutun, besteht ein Recht; nicht aber ist der politische Erfolg, also die Durchsetzung der politischen Interessen garantiert und mit der Möglichkeit einer Rechtswegbeschreitung beschieden. Das verkennen die Befürworter der altruistischen Verbandsklage, wenn sie die Funktionsfähigkeit des demokratischen Systems und damit verbunden die Durchsetzung politischer Gemeinwohlinteressen verbessern wollen. Rechtsschutz hingegen setzt schon begrifflich voraus, daß dem Kläger auch ein Recht zustehen kann, woran es bei der Durchsetzung politischer Akzente aber gerade fehlt.

c) Des weiteren wird gegen die Einführung einer Verbandsklage geltend gemacht, sie führe zu einer Verlagerung der politischen Ebene in den Gerichtssaal[33]. Dieses Argument trifft weniger auf die egoistische Form der Verbandsklage zu, da mit ihrer Hilfe ein Bündel von Nachbarinteressen durchgesetzt werden soll, und weniger allgemeinpolitische Interessen im Vordergrund stehen. Letzteres ist in der Regel bei der altruistischen Form der Fall; dort treten zwingende nachbarliche Interessen in den Hintergrund zugunsten umweltpolitischer Erwägungen über das Für und Wider der Kernenergie. Im gleichen Maße tritt als Gegenpol das Rechtsstaatsprinzip in den Blickpunkt, da der oben in § 6 angesprochene *Kompetenzkonflikt* zwischen der Zweiten und Dritten Staatsgewalt geschürt würde; die Gerichte würden gezwungen, über die Rechtmäßigkeitskontrolle hinaus eigene Grundsatzüberlegungen anzustellen, die der Exekutive vorbehalten sind, zumindest soweit es um grundsätzliche Entscheidungen über das Für und Wider eines bestimmten Konzepts an einem bestimmten Ort samt aller kommunal- und landespolitischen Hintergründe geht. Wenn des weiteren grundsätzliche Erwägungen über die Förderung der Kernenergie in den Gerichtssaal hineingetragen werden, erfährt der ohnehin bestehende Kompetenzkonflikt zwischen Zweiter und Dritter Gewalt eine Ausweitung auf die

---

[32] So aber offenbar Rehbinder, ZRP 1976, 157 (161).

[33] De Witt in: Lukes V, S. 274; ähnlich Wagner / Krech, ATW 1978, 18 (22).

Erste Gewalt, indem die Kompetenzen der Legislative und ihre Grundsatzentscheidung für die Nutzung der Kernenergie angetastet werden. In diesem Bereich mitzusprechen, ist der Judikative erst recht durch das rechtsstaatliche Zuweisungssystem verwehrt. Gerichte, denen eine Einzelfallentscheidung obliegt, sind nicht dazu berufen, eine objektive Rechtskontrolle auszuüben und über die Gesetzmäßigkeit der Verwaltung zu wachen. Hierzu sind die Parlamente aufgefordert und nicht etwa die Gerichte als eine Art „Ersatzgesetzgeber“[34].

d) Gegen die Einführung einer Verbandsklage im Atomrecht kann auch noch einzuwenden sein, daß eine Ausklammerung anderer Bereiche des Umweltschutzes aus der Verbandsklagediskussion sachlich nicht gerechtfertigt ist. Durch andere umweltbelastende Großvorhaben Betroffene — etwa durch den Bau konventioneller Kraftwerke, von Flughäfen und anderer emittierender Großbetriebe — verdienten es möglicherweise ebenfalls, als Verband zur Drittanfechtungsklage zugelassen zu werden. Eine Beschränkung der Verbandsklage auf den Bereich des Atomrechts muß sich daher entgegenhalten lassen, daß auch in anderen umweltbelastenden Bereichen eine Verbandsbeteiligung als zusätzliche Partizipationsmöglichkeit angebracht sein könnte[35].

Durchgreifender ist jedoch das Argument, daß das Atomrecht primär dritt- und damit individualschützend angelegt ist[36], also die Geltendmachung eigener höchstpersönlicher Rechte und Anliegen im Vordergrund steht, während ein Verband *gerade keine Individualrechte* gegenüber dem Bau von Atomkraftwerken geltendzumachen vermag. Diskutabel kann eine Verbandsklage daher insbesondere im Bereich des Naturschutzes sein, in dem es an individuell Betroffenen fehlt[37], obwohl man dem wiederum entgegenhalten könnte, daß es dann auch nicht die Aufgabe von Verbänden sein kann, sich zum Sprecher der Allgemeinheit aufzuschwingen, von den bereits angesprochenen rechtsstaatlichen Kompetenzübergriffen abgesehen. Im Bereich des Atomrechts bedarf es daher keiner Verbandsklage, um Individualrechten prozessual zur Geltung zu verhelfen. Da ein Kraftwerksbau eine hinreichende Anzahl potentiell Betroffener mobilisiert, bedarf es keiner dritten Institution, die eine eventuelle Rechtsschutzlücke ausfüllen müßte.

---

[34] Redeker, ZRP 1976, 163 (165).

[35] Vgl. auch die grundsätzlichen Bedenken von Ule, DVBl. 1976, 191; von Mutius, VerwArch 64 (1973), 311 (317); Knöpfle, DVBl. 1974, 707 (715).

[36] Vgl. Bay VGH, ET 1979, 583 (584).

[37] Wiedemann in: Lukes V, S. 261, 262; vgl. auch Wagner / Krech, ATW 1978, 18 (20); Bender, DÖV 1976, 584 (585).

In der Praxis hat sich mittlerweile faktisch die Figur der Verbandsklage durchgesetzt[38], indem einzelne Nachbarn — vorgeschoben durch eine örtliche Bürgerinitiative — klagen und finanziell und inhaltlich, das heißt durch Erteilung von Rechtsberatung[39], vom Verband unterstützt werden[40]. Die faktischen Verhältnisse lassen sich nicht zur Unterstützung der Forderung nach einer Verbandsklage anführen, auch nicht mit dem Argument, daß eine Verbandsklage zu der durch das Rechtsstaatsprinzip und Demokratieprinzip gebotenen Offenlegung der tatsächlichen Machtstrukturen führe[41]. Wie bereits dargelegt, sind die Verbände gerade keine demokratisch legitimierten und durch das rechtsstaatliche Kompetenzsystem anerkannten Organe; diese unterliegen im Gegensatz zur Exekutive keiner rechtsstaatlichen Kontrolle[42]. Die genannten Prinzipien sind daher nicht dazu geeignet, als Maßstäbe gegenüber einem privatrechtlichen Verein angewandt zu werden.

Auch das soziologische Argument, daß im Atomrecht die Verbände mittlerweile zu den eigentlichen Ansprechpartnern der Genehmigungsbehörde geworden seien[43], vermag keine Abkehr vom Erfordernis individueller Rechtsverletzung zu begründen. Die Frage nach der Rechtsverletzung ist streng zu unterscheiden von den Hilfsmitteln, derer sich das Individuum im außerprozessualen Bereich bedient, um seine Rechte und Interessen deutlicher erkennen und artikulieren zu können. Der Beitritt zu einem Verband und die Inanspruchnahme seiner Sachkunde, letztlich also die Kommunikation zwischen Verband und Behörde beseitigen nicht eine individuelle Rechtsverletzung des vom Atomkraftwerk betroffenen Nachbarn. Niemand ist bislang unter Berufung auf soziologische Aspekte auf den Gedanken gekommen, Rechtsanwälten oder sonstigen Prozeßvertretern eigene Klagerechte einzuräumen, nur weil diese in öffentlich-rechtlichen Streitigkeiten faktisch die eigentlichen Verhandlungspartner der Behörden sind.

Bei einer gesetzlichen, das heißt verfahrensrechtlichen Normierung der Verbandsklagebefugnis entstünden zudem zusätzliche rechtliche und praktische Probleme[44]. Es müßten die Anforderungen normiert

---

[38] Vgl. Wiedemann in: Lukes V, S. 261.

[39] Vgl. Faber, Die Verbandsklage im Verwaltungsprozeß, S. 69, 70, jedoch mit dem Hinweis auf mögliche Kollisionen mit dem Rechtsberatungsgesetz. Probleme lassen sich jedoch leicht dadurch umgehen, indem der im Prozeß auftretende Rechtsanwalt seinerseits Rücksprache mit den Verbandsvertretern hält.

[40] Wagner / Krech, ATW 1978, 18 (22) bezeichnen dieses Vorgehen als „Musterprozeß" des Verbandes durch eines seiner Mitglieder; ebenso Faber, Die Verbandsklage im Verwaltungsprozeß, S. 68, 69; vgl. auch von Mutius, VerwArch 64 (1973), 311 (314); Schmidt, DÖV 1976, 577 (583).

[41] So aber Faber, Die Verbandsklage im Verwaltungsprozeß, S. 73.

[42] Vgl. auch Knöpfle, DVBl. 1974, 707 (715).

[43] Vgl. Faber, Die Verbandsklage im Verwaltungsprozeß, S. 75.

[44] Vgl. die Zweifel bei Wiedemann in: Lukes V, S. 261; Bartlsperger,

werden, unter denen einem Verband — gemessen an seiner Struktur und satzungsmäßigen Zielsetzung — die Klagebefugnis zuerkannt werden soll. Auch die *Regelung der Klagebefugnis* im engeren Sinne bereitet erhebliche Probleme; denkbar wären alle Schattierungen von dem Verzicht auf eine mögliche Rechtsverletzung oder bloße Beeinträchtigung bis hin zur Geltendmachung der Verletzung konkreter Verbandsaufgaben.

Allein aus dem Grundrecht der Vereinigungsfreiheit des Art. 9 Abs. 1 GG kann ein eigenes, zur Klageerhebung berechtigendes Verbandsrecht nicht hergeleitet werden[45]; auch die Zusammenfassung individueller Belange in einem egoistischen Verband führt nicht zu einer Verwandlung von Individualrechten zu Verbandsrechten. Legitimationsmängel bestehen daher nicht nur bei der altruistischen, sondern auch bei der egoistischen Form der Verbandsklage[46]. Die Einführung einer Verbandsklagebefugnis auf dem gesetzgeberischen Wege müßte mit einer überzeugenden Antwort auf die bestehenden Legitimationsprobleme verbunden sein.

Die Einführung einer Verbandsklage führt neben den erwähnten Schwierigkeiten ohne praktisches Bedürfnis zu einer Absage vom Erfordernis individueller Rechtswahrnehmung. Die Aktivitäten insbesondere der Kraftwerksnachbarn und ihre Unterstützung durch Verbände lassen eine Institutionalisierung einer Kollektivklage nicht vermissen.

VVDStRL Bd. 33, S. 220 (262); vgl. auch den Fragenkatalog bei Redeker, ZRP 1976, 163 (164) und die verwaltungsprozessualen Ausführungen von Stelkens, DVBl. 1975, 137 ff.; auch Bender, DÖV 1976, 584 (586) konstatiert erhebliche normative Probleme.

45 So aber für die egoistischen Verbände Faber, Die Verbandsklage im Verwaltungsprozeß, S. 56; ablehnende Anmerkung von Hoppe, DVBl. 1973, 463.

46 Zweifel an der Legitimation der egoistischen Form auch bei von Mutius, VerwArch 64 (1973), 313 (315).

Literaturverzeichnis

Albers: Atomgesetz und Berstsicherung für Druckwasserreaktoren, DVBl, 1978, S. 22 - 28.

Bartlsperger: Organisierte Einwirkungen auf die Verwaltung — Zur Lage der zweiten Gewalt, VVDStRL Bd. 33, S. 220 ff.

Baumann: Anm. zu Bay VGH, Zwischenurteil v. 9. 4. 1979 Nr. 167 VI 77, BayVBl. 1979, S. 726 - 727.

Bender: Einige rechtspolitische Bemerkungen zur Verbandsklage im Öffentlichen Recht, DÖV 1976, S. 584 - 586.

— Funktion und Ausgestaltung der Öffentlichkeitsbeteiligung im atomrechtlichen Genehmigungsverfahren in: Lukes V, S. 237 - 253.

— Gefahrenabwehr und Risikovorsorge als Gegenstand nukleartechnischen Sicherheitsrechts, NJW 1979, S. 1425 - 1433.

— Bespr. von Büdenbender / Mutschler, Bindungs- und Präklusionswirkung von Teilentscheidungen nach BImSchG und AtG, Köln, Berlin, Bonn, München 1979, DVBl. 1980, S. 430 - 431.

— Nukleartechnische Risiken als Rechtsfrage, DÖV 1980, S. 633 - 639.

Blickle: Vorbescheid und Bauartzulassung im atomrechtlichen Genehmigungsverfahren aus der Sicht der Genehmigungsbehörde in: Lukes V, S. 191 - 197.

Blümel: Raumplanung, vollendete Tatsachen und Rechtsschutz in: Festgabe für Ernst Forsthoff, 1967, S. 133 ff.

— „Demokratisierung der Planung" oder rechtsstaatliche Planung? in: Festschrift für Ernst Forsthoff, 1972, S. 9 ff.

— Rechtsprobleme des Genehmigungsverfahrens für Atomanlagen — Standortwahl und -sicherung in: Lukes III, S. 33 - 46.

— Funktion und Ausgestaltung der Öffentlichkeitsbeteiligung im atomrechtlichen Genehmigungsverfahren in: Lukes V, S. 223 - 236.

— Die Standortvorsorgeplanung für Kernkraftwerke und andere umweltrelevante Großvorhaben in der Bundesrepublik Deutschland, DVBl. 1977, S. 301 - 322.

Breuer: Gefahrenabwehr und Risikovorsorge im Atomrecht, DVBl. 1978, S. 829 - 839.

— Die Bindungswirkung von Bescheiden — insbesondere Zwischenbescheiden — und Präklusion in: Lukes VI, S. 243 - 261.

— Der maßgebende Zeitpunkt für die gerichtliche Kontrolle atom- und immissionsrechtlicher Genehmigungen, DVBl. 1981, S. 300 - 307.

Brocke: Rechtsfragen der landesplanerischen Standortvorsorge für umweltbelastende Großanlagen in: Ernst / Thoss (Hrsg.), Beiträge zum Siedlungs- und Wohnungswesen und zur Raumplanung, Band 53.

Brohm: Sachverständige und Politik in: Festschrift für Ernst Forsthoff, 1972, S. 37 ff.

Büdenbender: Zur Anfechtbarkeit von atomrechtlichen Teilnenehmigungen, ET 1978, S. 429 - 432.

Büdenbender / Mutschler: Bindungs- und Präklusionswirkung von Teilgenehmigungen nach BImSchG und AtG, Köln, Berlin, Bonn, München 1979.

Butze: Rechtsprobleme des Genehmigungsverfahrens für Atomanlagen — Standortwahl und -sicherung in: Lukes III, S. 53 - 57.

Dagtoglou: Partizipation Privater an Verwaltungsentscheidungen, DVBl. 1972, S. 712 - 719.

Degenhart: Kernenergierecht: Schwerpunkte, Entscheidungsstrukturen, Entwicklungslinien, Köln, Berlin, Bonn, München 1981.

Depenbrock: Standortvorsorge für Kraftwerke und flächenintensive Großvorhaben in Nordrhein-Westfalen, DVBl. 1978, S. 17 - 22.

Faber: Die Verbandsklage im Verwaltungsprozeß, Baden-Baden 1972.

Feldhaus: Bundesimmissionsschutzrecht, Kommentar, Wiesbaden, 16. Erg.-Lfrg., Mai 1981.

Fischerhof: Deutsches Atomgesetz und Strahlenschutzrecht — Kommentar, 2. Auflage, Band I, Baden-Baden 1978.

— Diskussionsbeitrag in: Diskussionsbericht: Deutsches Atomrecht — Die zukünftige Entwicklung in: Lukes I, S. 35 - 36.

— Ergebnisse der Rechtsprechung über die Genehmigung von Atomanlagen in: Lukes III, S. 19 - 30.

Gross: Standortwahl und -sicherung in: Lukes III, S. 59 - 62.

Hansmann: Die Bindungswirkung von Bescheiden — insbesondere Zwischenbescheiden — und Präklusion in: Lukes VI, S. 263 - 277.

— Sicherheitsanforderungen im Atomrecht und im Immissionsschutzrecht, DVBl. 1981, S. 898 - 903.

Henneke: Raumplanerische Verfahren und Umweltschutz — unter besonderer Berücksichtigung der planerischen Umweltverträglichkeitsprüfung in: Ernst / Thoss (Hrsg.), Beiträge zum Siedlungs- und Wohnungswesen und zur Raumplanung, Band 40.

von Heyl / Prätorius: Kommunalverwaltung und Bürgerbeteiligung im Planungsprozeß: grüne Theorie und graue Praxis in: Hoffmann-Riem (Hrsg.), S. 260 - 277.

Hoffmann-Riem (Hrsg.): Bürgernahe Verwaltung? — Analysen über das Verhältnis von Bürger und Verwaltung (Demokratie und Rechtsstaat, Bd. 50), Neuwied und Darmstadt 1979.

Hoppe: Staatsaufgabe Umweltschutz, VVDStRL Bd. 38, S. 211 - 310.

— Bespr. von Heiko Faber, Die Verbandsklage im Verwaltungsprozeß, Baden-Baden 1972, DVBl. 1973, S. 463.

Ipsen: Einwendungsbefugnis und Einwendungsausschluß im atomrechtlichen Genehmigungsverfahren, DVBl. 1980, S. 146 - 153.

von Keiser: Vorbescheid und Bauartzulassung im atomrechtlichen Genehmigungsverfahren aus der Sicht der Energieversorgungsunternehmen in: Lukes V, S. 207 - 213.

Kimminich: Funktion und Ausgestaltung der Öffentlichkeitsbeteiligung im atomrechtlichen Genehmigungsverfahren in: Lukes V, S. 263 - 270.

Knöpfle: Organisierte Einwirkungen auf die Verwaltung, DVBl. 1974, S. 707 - 716.

Knüppel: Zur Zulässigkeit der Einrichtung von Kompaktanlagen in Kernkraftwerken, DÖV 1981, S. 19 - 21.

Kopp: Verwaltungsverfahrensgesetz mit Erläuterungen, 2. Auflage, München 1980.

— Verfahrensregelungen zur Gewährleistung eines angemessenen Umweltschutzes, BayVBl. 1980, S. 97 - 105.

Kramer: Die nach dem Atomgesetz erforderliche Schadensvorsorge als Grundrechtsproblem, NJW 1981, S. 260 - 265.

Krause: Anm. zu BVerwG, Beschl. v. 22. 11. 1979 — 4 B 162/79 —, DÖV 1980, S. 522 - 523.

Krolewski: Diskussionsbeitrag in: Diskussionsbericht: Deutsches Atomrecht — Die zukünftige Entwicklung in: Lukes I, S. 35 - 36.

Lange: Zur Anhörung in verwaltungsrechtlichen Genehmigungsverfahren, DVBl. 1975, S. 130 - 137.

Lauer: Rechtsprobleme des Genehmigungsverfahrens in: Lukes III, S. 47 - 52.

Lecheler: Zur Reform der atomrechtlichen Anlagenbau- und -betriebsgenehmigung, ZRP 1977, S. 241 - 246.

Listl: Die Entscheidungsprärogative des Parlaments für die Errichtung von Kernkraftwerken, DVBl. 1978, S. 10 - 17.

Luhmann: Legitimation durch Verfahren, Neuwied und Berlin 1969.

Lukes: Die zukünftige Entwicklung des Kernenergierechts, NJW 1973, S. 1209 bis 1215.

— Das Atomrecht im Spannungsfeld zwischen Technik und Recht, NJW 1978, S. 241 - 246.

— (Hrsg.): Erstes Deutsches Atomrechts-Symposium (7./8. Dezember 1972 in Münster/Westfalen), Köln, Berlin, Bonn, München 1973 (zit.: Lukes I).

— (Hrsg.): Drittes Deutsches Atomrechts-Symposium (22./23. Oktober 1974 in Göttingen), Köln, Berlin, Bonn, München 1975 (zit.: Lukes III).

— (Hrsg.): Fünftes Deutsche Atomrechts-Symposium (8. - 10. Dezember 1976 in Münster), Köln, Berlin, Bonn, München 1977 (zit.: Lukes V).

— (Hrsg.): Sechstes Deutsches Atomrechts-Symposium (8./9. Oktober in Münster), Köln, Berlin, Bonn, München (zit.: Lukes VI).

Lukes / Vollmer / Mahlmann: Grundprobleme zum atomrechtlichen Verwaltungsverfahren, Heidelberg 1974.

von Mutius: Zulässigkeit der Verbandsklage?, VerwArch Bd. 64 (1973), S. 311 - 318.

— Akteneinsicht im atom- und immissionsschutzrechtlichen Genehmigungsverfahren, DVBl. 1978, S. 665 - 676.

Mutschler: Umweltschutz und Verfahrensrecht, ET 1978, S. 505 - 509.

— Die Bindungswirkung von Bescheiden — insbesondere Zwischenbescheiden — und Präklusion in: Lukes VI, S. 279 - 295.

— Zur Präklusion im atomrechtlichen und immissionsschutzrechtlichen Genehmigungsverfahren, ET 1980, S. 164 - 173.

Ossenbühl: Die gerichtliche Überprüfung der Beurteilung technischer und wirtschaftlicher Fragen in Genehmigungen des Baues von Kraftwerken, DVBl. 1978, S. 1 - 9.

— Bespr. von Büdenbender / Mutschler, a.a.O., DÖV 1980, S. 313 - 314.

— Regelungsgehalt und Bindungswirkung der 1. Teilerrichtungsgenehmigung im Atomrecht, NJW 1980, S. 1353 - 1358.

— Die Freigabepraxis im atomrechtlichen Genehmigungsverfahren, DVBl. 1980, S. 803 - 809.

— Kernenergie im Spiegel des Verfassungsrechts, DÖV 1981, S. 1 - 11.

— Änderungsgenehmigung und Öffentlichkeitsbeteiligung im Atomrecht, DVBl. 1981, S. 65 - 71.

— Zur Bedeutung von Verfahrensmängeln im Atomrecht, NJW 1981, S. 375 - 378.

— Die Bewertung technischer Risiken bei der Rechtssetzung, DÖV 1982, S. 833 - 842.

— Anm. zu VGH Mannheim, Urt. v. 30. 3. 1982 — X 575/77, X 578/77 und X 583/77 — in: DÖV 1982, S. 863 (nur Leitsätze), DÖV 1982, S. 866 - 867.

Papier: Einwendungen Dritter im Verwaltungsverfahren, NJW 1980, S. 313 bis 321.

Pelzer / Bischof: Vergleichender Überblick über die Öffentlichkeitsbeteiligung im atomrechtlichen Genehmigungsverfahren anderer europäischer Staaten in: Lukes V, S. 299 - 320.

Pfaffelhuber: Deutsches Atomrecht — Die zukünftige Entwicklung in: Lukes I, S. 10 - 20.

von Pierer: Die Bedeutung von Vorbescheid und Bauartzulassung im atomrechtlichen Genehmigungsverfahren für den Hersteller in: Lukes V, S. 199 - 205.

Pietzner / Ronellenfitsch: Das Assessorenexamen im Öffentlichen Recht, 3. Auflage, Düsseldorf 1980.

Rauschning: Anm. zu BVerfG, Beschl. v. 20. 12. 1979 — 1 BvR 385/77 — in: DVBl. 1980, S. 356 = DÖV 1980, S. 299, DVBl. 1980, S. 831 - 833.

Redeker: Verfahrensrechtliche Bedenken gegen die Verbandsklage, ZRP 1976, S. 163 - 165.

— Grundgesetzliche Rechte auf Verfahrensteilhabe, NJW 1980, S. 1593 - 1598.

Rehbinder: Argumente für die Verbandsklage im Umweltrecht, ZRP 1976, S. 157 - 163.

Rengeling: Aktuelle verwaltungsrechtliche und verwaltungsgerichtliche Fragen bei der Errichtung von Kernkraftwerken, JZ 1977, S. 542 - 549.

— Zur konkreten Normenkontrolle beim „Schnellen Brüter", DÖV 1978, S. 277 - 282.

— Perspektiven zur Zulässigkeit atomrechtlicher Anfechtungsklagen, DVBl. 1981, S. 323 - 328.

Scharnhoop: Die Vierte Novelle zum Atomgesetz, DVBl. 1977, S. 322 - 325.

— Diskussionsbeitrag in: Diskussionsbericht: Vorbescheid und Bauartzulassung im atomrechtlichen Genehmigungsverfahren in: Lukes V, S. 215 - 220.

Scheuten: Deutsches Atomrecht — Die zukünftige Entwicklung in: Lukes I, S. 21 - 26.

Schmidt: Rechtsschutz gegen ein Begründungsdefizit bei Verwaltungsentscheidungen über öffentliche Interessen, DÖV 1976, S. 577 - 584.

— Organisierte Einwirkungen auf die Verwaltung — Zur Lage der zweiten Gewalt, VVDStRL Bd. 33, S. 183 - 220.

Schmidt-Assmann: Die Bindung des Richters an Gesetz und Verfassung, DÖV 1975, S. 742 - 744.

— Institute gestufter Verwaltungsverfahren: Vorbescheid und Teilgenehmigungen in: Verwaltungsrecht zwischen Freiheit, Teilhabe und Bindung; Festgabe aus Anlaß des 25jährigen Bestehens des Bundesverwaltungsgerichts 1978, S. 569 - 584 (zit.: Festgabe BVerwG, 1978).

Schmieder: Rechtsprobleme im Zusammenhang mit Vorbescheid und Bauartzulassung im atomrechtlichen Genehmigungsverfahren in: Lukes V, S. 169 - 189.

Schulz: Neue Atomrechtliche Verfahrensverordnung, DVBl. 1977, S. 326 - 331.

Schulze-Osterloh: Anm. zu BVerwG, Urt. v. 17. 7. 1980 — 7 C 101/78 — in: NJW 1981, S. 359 = DVBl. 1980, S. 1001, JuS 1981, S. 464 - 465.

Schuppert: Einflußnahme auf die Verwaltung durch Bürgerbeteiligung und kollektive Interessenwahrnehmung in: Hoffmann-Riem (Hrsg.), Bürgernahe Verwaltung, S. 279 - 312.

Schwarze: Rechtsfragen bei der Errichtung von Kernkraftwerken, DÖV 1973, S. 700 - 705.

Sellner: Die Genehmigung nach dem Bundes-Immissionsschutzgesetz, NJW 1975, S. 801 - 808.

— Immissionsschutzrecht und Industrieanlagen (Schriftenreihe der NJW, Heft 31), München 1978 (zit.: Sellner, Rdnr.).

— Bespr. von Büdenbender / Mutschler, Bindungs- und Präklusionswirkung von Teilentscheidungen nach BImSchG und AtG, Köln, Berlin, Bonn, München 1979, NJW 1981, S. 810.

Selmer / Schulze-Osterloh: Der Vorbescheid im verwaltungsrechtlichen Genehmigungsverfahren, JuS 1981, S. 393 - 402.

Simon / Heußner: Abweichende Meinung zu: BVerfG, Beschl. v. 20. 12. 1979 — 1 BvR 385/77 — in: DVBl. 1980, S. 356, DVBl. 1980, S. 361 - 364.

Soyka: Diskussionsbeitrag in: Diskussionsbericht: Die Bindungswirkung von Bescheiden — insbesondere Zwischenbescheiden — und Präklusion in: Lukes VI, S. 311 - 314.

Steinberg: Standortplanung umweltbelastender Großvorhaben durch Volksbegehren und Volksentscheid?, ZRP 1982, S. 113 - 118.

Stelkens: Einige verwaltungsprozessuale Fragen zur Verbandsklage, DVBl. 1975, S. 137 - 139.

Ule: Bespr. von Felix Weyreuther, Verwaltungskontrolle durch Verbände?, Düsseldorf 1975, DVBl. 1976, S. 191.

— Zur rechtlichen Bedeutung von Ausschlußfristen im Verwaltungsverfahren für den Verwaltungsprozeß, BB 1979, S. 1009 - 1013.

Wagner: Untätigkeit des Gesetzgebers im Zusammenhang mit der Errichtung von Kernkraftwerken?, DVBl. 1978, S. 839 - 843.

— Schadensvorsorge bei der Genehmigung umweltrelevanter Großanlagen, DÖV 1980, S. 269 - 279.

Wagner / Krech: Die Mitwirkung von Verbänden im atomrechtlichen Genehmigungsverfahren, ATW 1978, S. 18 - 22.

Wagner / Nobbe: Verfassungsrechtliche Bemerkungen zum Atomgesetz, NJW 1978, S. 1028 - 1032.

— Gesetzgeberische Entscheidungen über Standorte von Kernkraftwerken?, ET 1978, S. 694 - 696.

Wahl: Der Regelungsgehalt von Teilentscheidungen in mehrstufigen Planungsverfahren, DÖV 1975, S. 373 - 380.

Weber: Vorbescheid und Teilgenehmigung im Atomrecht, DÖV 1980, S. 397 - 405.

Wiedemann: Funktion und Ausgestaltung der Öffentlichkeitsbeteiligung im atomrechtlichen Genehmigungsverfahren in: Lukes V, S. 255 - 262.

Wilting: Das gestufte atomrechtliche Genehmigungsverfahren, JA-Übungsblätter 1981, S. 113 - 119.

Winters: Atom- und Strahlenschutzrecht, München 1978.

— Zur Entwicklung des Atom- und Strahlenschutzrechts, DÖV 1978, S. 265 - 276.

— Anm. zu OVG Lüneburg, Beschl. v. 22. 11. 1976 — VII B 76/74 — in: DÖV 1978, S. 289, DÖV 1978, S. 293 - 294.

— Anm. zu OVG Lüneburg, Beschl. v. 17. 10. 1977 — VII B 22/79 — in: DÖV 1978, S. 294, DÖV 1978, S. 299 - 300.

— Anm. zu BVerfG, Beschl. v. 20. 12. 1979 — 1 BvR 385/77 — in: DÖV 1980, S. 299 = DVBl. 1980, S. 356, DÖV 1980, S. 305 - 306.

de Witt: Anm. zu BVerwG, Urt. v. 17. 7. 1980 — 7 C 101/78 — in: DVBl. 1980, S. 1001, DVBl. 1980, S. 1006 - 1009.

— Die Bindungswirkung von Bescheiden — insbesondere Zwischenbescheiden — und Präklusion in: Lukes VI, S. 297 - 309.

— Funktion und Ausgestaltung der Öffentlichkeitsbeteiligung im atomrechtlichen Genehmigungsverfahren in: Lukes V, S. 271 - 277.

— Anm. zu VG Arnsberg, Urt. v. 27. 1. 1981 — 7 K 74/79 — in: DVBl. 1981, S. 648, DVBl. 1981, S. 649 - 651.

Wolfrum: Der Ausschluß von Einwendungen im Anhörungsverfahren und sein Einfluß auf den Verwaltungsrechtsschutz, DÖV 1979, S. 497 - 502.

Zoubek: Das Raumordnungsverfahren — Eine rechtsvergleichende Untersuchung des förmlichen landesplanerischen Abstimmungsinstrumentes in: Ernst / Thoss (Hrsg.), Beiträge zum Siedlungs- und Wohnungswesen und zur Raumplanung, Band 45.

Zuck: Unwirksamkeit der gewerberechtlichen Ausschlußfrist für Einwendungen gegen „genehmigungspflichtige Anlagen“, BB 1963, S. 671 - 672.

— Anm. zu BVerwG, Beschl. v. 29. 9. 1972 — I B 76/72 — in: DVBl. 1973, S. 645, DVBl. 1973, S. 646.

FSC
www.fsc.org
MIX
Papier | Fördert gute Waldnutzung
FSC® C083411

Kolibri 360 GmbH
Ferdinand-Jühlke-Straße 7
99095 Erfurt, Deutschland
produktsicherheit@kolibri360.de

Druck:
CPI Druckdienstleistungen GmbH
im Auftrag der
Kolibri 360 GmbH
Ferdinand-Jühlke-Str. 7
99095 Erfurt